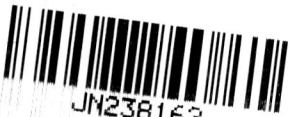

最新

知りたいことがパッとわかる

事業計画書のつくり方がわかる本

石井真人

ソーテック社

本書の内容には、正確を期するよう万全の努力を払いましたが、記述内容に誤り、誤植などがありましても、その責任は負いかねますのでご了承ください。

Cover Design…Yoshiko Shimizu (smz')
Illustration...Yasuko Tanaka

はじめに

「新規事業のアイデアを思いついた瞬間から、事業戦略を考え抜くまでの思考プロセス、さらにその事業戦略を“伝わる事業計画書”に仕上げるまでの作業手順を１から伝えたい」というコンセプトを持って、執筆しました。

事業計画書のサンプルを参考にしたいと思いませんか？

事業計画書は、その企業の機密情報の１つのため、他社の事業計画書を見る機会は少ないと思います。そのため、事業計画書を作成するにあたって参考にできる資料は少なく、成果物のイメージがつかめない、実務作業のポイントがはっきりわからない、という人も多いのではないでしょうか？

本書では架空の事業を１つつくり上げ、思考プロセスから事業計画書の完成まで、すべてサンプルをご用意させていただきました。また思考プロセスの流れに沿って、１ページ目から読み進んでいただけるように構成しています。事業計画書を作成する人にとって、マンツーマンの講師のような存在になれたら大変うれしく思います。

“伝わる事業計画書”の実務ノウハウを網羅しています

事業計画書は立案者視点で作成するのではなく、読んでもらう第三者に“伝わる”ように作成しなければ意味がありません。本書では新規事業計画書をテーマにしており、新規事業の素晴らしさを第三者に伝えるための実務ノウハウをサンプルの中に散りばめて解説しております。中長期事業計画書など新規事業以外でも“第三者に伝える”実務ノウハウがそのまま活用していただけるように、イメージ図の使い方や文章の書き方など、作業レベルのテクニックまで網羅しました。

はじめて事業計画書をつくる人から、実務スキルのレベルアップを目指したい人まで、みなさまのお仕事に役立つことができれば幸いです。

最後に、思考補助ツール「八柱曼荼羅」の掲載にご快諾いただきました世古隆信氏（有限会社ビーワンフード代表取締役）にはこの場を借りて厚く御礼申し上げます。

石　井　真　人

目　次

第1章　伝わる事業計画書のつくり方

01 なぜ、あなたの事業計画書は伝わらないのか 16

Check!
- 事業内容が理解してもらいやすい表現を心掛ける
- 実行判断のポイントを明確に伝える
- 理解度をアップするために、事業計画全体にストーリー性を持たせる

- 伝わらない事業計画書の特徴
- 伝わる事業計画書の特徴

02 事業計画書の役割とは？ 18

Check!
- 「将来性のあるビジネスか」「儲かるのか」「実行できるのか」がわかる
- 数値情報の根拠となるビジネスプランがわかる
- 事業の失敗につながるリスクのポイント

- 事業計画書を作成する機会
- 事業計画書を作成する際の注意点
- 事業計画書によって判断できることは3つ

03 事業計画書が与えてくれる“5つのメリット” 20

Check!
- 事業目標を明確に表現することができる
- 事業計画書があれば、客観的な助言をしてもらいやすい
- アイデアの事業化に必要なお金を把握することができる
- 資金調達においては事業計画書が求められる
- 立案者の“思い”は、文書化しなければ伝わらない

- 万が一、コンセンサスを得られないような事業計画書だったら

04 事業計画書を構成する具体的な書類 22

Check!
- ビジネスプラン：事業化のアイデアを第三者に伝えるのがポイント
- 事業推進フローチャート：ビジネスプランの現実味を伝えるのがポイント
- 数値シミュレーション：ビジネスプランに説得力を持たせるのがポイント

サンプル　ビジネスプラン例
サンプル　事業推進フローチャート例
サンプル　数値シミュレーション例
- 伝わる事業計画書の作成ポイント

第2章　事業計画書を作成する前にすること

01 事業計画書を作成する前に知っておきたいこと 26

Check!
- 実現できない机上の空論になっていないか、常に確認しているか
- 経営資源を把握しなければ、事業計画書のストーリーは決まらない
- 事業戦略策定の根拠がなければ、他人の意見に流されやすい

- 事業計画書を作成する前にやるべき作業の流れ

02 何を事業化したいのか？「6W1H」で情報整理をする 28

Check!
- 事業の本質を、6W1Hで情報整理
- 顧客ニーズを適切に捉えるためのマーケティング調査準備

- 6W1Hによる情報整理の具体例

03 事業化を支える技術力・ノウハウの確認 30

Check!
- 技術力・ノウハウとは、商品・サービスを生み出す力
- 技術力・ノウハウの“何が”顧客層に喜ばれるのか？
- 知的資産・情報資産は、事業化を支える強みになり得る

- 技術力・ノウハウのチェック方法

04 1人でできるマーケティング調査のノウハウ 32

Check!
- お金を掛けないでできる
- 短い期間で「将来性のあるビジネスか」を判断できる
- 客観的事実に基づいており、第三者から見て信頼性がある

- インターネットで情報検索するコツ
- 各官公庁の統計、白書一覧

05 マーケティング調査の結果から事業化の可能性を判断 36

Check!
- 属する業界・業種の現状の市場規模
- 属する業界・業種の将来的な見通し
- 現状に対する顧客層の意識調査
- 競合する商品・サービスの分析

- 事業化判断の思考プロセスの一例

06 事業コンセプトを文章化 38

Check!
- 事業の全体像をイメージできる
- どのような顧客層が対象の事業なのか？
- 顧客層に対して、何をするのか？
- 社会に対して、何をするのか？

- 6W1Hで確認した事業の本質から文章化する例

07 SWOT分析のしかた 40

Check!
- SWOT分析の活用メリットとは？

● 内部環境と外部環境について理解する
● 強み・弱み・機会・脅威は思いつくかぎり書き出す

● SWOT分析の実践手順

● ① SWOT分析フォーマット

● ② 内部環境チェックリスト　● ③ 外部環境チェックリスト

サンプル ④ SWOT分析の結果（サンプル事例）

サンプル ⑤ SWOT分析に基づく改善策の出し方（サンプル）

08 クロスSWOT分析の結果から事業戦略を策定する 46

Check! ● 強み×機会：経営資源を重点的に投入する「積極的攻勢」戦略
● 強み×脅威：脅威を乗り切れる「差別化」戦略
● 弱み×機会：機会を生かした「弱点克服」戦略
● 弱み×脅威：損失を最小限に抑える「沈黙防衛」戦略

● クロスSWOT分析から導かれる4タイプの戦略

サンプル 4タイプの戦略の具体例

column　ちょっと変わったSWOT分析の練習方法 48

第3章　ビジネスプラン作成の流れとポイント

01 ビジネスプラン作成の流れと注意点 50

Check! ● プレゼンを意識したストーリー構成をつくることからスタート
● グラフやイメージ図は、直感的に第三者の理解を助ける
● はじめて読む人が理解しづらい専門用語を避ける

● ビジネスプラン作成の流れ

02 ビジネスプランの構成要素をピックアップする 52

Check! ● 一般的なビジネスプランの構成要素について理解する
● ビジネスプランのストーリー構成は、営業トークの流れと同じ

● 一般的な事業計画書の構成要素

03 商品戦略を個別戦略に細分化（思考補助ツールの活用） 54

Check! ● 必要な個別戦略をピックアップする手法「八柱曼荼羅」は、検討不足を回避する思考補助ツール
●「顧客満足を得るための商品戦略」をテーマに八柱曼荼羅を活用

● 思考補助ツール「八柱曼荼羅」のフォーマット

サンプル 「八柱曼荼羅」を活用して、個別戦略をピックアップした具体例

● 8つの構成要素をピックアップする手順

04 ビジネススキームを描いて、構成要素の過不足を把握 58

08 グラフ・イメージ図などを加えたドラフト版の作成 70
- **Check!**
 - 構成要素と説明文章を基にページ構成をつくりあげる
 - ドラフト版は「絵コンテ」をつくるイメージ
- **サンプル** 表紙と目次の例(オーガニック化粧品販売の事例)
- **サンプル** 絵コンテ作成例(オーガニック化粧品販売の事例)

09 ビジネスプランのストーリー展開を確認 72
- **Check!**
 - 「伝えたいポイント」は、わかりやすく強調
 - キーワードのオーバーラップが視覚的なストーリーの流れをつくる
- **サンプル** 視覚的なストーリーの流れの作成例(オーガニック化粧品販売の事例)

column ビジネスプランのデザインは重要ではない 74

第4章 ビジネスプランつくり込みのテクニック

Check! ● 事業のキャッチコピーを掲げる
● 作成日、作成者、更新情報を書く
サンプル 表紙の例

02「目次」作成テクニック 78
Check! ● 目次の項目とページタイトルは、必ず一致させる
● ページ番号は、最後の仕上げ作業として行う
サンプル 目次の例

03「会社概要」作成テクニック 80
Check! ● 技術・人材のアピールをする
● 既存事業などがある場合、その成功実績は信頼性につながる
● 会社経営の健全性のアピールになる
サンプル 会社概要・事業推進者の例

04「事業コンセプト」作成テクニック 82
Check! ● 事業コンセプトの文言以外を記載しない
● 文字は大きく読みやすく
● 文言が立案者の「思い」を表現しているか確認する
● 事業の強みを3つのキーワードに変換して文言に加える
サンプル 事業コンセプトの例

05「事業ドメイン」作成テクニック 84
Check! ● 事業ドメイン：事業展開のエリア、業界・業種の範囲
● 現実的な事業ドメインの設定がポイント
● 顧客層を加えると事業の方向性がイメージしやすい
● 事業ドメインの設定を間違えるとどうなる？
サンプル 事業ドメインの例

06「事業ビジョン」作成テクニック 86
Check! ● できるかぎり目標設定を数値化する
● 将来の「ありたい姿」を掲げる
● 事業ビジョンの目標設定が、ビジネスプランのゴール地点
サンプル 事業ビジョンの例

07「市場規模」作成テクニック 88
Check! ● 成長性・安定性・将来性の表現にはグラフが最適
● グラフ化は、過去と未来について3〜5年分の数値がベスト
● グラフの「出典情報」は必ず記載
● 新たな市場を創出する場合のグラフのつくり方
サンプル 市場規模の例

08「市場動向」作成テクニック 90
Check! ● 客観的な視点アピールのため、グラフや統計データを活用する
● 商品・サービスに関する、価格・購入場所・意識を調べる
● ニーズ・顧客心理をキーワード化する

サンプル 市場動向の例

09 「プロファイリング」作成テクニック 92

Check! ● 市場動向の調査結果にあてはまる人物像をイメージする
● 顧客層の生活パターンは営業戦略を左右する
● 身近な知りあいをプロファイリングしてみる

サンプル プロファイリングの例

10 「経営分析」作成テクニック 94

Check! ● SWOT分析の結果をシンプルに見せる
● 事業コンセプトとの関連性でストーリー性を持たせる

サンプル 経営分析（SWOT分析）の例

11 「事業戦略」作成テクニック 96

Check! ● 「事業戦略＝クロスSWOT分析」の説得力は絶大
● 経営分析に基づいた事業戦略であることをアピールする
● 事業戦略をキーワード化する

サンプル 事業戦略（クロスSWOT分析）の例

12 「商品戦略」作成テクニック 98

Check! ● 策定した個別戦略の全体像を見せる
● 個別戦略の名称に番号を付与する

サンプル 商品戦略の例

13 個別戦略の「品目」作成テクニック 100

Check! ● 品目数を決定する3つのポイント
● 品目数を決定した根拠を明確にする
● 競合比較は判断の根拠として有効活用する

サンプル 個別戦略の「品目」例

14 個別戦略の「商標・ブランド」作成テクニック 102

Check! ● その商品名・ブランド名に決定した根拠を明確にする
● 継続的・長期的に実施できる商標・ブランド戦略を策定する
● 顧客層に伝えたいイメージをキャッチコピーにする

サンプル 個別戦略の「商標・ブランド」例

15 個別戦略の「デザインパッケージ」作成テクニック 104

Check! ● デザイン性は、顧客層のプロファイリングから決定する
● デザインパッケージに必要な資材・材料をすべて洗い出す
● 売る瞬間の「現場」イメージがデザイン性の判断基準になる

サンプル 個別戦略の「デザインパッケージ」例

16 個別戦略の「成分・仕様」作成テクニック 106

Check! ● 顧客満足を得られる「条件・基準」を決める2つのポイント
● 成分・仕様の特徴を簡潔にまとめる

サンプル 個別戦略の「成分・仕様」例

17 個別戦略の「販売価格」作成テクニック 108

Check!
- 競合比較によって販売価格を決定する
- 顧客層の「払える金額」をプロファイリングして決定する
- 安いだけが販売価格を決定する考え方ではない

サンプル 個別戦略の「販売価格」例

18 個別戦略の「生産管理・品質管理」作成テクニック 110

Check!
- 商品・サービスの生産サイクルをフロー化する
- 品質管理は安心・安全をアピールする概念
- 安業務委託など、必要なコストの根拠を説明する

サンプル 個別戦略の「生産管理・品質管理」例

19 個別戦略の「販売チャネル」作成のテクニック 112

Check!
- 顧客層に直接売る販売拠点は何パターンあるのか？
- 販売チャネルごとに売上の割合を設定する
- 「誰が・どうやって・届けるのか」（流通戦略）

サンプル 個別戦略の「販売チャネル」例

20 個別戦略の「顧客サービス」作成のテクニック 114

Check!
- 「顧客にとって」便利なお問いあわせのしくみをつくる
- 顧客のコミュニケーション機会が顧客満足度を維持・向上させる
- 顧客の予想を上回る付加価値を提供する

サンプル 個別戦略の「顧客サービス」例

21 「営業戦略」作成のテクニック 116

Check!
- 売上割合の一番大きい販売チャネルの営業戦略を描く
- 顧客の獲得率を算出する
- 宣伝広告を実行する際のコストを明確にする

サンプル 営業戦略の例

- 売上の計画数値をつくる方程式

22 「IT戦略」作成のテクニック 120

Check!
- IT化する業務のポイントを明確にする
- IT化に必要となるコストを明確にする

サンプル IT戦略の例

23 「事業の将来性・発展性」作成のテクニック 122

Check!
- 事業の将来性・発展性が立案者（経営者）の魅力を映し出す
- 将来に実現できそうな事業戦略の片鱗を見せる
- 事業ビジョンの達成を描くことで事業の方向性を明確にできる

サンプル 事業の将来性・発展性の例

24 「事業展開スケジュール」作成のテクニック 124

Check!
- スケジュールでは、事業化に必要な準備項目を盛り込む
- 売上発生の時期を明確にする
- コスト発生の時期を明確にする

サンプル 事業展開スケジュールの例

column ビジネスプラン作成ノウハウはさまざまな仕事に役立つ....................126

第5章 事業推進フローチャートのつくり方

01 事業推進フローチャートの役割..128

Check!
- スケジュール設計が簡単にできる
- 業務の分担を明確にできるため人員計画の適切性を判断できる
- 数値シミュレーションがつくりやすくなる

サンプル 事業推進フローチャートの例

02 事業推進フローチャート作成前に知っておきたいこと.....130

Check!
- 可能なかぎり、各分野の経験者から意見を聞いて参考にする
- 業務項目の棚卸し⇒作業期間決定⇒担当者決定の順番で作成する
- 下の③ビジネスプランの“スケジュール”と整合する

- 事業推進フローチャートの作成の流れ

03 ビジネスプランから業務項目の棚卸しをする....................132

Check!
- 商品戦略の8つの個別戦略を軸に棚卸しをする
- 営業戦略とIT戦略の準備事項を考える
- 新規事業全体に関わる業務項目を考える

- 業務項目を棚卸しする前の準備

サンプル ビジネスプランから業務項目を拾うポイントの例

04 業務項目ごとの優先順位の決め方..136

Check!
- 記号を使いわけて見やすくする
- 商品・サービスの販売開始時期を起点にして、スケジュールをつくる
- 業務項目ごとの優先順位に注意する

サンプル 作業期間策定の例

05 業務項目ごとに担当者を割り振る..138

Check!
- 今いる人材だけでは、処理できない業務を把握
- 業務項目ごとに担当部門と架空の人物を割り振る
- 月単位で見て、業務ボリュームを調整する

サンプル 担当者の割り振りの例

サンプル 外部業者を使う場合の例

column 現場ではビジネスプラン以上に役立つ事業推進フローチャート..........140

第6章 損益計算書作成のテクニック

01 事業収支シミュレーション作成の流れ..........142
- **Check!**
 - ● 損益計算書の基礎数値からつくり出す
 - ● 数値情報の根拠を説明しなければならない
- ● 事業収支シミュレーション（損益計算書）の作成の流れ

02 売上計画の試算テクニック..........144
- **Check!**
 - ●「売上金額 ＝ 販売価格 × 販売数量」であることを理解する
 - ● 目標の売上金額から販売数量を逆算すると一番簡単
 - ●「獲得率 ＝ 販売数量 ÷ 宣伝広告の件数」で実現可能性を判断する
- **Check!**
 - ● 生産数量（ロット）を提示して、材料費などの見積りを取得する
 - ● 商品開発・生産に伴う人件費は、売上原価に組み込む
- **サンプル** 生産コスト試算の例

07 人員計画試算のテクニック ― 人件費の基礎条件のつくり方 ―..........158
- **Check!**
 - ● 人員計画シミュレーションの結果から期末時点の人員数を記載する
 - ● 人件費以外に募集広告費や賞与について検討する
- **サンプル** 人員計画の例
- **サンプル** 人員計画シミュレーションの例

サンプル　事業推進フローチャートから新規採用を判断する事例

08 経費項目を棚卸しする……162

Check!
- 一般的な管理費項目を押さえておく
- ビジネススキームに必要な経費項目をピックアップする
- 少額の管理費項目は「その他、雑費等」でまとめる

サンプル　損益計算書に組み込む一般的な経費項目の例

サンプル　ビジネススキームにあわせて採用する経費項目の例

09 損益計算書の基礎知識……164

Check!
- 「儲かるのか」を数値で確認できる
- 事業計画書を理解するための共通言語だと理解する

- 覚えておくべき損益計算書の項目
- 「儲かるのか」を確認するポイント

10 売上高と売上原価を集計する……166

Check!
- 商品・サービスごとに売上高と売上原価を集計する
- 売上原価は“売れた分”に対して使ったお金を集計する
- 売上高 − 売上原価 ＝ 売上総利益

サンプル　売上高の集計例　サンプル　売上原価の集計例

11 販売管理費を集計する……170

Check!
- 販売管理費を固定費と変動費に区別して計算する
- 「営業利益 ＝ 売上総利益 − 販売管理費」で利益を確認する
- 「変動費 ⇒ 固定費⇒ 原価 ⇒ 売上」の順番で数値調整する

- 販売管理費の集計例　―経費一覧表―

12 法人税等の計算をする……174

Check!
- 営業利益＝経常利益として法人税等を計算する
- 法人税等を40%で設定して計算する
- 「当期純利益 ＝ 経常利益 − 法人税」で最終利益額を計算する

サンプル　法人税の試算例

サンプル　損益計算書シミュレーション　3年分の結果例

第7章　資金繰り計算表作成のテクニック

01 資金繰り計算表とは……178

Check!
- 黒字でも倒産する可能性を知る
- 赤字でも倒産しない理由を知る
- 資金繰りが見えると必要な資金が把握できる

サンプル　資金繰り計算表の例

02 収入シミュレーションのつくり方 180

Check! ● 取引サイトを理解する
● 取引サイト別に売上高の割合を設定する
● 手形取引・小切手取引がある場合も売上高の割合で設定する

● 取引サイトのイメージ（収入）

サンプル 収入シミュレーション例

サンプル 取引サイトが複数ある場合のシミュレーション例

03 支出シミュレーションのつくり方 184

Check! ● 定型的に処理できる当月払いの経費項目がある
●業者への支払いは、ほぼ当月末日締め・翌月末払いで計算する
●当月払いの支出項目を考えると早い

● 支払サイトのイメージ（支出）

サンプル 支出シミュレーション例

04 財務収支のつくり方 188

Check! ● 資金調達と返済は、財務収支として考える
● 小さい金額から徐々に調達金額を大きくして仮決定する
● 返済期間と利子を決める
● 利子が払える財務収支を組める段階まで調達金額を増やす

サンプル 財務収支シミュレーション例

第8章 数値情報のポイントをまとめるテクニック

01 数値情報のポイントを伝える資料を作成する 194

Check! ●「将来性のあるビジネスか」「儲かるのか」をアピールする
● 損益計算書や資金繰り計算表の設定条件を記載する

サンプル 売上目標例　サンプル 生産計画例

サンプル 経費計画例　サンプル 利益計画例

サンプル 資金計画例

column　経営者、事業推進者は数値情報から逃げてはいけない 200

第9章 伝わるビジネスプランのポイント解説

01 サンプルの事業計画書を紐解く 202

column　いよいよプレゼン！　これからが本番です！ 219

第1章 伝わる事業計画書のつくり方

なぜ、あなたの事業計画書は伝わらないのか

第三者に伝わる事業計画書を作成するためには、常に次の３つのポイントを心掛けておきます。

Check!

- 事業内容が理解してもらいやすい表現を心掛ける
- 実行判断のポイントを明確に伝える
- 理解度をアップするために、事業計画全体にストーリー性を持たせる

伝わる事業計画書をつくるためのツボ

① **なぜ、事業計画書が伝わらないのか？：**時間を掛けて事業計画書を作成したにも関わらず、思いついたアイデアがほとんど伝わらない……という経験をした人は少なくないでしょう。また、事業計画書だけでは伝わらないため、口頭で説明して何とか理解してもらえたつもりでも、日を改めると誤解があることに気がつくこともあります。口頭で説明したとき誤解に気づかないのは、事業計画書などでお互いの共通認識を確認できていないためです。立案者と、はじめて事業計画書を読む人とでは、事業内容に対する理解に温度差があります。そのため事業計画書という「書類」をしっかり作成して、第三者に適切に理解してもらえる状況をつくらなければなりません。

② **あなた自身が実行判断のポイントを理解しなくてはいけない理由：**思いついたままに事業内容を書類に書き起こしただけでは、第三者の知りたい「実行判断のポイント」が欠如してしまいます。はじめて事業計画書を読む人の視点に立って、理解しやすい構成や表現を意識しながら作成し、伝えるべきポイントを明確にしなければなりません。そのためには、まず、あなた自身が実行判断のポイントを理解しておく必要があります。

ONE POINT

実行判断

事業計画書に取りまとめたアイデアを、実際に展開するか否か、意思決定することを"実行判断"と定義します。実行判断の具体的なイメージとしては、企業内における社長の稟議決裁や、投資家や銀行といったお金を出す人や団体の決裁ということになります。

事業計画書の種類は？

一般的に企業が作成する事業計画書には、「新規事業計画書」と「中長期事業計画書」があります。

新規事業計画書：新たな事業をスタートさせるために作成するものです。

中長期事業計画書：事業開始後に過去の実績を踏まえて将来の方向性や目標を示すために作成します。

これら事業計画書に基づいて、企業は資金調達やパートナー探し、従業員とのコミュニケーション、さらにM&Aなどの活動を展開していきます。本書では、新規事業計画書に焦点を当てて解説しています。

● 伝わらない事業計画書の特徴

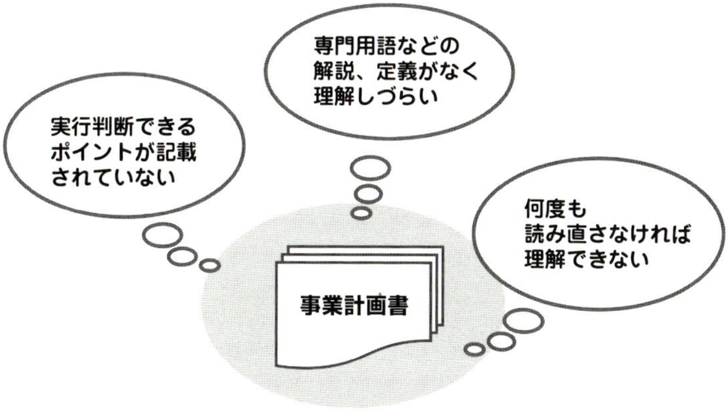

● 伝わる事業計画書の特徴

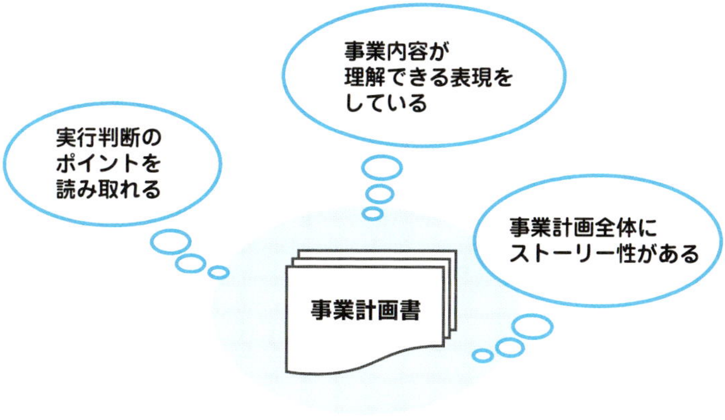

③ **ストーリー性がなければ、一読で理解するのは不可能！**：どれだけすぐれたビジネスマンでも、事業計画書を一読するだけですべてを理解し、全体を把握することは困難です。そのため、膨大な情報にストーリー性を持たせることで、ひとつの物語を読むように事業計画書を読ませて、伝えるべきポイントを理解してもらうことが重要になります。

02 事業計画書の基礎知識

事業計画書の役割とは？

事業計画書の最も重要な役割は、どの立場の人から見ても、“実行判断するべき３つのポイント”が明確に読み取れることです。

Check!

- 「将来性のあるビジネスか」「儲かるのか」「実行できるのか」がわかる
- 数値情報の根拠となるビジネスプランがわかる
- 事業の失敗につながるリスクのポイント

事業計画書の役割

① **なぜ事業計画書をつくるのか：**誰も目をつけていないアイデアを思いついて独立起業したい場合や、会社が新規事業をはじめる場合に事業計画書を作成します。事業計画書とは、これら新規事業の実行判断をするための書類です。

② **実行判断をするための設計書：**事業計画書の役割は、「将来性のあるビジネスか」「儲かるのか」「実行できるのか」を判断するための設計書だともいえます。たとえば家を建てる場合、住む人のニーズをもとに家のコンセプトやイメージを決めて設計図を作成します。設計図によって、必要な資材や道具、職人の数が明確になり、建築予算が決まります。事業計画書も同様に「ヒト・モノ・カネ・情報」を検討することで、特に「実行できるのか」を判断することができるようになります。

③ **数値情報だけでは不十分：**事業計画書というと、損益計算書など数値情報だけをイメージしてしまうことが意外に多いものです。数値情報は事業計画の重要な要素ですが、事業計画書というには不十分です。「ビジネスプラン」と呼ばれる事業戦略・行動計画・経験則から推測されるのが「数値情報」であり、ビジネスプランがなければ、数値情報は単にあなたが希望する期待値でしかなく、客観的根拠がないと評価されてしまいます。つまり、根拠になる資料としてビジネスプランが求められます。

⚠損益計算書

企業の経営に対する成績表で、売上・費用・利益が把握できる。

⚠リスク

適切な事業活動の推進を妨げる可能性があるマイナス要素のこと。たとえば、競合他社に技術を盗まれるリスクなど。

事業計画書を作成する機会

- 誰も目をつけていないアイデアを思いついて、独立起業する
- 会社が新規事業をはじめる　など

事業計画書を作成する際の注意点

たとえば建築の設計書だとしたら…

設計書 → 必要な資材や道具、職人の数など、家を建てるために必要な要素を判断できる内容でなくてはいけません。

事業計画書作成のキーワード

同様の視点で、「ヒト・モノ・カネ・情報」に関する取り決めを事業計画書ではっきりさせます。

事業計画書作成の注意点

「お金」の数値情報だけでは、その根拠が不明確になり説得力に欠けてしまうので注意します。

事業計画書によって判断できることは３つ

❶ 将来性のあるビジネスか？

❷ 儲かるのか？

❸ 実行できるのか？

これら３つのポイントを判断できるように、十分なリスク対策を事業計画書で検討しておく

事業計画書

④ **失敗させないための事業計画書：**立案者は、アイデアに対する思いが強く、成功する前提で作成しがちです。しかし、良い事業計画書は「リスクポイントが把握しやすく、失敗させないためのリスク対策」が随所に記載されています。事業開始後に中断する事態を避けるため、リスクの抽出とリスク対策をはっきりさせておく必要があります。

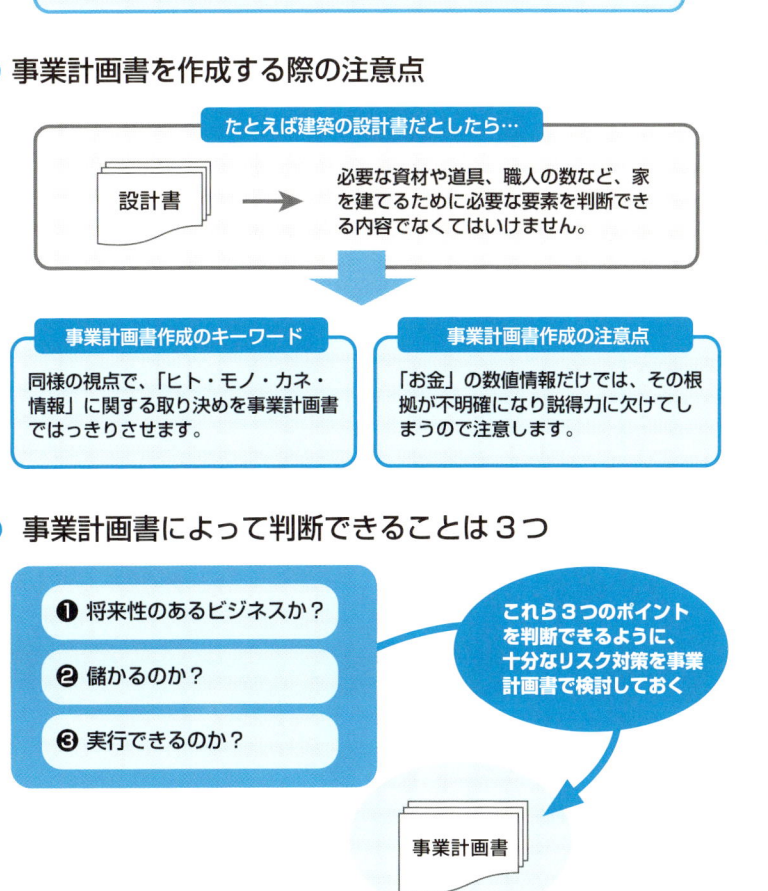

03 事業計画書作成のメリット

事業計画書が与えてくれる“５つのメリット”

事業計画書は、あなたのやろうとしている事業に“５つのメリット”を与えてくれます。

Check!

- 事業目標を明確に表現することができる
- 事業計画書があれば、客観的な助言をしてもらいやすい
- アイデアの事業化に必要なお金を把握することができる
- 資金調達においては事業計画書が求められる
- 立案者の“思い”は、文書化しなければ伝わらない

事業計画書がなければ、何もはじまらない

① **事業目標達成の最短距離を描ける：**新規事業を推進する場合、事業計画書を作成することで事業目標を設定することになります。目標を明確にすることで、事業展開のムリ・ムラ・ムダを省き、事業目標達成の最短距離を進む道筋と行動計画を考えることができます。

② **リスク対策を検討できる：**どのような素晴らしいアイデアの事業にも、必ずリスクは存在します。これらのリスクは、事業計画書という書面にすることで、はじめて第三者からの客観的な助言を得ることができます。

③ **事業予算が明確になる：**資金使途が明確になるため、いくらのお金を用意しなければならないのか事業予算が明確になります。事業予算を算出してはじめて事業規模を適切に把握することが可能となります。

④ **資金調達が可能となる：**資金調達では、必ず事業計画書が求められます。お金を出す側は、事業計画書から収益性や安定性、成長性を判断し、採算が取れる範囲（投資金額が回収できる範囲）での出資の決断をします。

⑤ **社内外のコンセンサスが得られる：**新規事業では、社内

事業予算
事業活動における収入・支出の見積金額を算出すること。

資金調達
金融公庫、銀行、ベンチャーキャピタル（VC）、個人投資家などから事業活動に必要な資金を借入、出資してもらうこと。

ベンチャーキャピタル
未上場企業へ投資を行い、投資先の企業が上場した際に得られる上場益を主な収益源とする投資会社。場合によって、投資先の経営指導にも携わる。

コンセンサス
意見の一致の意味、方針に対して第三者の賛同を得ること。

ビジョン
事業における構想、将来像のこと。

万が一、コンセンサスを得られないような事業計画書だったら

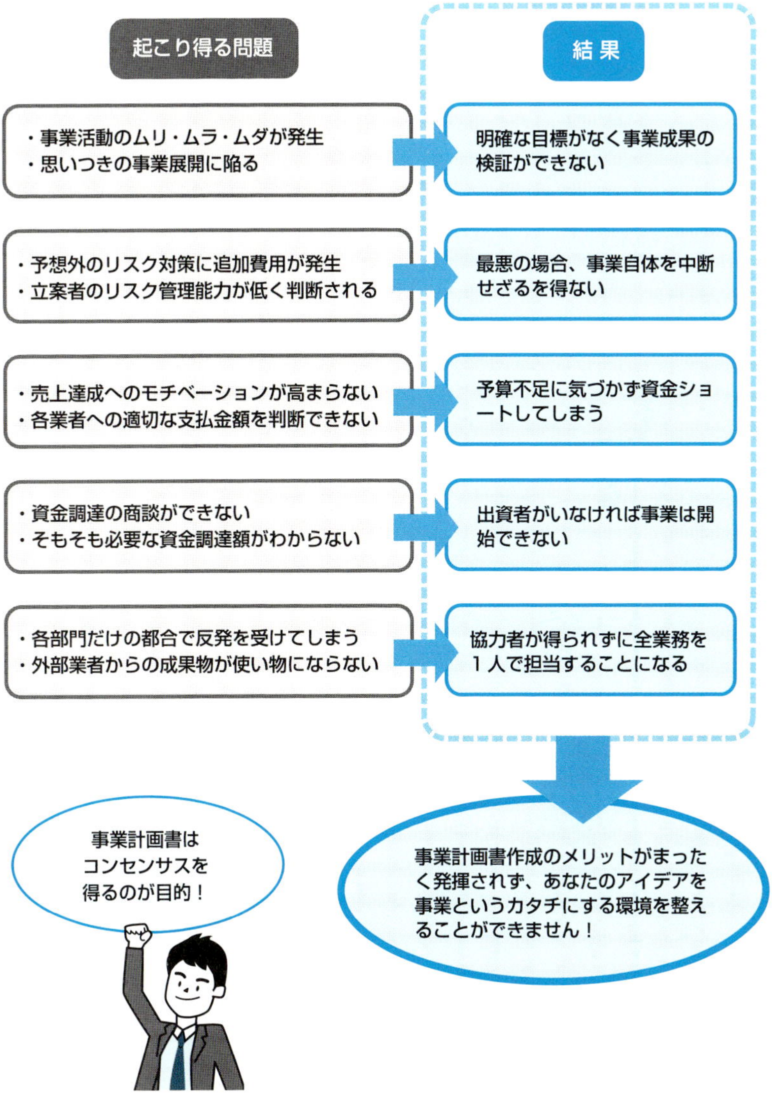

外の協力者が必要となります。協力者を得る際の大事なポイントとして、事業の目的と立案者の“思い”を共有してもらうために、事業計画書が必要となります。

04 ビジネスプラン、事業推進フローチャート、数値シミュレーション

事業計画書を構成する具体的な書類

事業計画書に定まった作成様式はありません。ただし、共通して求められる３つの書類があります。

Check!

- ビジネスプラン：事業化のアイデアを第三者に伝えるのがポイント
- 事業推進フローチャート：ビジネスプランの現実味を伝えるのがポイント
- 数値シミュレーション：ビジネスプランに説得力を持たせるのがポイント

この３つが揃えば第三者に伝わる事業計画書

① **ビジネスプランとは：**「なぜ、いつ、誰が、どこで、誰のために、何を、どのように売るのか」を、客観的な根拠に基づいて解説する書類です。この書類で事業計画全体のストーリー展開をつくりあげます。

② **事業推進フローチャートとは：**ビジネスプランのストーリー展開および行動計画を図式化した資料です。フローチャートを作成することで事業展開の時間軸が第三者に伝わりやすくなるだけでなく、業務項目の期日や担当者を明確にできるため、数値シミュレーションの根拠となります。

③ **数値シミュレーションとは：**新規事業計画書に必要な数値シミュレーションは、「損益計算書」と「資金繰り計算表」の２つです。

（1）**損益計算書：**ビジネスプランと事業推進フローチャートに基づき、「いつ・どれだけ・収入があるのか」、「いつ・どれだけ・支出があるのか」を数値化して事業収支を確認できるようにした資料です。新規事業では、収益性・安定性・成長性を判断するために最も重要視されます。

（2）**資金繰り計算表：**帳簿上の収支（損益計算書）では、収入と支出におけるタイミングのズレが確認できません。たとえ黒字計画であったとしても、手持ち資金が足りなく

ONE POINT

ほかの数値書類の必要性

①**貸借対照表**：期末時点の会社の資産や負債を計算する資料なので、新規事業で求められるケースは稀です。中長期事業計画書では必要になります。

②**キャッシュフロー計算書**：あるに越したことはありませんが、作成するには経理・会計知識が必要になります。新規事業では、簡単な資金繰り計算表があれば十分対応できます。

ビジネスプラン例

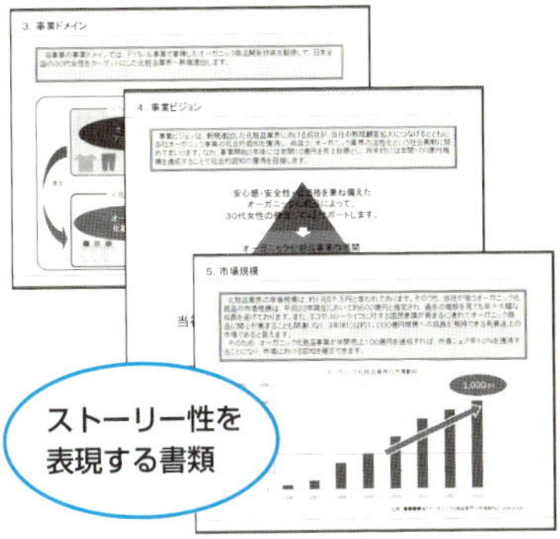

事業推進フローチャート例

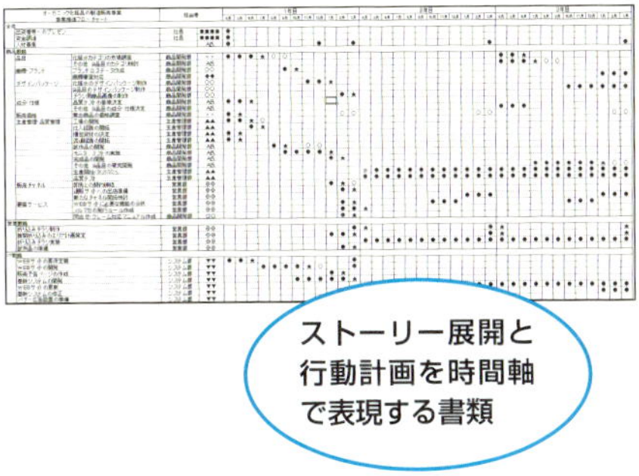

数値シミュレーション例

損益計算書

損益計算書			4月	5月	6月	7月	8月	9月	10月	11月	12月	1月	2月	3月	[illegible]
	①オーガニック化粧水		0	0	0	0	0	0	0	0	0	0	0	0	0
	②バナー広告等		0	0	0	0	0	0	0	0	0	0	0	0	0
売上合計			0	0	0	0	0	0	0	0	0	0	0	0	0
	①オーガニック化粧水の生産・出荷コスト		0	0	0	0	0	0	0	0	0	0	0	0	0
	②生産管理部 人件費		600,000	600,000	600,000	600,000	600,000	600,000	600,000	600,000	600,000	600,000	600,000	600,000	7,200,000
	③生産管理部 法定福利費	13%	78,000	78,000	78,000	78,000	78,000	78,000	78,000	78,000	78,000	78,000	78,000	78,000	936,000
	④工場の維持費		3,000,000	3,000,000	3,000,000	3,000,000	3,000,000	3,000,000	3,000,000	3,000,000	3,000,000	3,000,000	3,000,000	3,000,000	36,000,000
売上原価			[illegible]	[illegible]	[illegible]	[illegible]	[illegible]	[illegible]	[illegible]	[illegible]	[illegible]	[illegible]	[illegible]	[illegible]	[illegible]
売上総利益			[illegible]	[illegible]	[illegible]	[illegible]	[illegible]	[illegible]	[illegible]	[illegible]	[illegible]	[illegible]	[illegible]	[illegible]	[illegible]
固定費	人件費		1,200,000	1,200,000	1,200,000	1,200,000	1,200,000	1,800,000	1,800,000	1,800,000	1,800,000	2,400,000	2,400,000	2,400,000	20,400,000
固定費	法定福利費	13%	156,000	156,000	156,000	156,000	156,000	234,000	234,000	234,000	234,000	312,000	312,000	312,000	2,652,000
固定費	地代家賃	1,000,000	1,000,000	1,000,000	1,000,000	1,000,000	1,000,000	1,000,000	1,000,000	1,000,000	1,000,000	1,000,000	1,000,000	1,000,000	12,000,000
固定費	その他固定費	50,000	300,000	300,000	300,000	300,000	300,000	400,000	400,000	400,000	400,000	500,000	500,000	500,000	4,600,000
変動費	採用研修費	1,000,000	1,000,000	0	0	0	0	0	0	0	1,000,000	0	0	1,000,000	3,000,000
変動費	水道光熱費	5,000	30,000	30,000	30,000	30,000	30,000	40,000	40,000	40,000	40,000	50,000	50,000	50,000	480,000
変動費	通信費	20,000	120,000	120,000	120,000	120,000	120,000	160,000	160,000	160,000	160,000	200,000	200,000	200,000	1,840,000
変動費	旅費交通費	30,000	180,000	180,000	180,000	180,000	180,000	240,000	240,000	240,000	240,000	300,000	300,000	300,000	2,760,000
変動費	消耗品費	10,000	60,000	60,000	60,000	60,000	60,000	80,000	80,000	80,000	80,000	100,000	100,000	100,000	920,000
変動費	広告宣伝費		0	0	0	0	0	0	0	0	0	0	[illegible]	[illegible]	[illegible]
変動費	その他、雑費等	50,000	300,000	300,000	300,000	300,000	300,000	400,000	400,000	400,000	400,000	[illegible]	[illegible]	[illegible]	[illegible]
販管費合計			4,346,000	3,346,000	3,346,000	3,346,000	3,346,000	4,354,000	4,354,000	4,354,000	5,354,000	[illegible]	[illegible]	[illegible]	[illegible]
営業利益（経常利益）			[illegible]	[illegible]	[illegible]	[illegible]	[illegible]	[illegible]	[illegible]	[illegible]	[illegible]	[illegible]	[illegible]	[illegible]	[illegible]
法人税等		40%													
当期純利益			[illegible]	[illegible]	[illegible]	[illegible]	[illegible]	[illegible]	[illegible]	[illegible]	[illegible]	[illegible]	[illegible]	[illegible]	[illegible]

数値をシミュレーションする書類

簡単な資金繰り計算表

資金繰り計算表			6月	7月	8月	9月	10月	11月	12月	1月	2月	3月	第1期末
前月繰越金			137,166,000	130,142,000	123,118,000	116,094,000	108,800,000	100,768,000	92,736,000	84,704,000	75,402,000	66,362,000	
収入	現金売上	20%	0	0	0	0	0	0	0	0	0	0	0
収入	売掛金の回収	80%	0	0	0	0	0	0	0	0	0	0	0
収入合計			0	0	0	0	0	0	0	0	0	0	0
支出	生産・出荷コストの支払い		0	0	0	0	0	0	0	0	0	0	0
支出	当月払いの経費		4,810,000	4,810,000	4,810,000	5,080,000	5,080,000	5,080,000	5,080,000	5,350,000	5,350,000	5,350,000	60,420,000
支出	翌月払いの経費		2,214,000	2,214,000	2,214,000	2,214,000	2,952,000	2,952,000	2,952,000	3,952,000	3,690,000	3,690,000	32,258,000
支出合計			[illegible]	[illegible]	[illegible]	[illegible]	[illegible]	[illegible]	[illegible]	[illegible]	[illegible]	[illegible]	[illegible]
収支の差引金額			130,142,000	123,118,000	116,094,000	108,800,000	100,768,000	92,736,000	84,704,000	75,402,000	66,362,000	57,322,000	[illegible]
財務収入	借入による入金												150,000,000
財務収入			0	0	0	0	0	0	0	0	0	0	150,000,000
財務支出	工場の設備投資												50,000,000
財務支出	借入金の返済	5%											0
財務支出			0	0	0	0	0	0	0	0	0	0	50,000,000
次月繰越金			130,142,000	123,118,000	116,094,000	108,800,000	100,768,000	92,736,000	84,704,000	75,402,000	66,362,000	57,322,000	

なるケースも出てきます。そのような事態を防ぐために、お金の流れを明確にした資料です。

（次頁に続く）

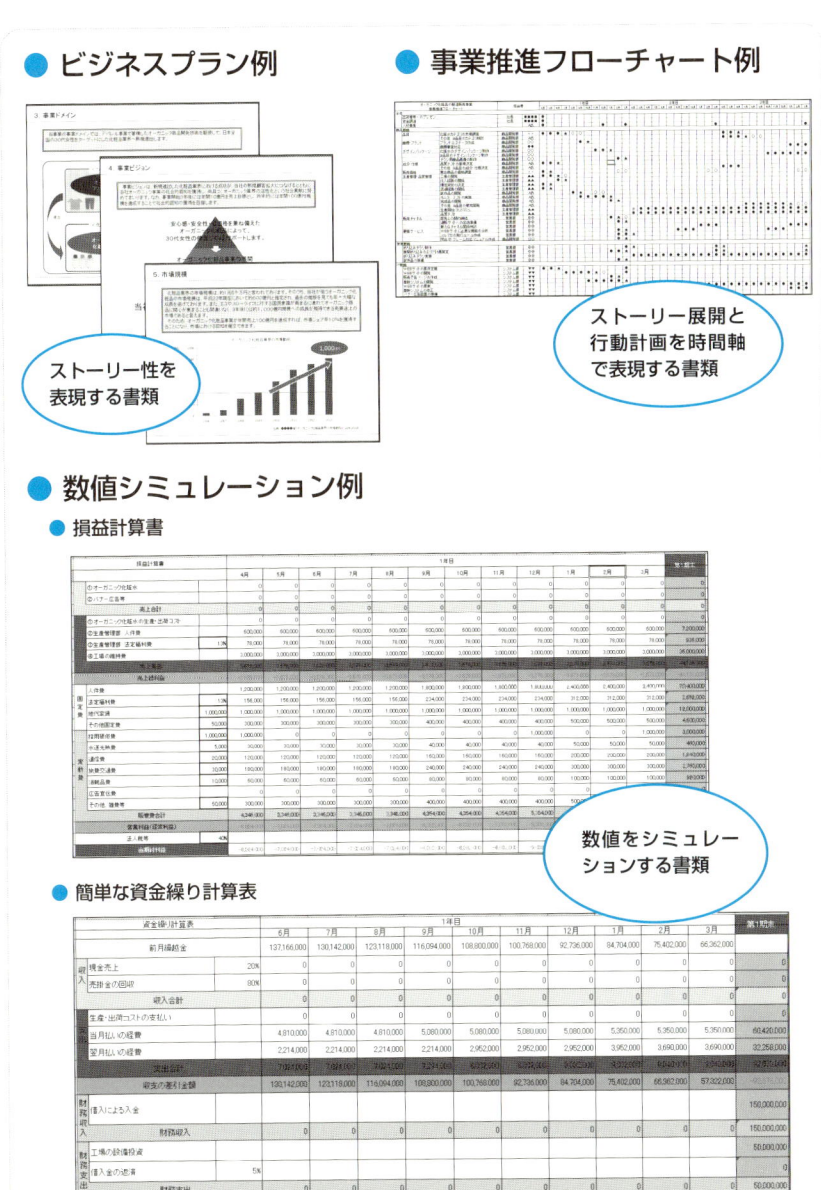

● 伝わる事業計画書の作成ポイント

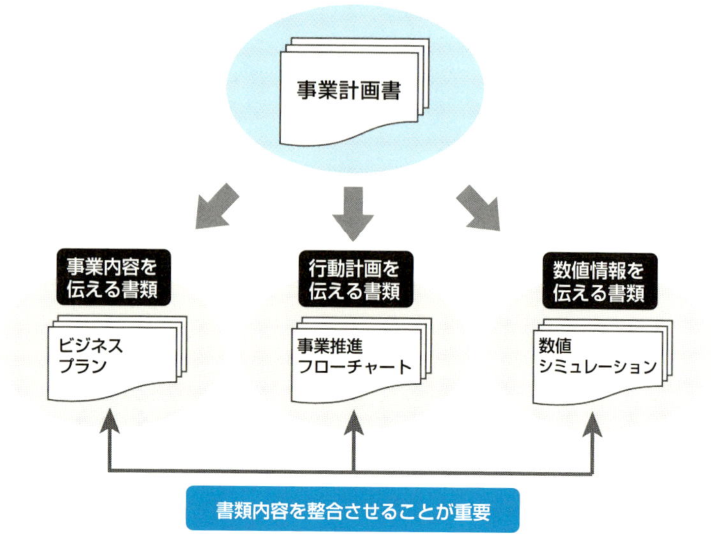

ポイント

事業内容はもちろんのこと、キーワードや表現、数値情報を「整合させる」ことが重要

この整合性を確保するために、ビジネスプランでストーリー展開を明確にしておく

事業計画書には定まったフォーマットがないとはいえ、整合させるスキルなど、地味ながら高度なノウハウが必要です。場合によっては、整合性のレベルで立案者自身の評価を左右されることになります。

第2章 事業計画書を作成する前にすること

01 客観的な事業戦略策定

事業計画書を作成する前に知っておきたいこと

貴重な時間と労力を無駄にしないために、次の“3つの注意点”を常に意識するようにします。

Check!

- 実現できない机上の空論になっていないか
- 経営資源を把握しなければ、事業計画書のストーリーは決まらない
- 事業戦略策定の根拠がなければ、他人の意見に流されやすい

事業計画書を作成するはじめの一歩

① **作成しはじめる前に事業化できるか否かを分析する：**新規事業のアイデアやビジョンが素晴らしいと感じても、本当に事業として成功できるのか否か、客観的なマーケティング調査が必要となります。もし調査することなく、主観的な“思い込み”だけで進めた場合、お金と時間を無駄に費やす結果も想定されます。そのため書類を作成しはじめる前に、「将来性のあるビジネスか？」しっかり判断しておく必要があります。

② **事業計画書に記載する経営資源をすべて把握する：**経営資源とは、簡単にいえば「ヒト・モノ・カネ・情報」を意味します。今ある経営資源を把握できていない状態は、将棋だと手駒に見落としがあるのも同然です。これでは事業戦略の展開を考えることはできないばかりか、事業計画書のストーリー構成を設計しても、伝えるべきポイントの欠如につながってしまいます。

③ **客観的なSWOT《スウォット》分析が事業戦略を正当化：**事業計画書は、事業戦略が成功するという立案者の仮説を取りまとめた資料です。その事業戦略に客観的根拠がないと、他人の意見を聞いたときに“成功への確信”が揺らぐことが多々あります。自信を持って説明できる事業計画書を仕上げる

ONE POINT

事業コンセプト（事業理念）
「何を目的に事業を行うのか？」ということです。一般的には、顧客満足追求や社会貢献のニュアンスを掲げます。最近は、セルフブランディングとして、「自分のやりたいこと」→「自分の強み」を盛り込むこともあります。

事業戦略
事業の安定や拡大を目的とした、事業の活動方針を意味します。事業コンセプトの枠組みで、その事業で達成したい課題を挙げます。

SWOT分析
事業戦略を策定する分析手法のひとつ。

SWOT分析 → 40ページ　クロスSWOT分析 → 46ページ

● 事業計画書を作成する前にやるべき作業の流れ

何を事業化したいのか？　を情報整理

↓

事業化を支える技術力・ノウハウの確認

↓

1人でできる範囲のマーケティング調査

↓

外部業者へのマーケティング調査を検討

↓

事業コンセプトの文章化

↓

SWOT分析で客観的に事業を把握

↓

クロスSWOT分析で事業戦略を策定する

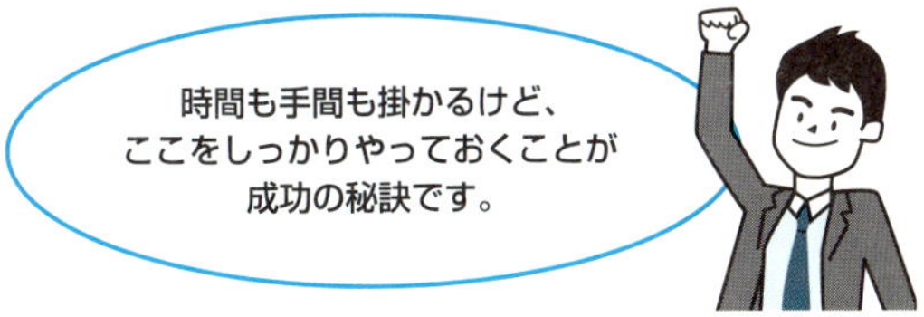
時間も手間も掛かるけど、
ここをしっかりやっておくことが
成功の秘訣です。

ためにも、作成前の客観的なSWOT分析が必要不可欠です。

02 事業の本質

何を事業化したいのか？「6W1H」で情報整理をする

アイデアの段階で、「将来性のあるビジネスか」を判断するためにマーケティング調査を行います。しかし、漠然とした調査では意味がないので、事業について情報整理が重要となります。

Check!

- 事業の本質を、6W1Hで情報整理
- 顧客ニーズを適切に捉えるためのマーケティング調査準備

事業の本質を理解していないとマーケティング調査の意味がない

①**『何を』事業化しようとしているか？：**アイデア段階で、必ず、一体何を事業化しようとしているのか客観的に見つめ直します。意外に多いのが、漠然と事業のアイデアだけが先行してしまい、結局は何を事業化したいのか？　が不明瞭なケースです。それを解決する方法としては、商品・サービスを起点として、6W1Hを用いて「すべてを明確にする情報整理」を行うことが有効です。

①-2 **6W1Hとは：**Who（誰が＝販売員・営業マンなど)、Why（どんな目的で＝ニーズ・顧客心理)、What（何を＝商品・サービス)、Where（どこで＝営業場所)、Whom（誰に＝顧客層)、When（いつ＝営業時間・時期)、How（どのように＝販売方法）です。この情報整理がなければ、マーケティング調査する際の適切なセグメントができなくなります。

②**顧客ニーズに誤解・思い込みはないか？：**立案者が商品・サービスを、どれだけ素晴らしいと直感的に感じていたとしても、顧客ニーズとのズレがあるかもしれません。この直感を“確信”に変える作業がマーケティング調査です。具体的には、6W1Hによって整理した「Whom＝顧客層」をターゲットに、「Why＝ニーズ・顧客心理」を把

ONE POINT

マーケティングのセグメントとは？

消費者全体から、ターゲットとする顧客層を特定することを意味します。6W1Hに基づいてより具体的に顧客層をイメージすることが、顧客心理をつかむポイントとなります。

6W1Hによる情報整理の具体例

Who（誰が）	**販売員、営業マンなど** （例）「当社ウェブサイトが」 ※ウェブサイトを営業マンとして認識
Why（どんな目的で）	**ニーズ・顧客心理** （例）「安心感・安全性・低価格の健康づくりを目的として」
What（何を）	**商品・サービス** （例）「オーガニック化粧品を」
Where（どこで）	**営業場所** （例）「日本全国の」
Whom（誰に）	**顧客層** （例）「30代女性に」
When（いつ）	**営業時間・時期** （例）「年間を通じて」
How（どのように）	**販売方法** （例）「インターネットで通信販売する」

新規事業では、いろいろなアイデアが浮かんできます。そのため本質を見失わないためにも、6W1Hで情報整理します。

握することになります。

03 事業の強み

事業化を支える技術力・ノウハウの確認

技術力・ノウハウについて、マーケティング調査前に改めて確認しておく必要があります。

Check!

- 技術力・ノウハウとは、商品・サービスを生み出す力
- 技術力・ノウハウの“何が”顧客層に喜ばれるのか？
- 知的資産・情報資産は、事業化を支える強みになり得る

技術力・ノウハウは、商品・サービスの提供に不可欠

① **モノづくりだけが、技術力・ノウハウではない：**技術力・ノウハウというキーワードから、モノづくりをイメージされる人もいるかもしれません。しかし、パソコン教室を例に挙げて考えると、パソコン教室という事業を支えているのは講師の指導ノウハウです。このように目に見える形がなくても、商品・サービスを形成するために必要な資源を、すべて確認しておきます。

② **技術力・ノウハウは喜ばれてこそ価値がある：**素晴らしい技術力・ノウハウを持っている企業・人材でも、相応の売上を上げられないケースが多々あります。その理由は、顧客層に“喜ばれる”商品・サービスではないからです。マーケティング調査では、この顧客心理の把握が必須のため、技術力・ノウハウが顧客層に与えるであろうメリット・デメリットをまとめておきます。

③ **知的資産・情報資産は金の卵である：**知的資産や情報資産は、事業化を支える強みとして確認しておくべきです。知的資産とは、商標やブランド、特許・著作権、企業間のネットワークなどです。また情報資産とは、顧客リストなど、ビジネス上の付加価値が高いデータのことです。これらの資産の特徴は、その強みが簡単に崩されないところに

ONE POINT

技術力・ノウハウが内部にない場合

事業に必要な技術力・ノウハウを外部企業に依存しているケースでは、技術力・ノウハウ以外を活かす方法（たとえば、販売店・経路の提供など）がなければ事業化が難しいと考えます。

技術力・ノウハウのチェック方法

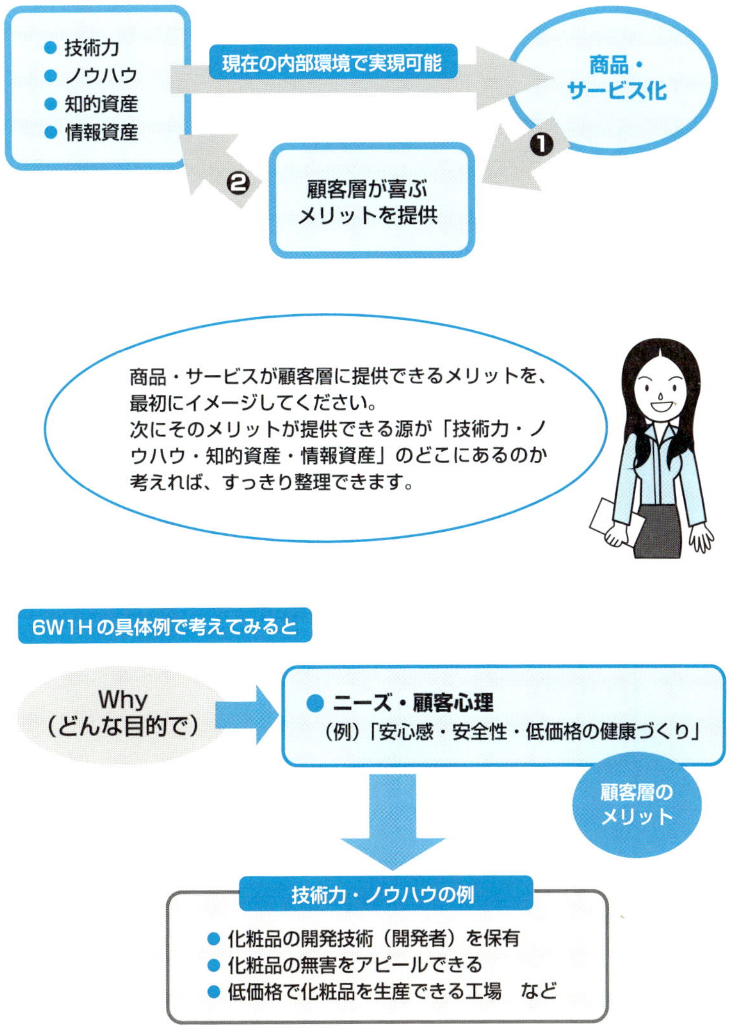

あります。たとえば、権利関係の強みであれば他社の介入は難しく、企業間のネットワークも信頼関係の賜物ですから大丈夫です。特に、商品・サービスを開発する場合は、他社の知的財産権の取得状況や企業の提携関係が調査のポイントになります。

1人でできる マーケティング調査のノウハウ

マーケティング調査を外部に依頼するには相当なコストが必要です。ここでは、今すぐできるマーケティング調査からはじめます。

Check!

- お金を掛けないでできる
- 短い期間で「将来性のあるビジネスか」を判断できる
- 客観的事実に基づいており、第三者から見て信頼性がある

客観的な視点がビジネスプランの説得力をアップする！

① **消費者のライフスタイルを把握するなら官公庁**：厚生労働省などでは、消費者の社会に対する意識や生活環境、生活レベルを調査しています。また、経済産業省では、あらゆる業界・業種における研究や実態調査を行っており、報告書資料を閲覧することができます。そのほかの官公庁からもさまざまな報告書が公表されており、公正な立場で作成されているため客観的な視点をアピールするには最適です。

② **信頼性抜群の大手シンクタンクの調査報告書**：ほとんどの業界・業種について、大手シンクタンクから市場規模や市場の成長性はもちろん、業界・業種が抱える問題点まで、調査報告書が公表されています。大手シンクタンクの情報からの引用であれば、情報に対する信頼性が得られます。

③ **上場企業の開示資料は宝の宝庫**：上場企業が投資家に向けて開示している有価証券報告書や事業報告書などには、その企業のビジネススキームやリスク情報が盛り込まれています。つまり、同じ業界・業種の上場企業の開示資料を参照すれば、あなたの事業における検討課題も発見できる可能性があります。また、上場企業の動向から逆にニッチビジネスをねらうのもひとつの方法です。

ONE POINT

外部業者へのマーケティング調査の依頼について

1人でできるマーケティング調査だけでは、ニーズ・顧客心理がつかめない場合に、外部業者への依頼を検討します。そのとき、1人でできるマーケティング調査の結果があれば、ピンポイントで依頼しやすくなるメリットもあります。

インターネットで情報検索するコツ

レポート資料の検索	キーワードと一緒に拡張子「.pdf」を入力すると、PDFデータの資料を検索できる。レポートなどは、改ざんを防ぐためにPDF化されているため、資料名をイメージしながら、キーワードを変えて検索してみてください。 (例) オーガニック　.pdf
プレゼン資料の検索	キーワードと一緒に拡張子「.ppt」を入力すると、プレゼン資料を検索できる。企業が研究プレゼン資料をサイトにアップすることもあり、意外な拾いものができるケースもあります。
使えるキーワード	**市場規模**：業界名 ＋ 市場規模 市場規模の数値情報を収集しやすい **市場動向**：業界名 ＋ 市場動向 市場の将来予測の資料を収集しやすい **ニーズ**　：商品名 ＋ ニーズ 顧客ニーズに関する資料を収集しやすい **課題・問題**：(業界名・商品名など) ＋ 課題・問題 業界や商品に関する課題を収集しやすい
専門サイトで検索	経済レポート専門ニュース (http://www3.keizaireport.com/) ⇒ 統計資料などを集約したサイト EDINET (http://info.edinet-fsa.go.jp/) ⇒ 上場企業の事業について調査できる
ウェブコミュニティーなどの活用	ミクシィに代表されるようなウェブコミュニティーや、掲示板、ブログでは個人レベルの顧客心理を知ることができます。掲示板やブログは、「キーワード ＋ (ブログ・掲示板など)」で検索するとよいでしょう。

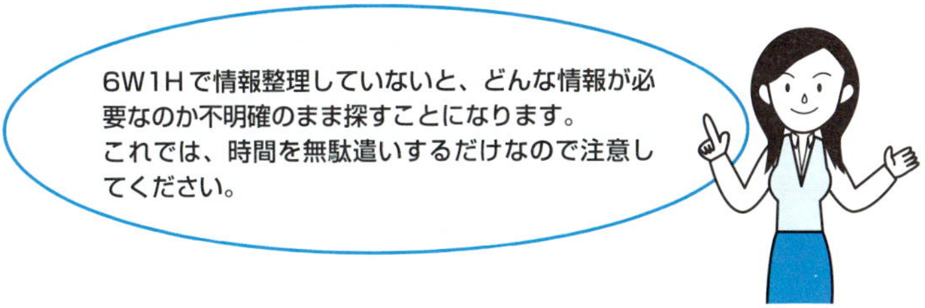
6W1Hで情報整理していないと、どんな情報が必要なのか不明確のまま探すことになります。
これでは、時間を無駄遣いするだけなので注意してください。

④ **ニーズ・顧客心理をチェックできるウェブ活用法：**インターネットが普及し、多くの人がブログなどで“自分の考え”を伝えたり、記録したりするようになりました。なかでもSNSと呼ばれるウェブコミュニティーでは、さまざまなテーマについて会員同士で意見交換がなされています。6W1Hにマッチするコミュニティーを探し、その意見交換の書き込みからニーズ・顧客心理を見つけ出すことは意外に簡単にできます。

(次頁に続く)

● 各官公庁の統計、白書一覧

官公庁の名称	検索できる主な内容
経済産業省 **（統計）** http://www.meti.go.jp/statistics/index.html **（白書・報告書）** http://www.meti.go.jp/report/whitepaper/index.html	鉱工業指数、第３次産業活動指数、全産業活動指数、経済産業省生産動態統計、商業統計調査、商業動態統計調査、特定サービス産業実態調査、特定サービス産業動態統計調査、経済産業省企業活動基本調査、外資系企業動向調査、海外事業活動基本調査、海外現地法人四半期調査、消費者向け電子商取引実態調査、延長産業連関表、簡易延長産業連関表、地域間産業連関表、国際産業連関表、通商白書、中小企業白書、製造基盤白書（ものづくり白書）、エネルギー白書　など
総務省統計局・ **政策統括官・** **統計研修所** http://www.stat.go.jp/	国税調査、人口推計、住民基本台帳人口移動報告、住宅・土地統計調査、家計調査、家計消費状況調査、全国消費実態調査、小売物価統計調査、消費者物価指数、全国物価統計調査、労働力調査、就業構造基本調査、社会生活基本調査、科学技術研究調査、個人企業経済調査、サービス産業動向調査、社会・人口統計体系、地域メッシュ統計、地理情報　など
厚生労働省 **（統計調査結果）** http://www.mhlw.go.jp/toukei/index.html **（白書、年次報告書等）** http://www.mhlw.go.jp/wp/hakusyo/index.html	人口・世帯、保健衛生、社会福祉、老人保健福祉、社会保険、社会保障等、雇用、賃金、労働時間、福利厚生、労使関係、労働災害・労働安全衛生・労働保険、厚生労働白書、厚生白書、労働経済白書、労働白書、海外情勢報告、海外労働情勢、働く女性の実情、母子家庭の母の就業の支援に関する年次報告、製造基盤白書（ものづくり白書）、児童手当事業年報　など
財務省 **（統計情報）** http://www.mof.go.jp/siryou.htm	国庫歳入歳出状況、予算使用の状況、国庫の状況、財政統計（予算決算等データ）、年金受給者実態調査、医療状況実態調査、租税及び印紙収入、収入額調、貿易統計、財政資金対民間収支、国債及び借入金並びに政府保証債務現在高、財政融資資金月報、国際収支状況、本邦対外資産負債残高、外貨準備等の状況、外国為替平衡操作の実施状況、オフショア勘定残高、開発途上国に対する資金の流れについて、法人企業統計調査、法人企業景気予測調査、国有財産　など

官公庁の名称	検索できる主な内容
文部科学省 **（白書）** http://www.mext.go.jp/b_menu/hakusho/hakusho.htm **（統計情報）** http://www.mext.go.jp/b_menu/toukei/main_b8.htm	文部科学白書、科学技術白書、教育白書、原子力白書、子ども科学技術白書、学生百年史、学生百年史資料編、学生百二十年史、学校教育に関する統計調査、社会教育に関する統計調査、教育費に関する統計調査、体育・スポーツに関する統計調査、健康教育（保健・給食）に関する統計調査、科学技術に関する統計調査、文化に関する統計調査　など
農林水産省 **（白書情報）** http://www.maff.go.jp/j/wpaper/index.html **（各種統計）** http://www.maff.go.jp/j/tokei/index.html	食料・農業・農村白書、森林・林業白書、水産白書、農家数・担い手・農地、作付面積・生産量、家畜の頭数、農家の所得や生産コスト、農業産出額、森林・林業、水産業、農林水産物の輸出入、食品産業、環境　など
国土交通省 **（統計情報）** http://www.mlit.go.jp/statistics/details/index.html **（調査報告）** http://www.mlit.go.jp/statistics/file000002.html **（白書）** http://www.mlit.go.jp/statistics/file000003.html	観光、鉄道、自動車、海運・船舶・船員、港湾、航空、建設工事、建設業、建設機械、道路、都市、建築・住宅、河川、土地、貨物輸送・物流、旅客輸送、国土交通白書、日本の水資源、国土レポート、土地白書、首都圏整備に関する年次報告（首都圏白書）、運輸経済年次報告（運輸白書）、観光白書、国土建設の現況（建設白書）　など

（平成22年8月31日現在）

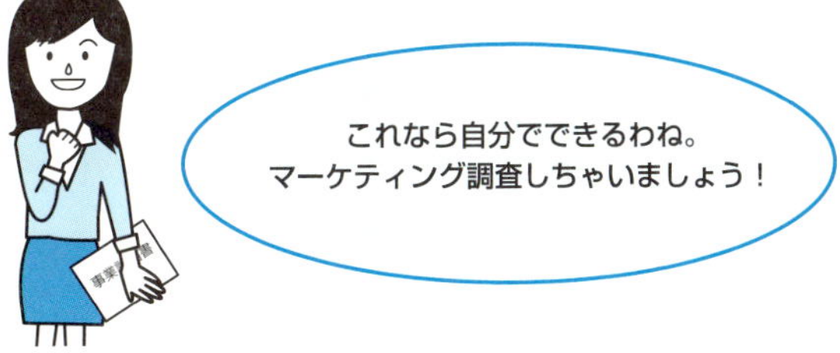
これなら自分でできるわね。
マーケティング調査しちゃいましょう！

05 マーケティングの調査ポイント

マーケティング調査の結果から事業化の可能性を判断

マーケティング調査の結果から、事業化の可能性を判断できるポイントは４つあります。調査する際に見落としがないように注意してください。

Check!

- 属する業界・業種の現状の市場規模
- 属する業界・業種の将来的な見通し
- 現状に対する顧客層の意識調査
- 競合する商品・サービスの分析

マーケティング調査の結果が事業化の方向性を決める

① **ビジネスチャンスのある市場なのか？：**これから参入しようとしている市場の現状が「成長性市場なのか、衰退している市場なのか」によって、考えるべき戦略の方向性が異なってきます。成長市場であれば、参入することに異論を唱える人は少ないでしょう。しかし、衰退している場合、その原因を解決できるようなアイデアがなければ、その事業に魅力を感じる人はいません。

② **数年後の市場規模が将来性を決める：**事業をゼロからスタートする場合、事業体制が確立できるまで、少なくとも２～３年の期間を必要とするのが一般的です。そのため、参入市場の３～５年後の予測が、将来的に大きな利益が得られるか否かの判断に影響をおよぼすことになるのです。

③ **商品・サービスのコンセプトは顧客層の意識調査で決まる！：**どんなに優れた商品・サービスを開発したとしても、顧客層からの支持を得られなければ売ることはできません。顧客層の意識調査はもちろん、ライフスタイルや感性などさまざまな要素を考慮したうえで、商品・サービスのコンセプト、設計、デザイン、営業方法などが決まるの

ONE POINT

コンセプトとは？

事業の全体像を決める基本的な思想・理念の意味あいであり、事業理念・企業理念などもこれに含まると考えられます。

● 事業化判断の思考プロセスの一例

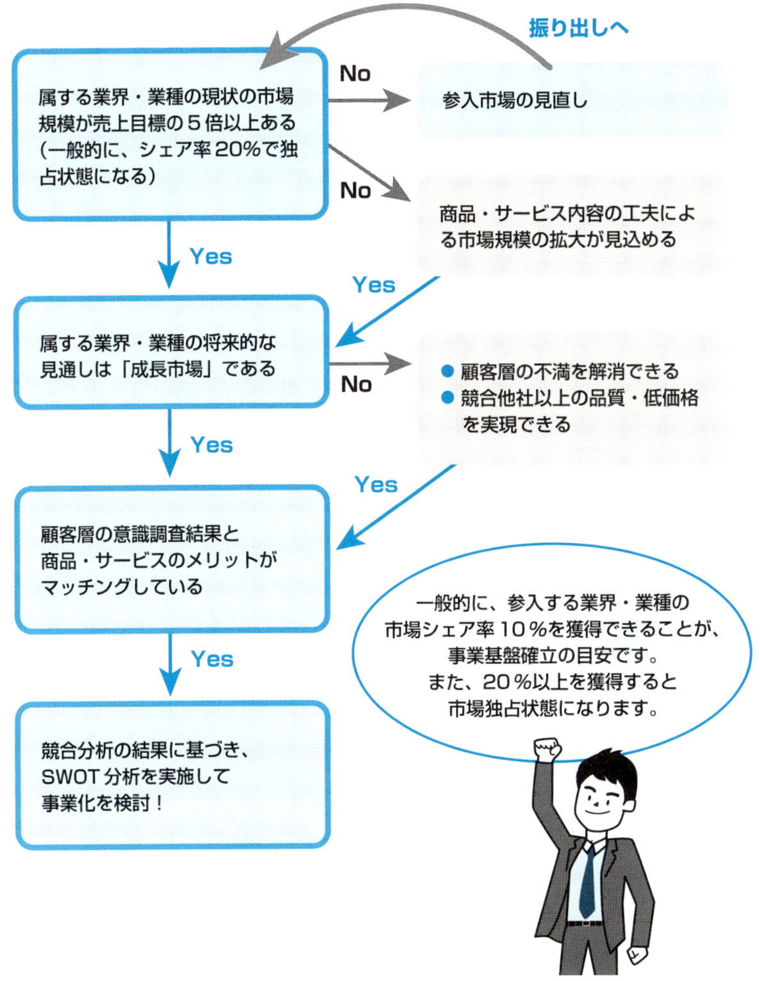
振り出しへ
属する業界・業種の現状の市場規模が売上目標の５倍以上ある（一般的に、シェア率20%で独占状態になる）
No
参入市場の見直し
No
商品・サービス内容の工夫による市場規模の拡大が見込める
Yes
Yes
属する業界・業種の将来的な見通しは「成長市場」である
No
● 顧客層の不満を解消できる
● 競合他社以上の品質・低価格を実現できる
Yes
Yes
顧客層の意識調査結果と商品・サービスのメリットがマッチングしている
Yes
競合分析の結果に基づき、SWOT分析を実施して事業化を検討！
一般的に、参入する業界・業種の市場シェア率10％を獲得できることが、事業基盤確立の目安です。
また、20％以上を獲得すると市場独占状態になります。

です。

④ **競合する商品・サービスは顧客層から支持されているのか？**：競合他社の商品・サービスに対して、顧客層がどのような評価をしているのか把握しておくことは非常に重要です。競合他社の商品・サービスで満足しているのか、不満があるのか、そもそも必要ないのか、といった情報は商品・サービスのコンセプト形成において非常に役立ちます。

SWOT分析 → 40ページ

06 事業コンセプトの作成ポイント

事業コンセプトを文章化

事業コンセプト（事業理念）は、事業全体の方向性を決定します。重要なキーワードになるので、以下のポイントを考慮して文章化してください。

Check!

- 事業の全体像をイメージできる
- どのような顧客層が対象の事業なのか？
- 顧客層に対して、何をするのか？
- 社会に対して、何をするのか？

ONE POINT

事業理念と企業理念の違い

それほど違いを意識する必要はありませんが、事業理念は事業だけに限定した考え方であり、企業理念は事業を含んだ企業グループ全体における倫理観を表現しています。

事業コンセプトが事業の枠組みを決める

① **事業コンセプトの文章化のルール：**事業コンセプトとは、立案者（経営者）が事業で成し遂げたい「思い」を文章化することです。特にルールはありませんが、「思い＝その事業で何をしたいのか？」が正しく伝わらなければ意味がありません。事業コンセプトの文章だけで、事業の全体像をぼんやりイメージできるくらいが理想です。

② **顧客層は明確にしたほうがいい：**たとえば、イベント企画を事業とする場合に、富裕層と20代前半の若者をターゲットにするのでは、イベントの内容が異なることは容易に理解できます。つまり、顧客層を明確にするだけで、事業として提供する商品・サービスの特徴がある程度伝わるものです。

③ **商品・サービスが顧客層に与えるメリットを説明する：**先のイベント企画の例でいえば、事業コンセプトに「イベントを企画する」というように、商品・サービスを挙げるだけでは、いまひとつメリットを理解してもらえません。「（イベントを通じた）異業種交流によるネットワーク拡大のチャンス」と書けば、包括的に顧客層に提供するメ

● 6W1Hで確認した事業の本質から文章化する例

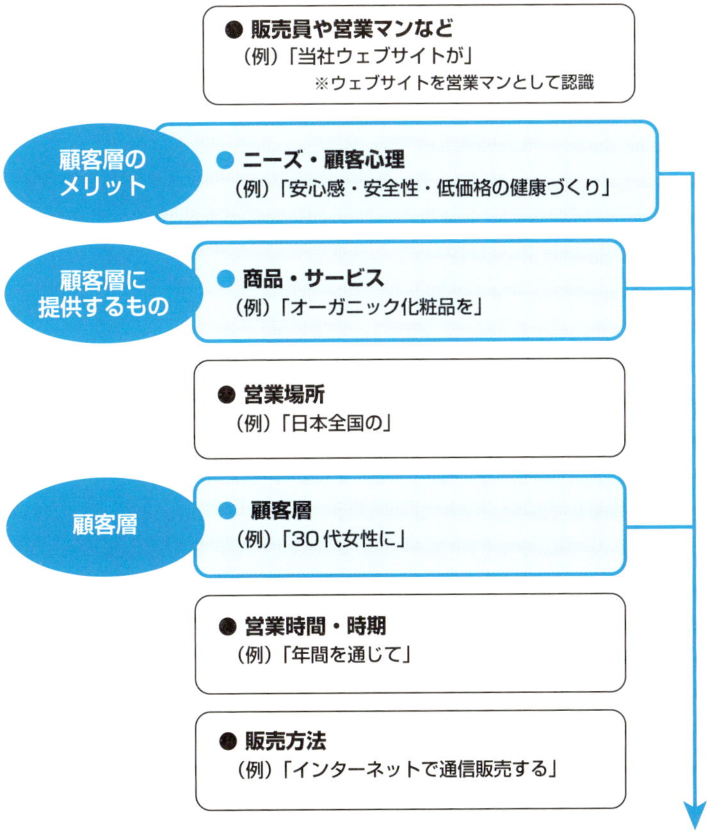
● 販売員や営業マンなど
(例)「当社ウェブサイトが」
※ウェブサイトを営業マンとして認識
顧客層のメリット
● ニーズ・顧客心理
(例)「安心感・安全性・低価格の健康づくり」
顧客層に提供するもの
● 商品・サービス
(例)「オーガニック化粧品を」
● 営業場所
(例)「日本全国の」
顧客層
● 顧客層
(例)「30代女性に」
● 営業時間・時期
(例)「年間を通じて」
● 販売方法
(例)「インターネットで通信販売する」

● 事業コンセプトの例

安心感・安全性・低価格を兼ね備えた**オーガニック化粧品**によって、**30代女性の健康づくり**をサポートします。

リット(役割)として伝わります。

④ **社会的な視点から事業の存在意義を語る**：事業計画書では、社会貢献・社会的責任(CSR)を意識した事業コンセプトを掲げることで、印象をよくするポイントになります。“自身のためより、誰かのため”という大義名分は事業に存在意義を与え、安心・安全のニュアンスまで表現ができます。

07 SWOT分析（内部環境・外部環境）

SWOT分析のしかた

事業化を判断する最終ステップとして、SWOT分析による自己診断を行います。

Check!

- SWOT分析の活用メリットとは？
- 内部環境と外部環境について理解する
- 強み・弱み・機会・脅威は思いつくかぎり書き出す

SWOT分析の基礎知識

① **SWOT分析とは？**：SWOT分析とは、会社を取り巻く環境を内部環境と外部環境に分けて、事業のよいところ・悪いところを把握し、客観的な事業戦略を策定するための分析ツールです。内部環境では、「強み（Strengths）」「弱み（Weaknesses）」という優劣、外部環境では、「機会（Opportunities）」「脅威（Threats）」という優劣をつけて分析します。

② **なぜ、SWOT分析が重宝されるのか？**：事業計画書の作成では、立案者が客観的視点から事業戦略を策定していることが重要となります。客観的視点が欠落している事業戦略は「思い込み」とみなされ、信頼性が低くなります。SWOT分析を通じて、「客観的に事業戦略を見直せる」「視点の足りない部分に気づく」といったメリットがあるため、重宝されています。

③ **内部環境と外部環境の違い**：内部環境とは、商品・サービス、営業体制、技術力・ノウハウ、立地条件、物流体制、人材、財務といった、事業の「自己都合」に起因します。一方、外部環境とは、政治・法令、経済・社会、文化、トレンド、自然現象、競合他社の動向といった「他者都合」に起因します。

ONE POINT

客観的な分析結果を得るコツ

SWOT分析を活用しても立案者の主観を完全に排除することは難しいものです。ですから、信頼できる第三者にチェックしてもらい、助言をもらうのが客観的な視点を徹底するコツです。

弱みと脅威について

弱みと脅威をひと言でまとめて表現するならば、「リスク」です。つまり、“リスク”とは「事業の弱点（弱み）」と「直面したくない最悪の状況（脅威）」だといえます。

● SWOT分析の実践手順

技術力・ノウハウのチェック方法を確認した「強み」を ① SWOT分析フォーマット（42頁参照）に書き出す

↓

「強み」「弱み」を ② 内部環境チェックリスト（42頁参照）からあてはまる項目の有無を確認

↓

あてはまる項目について、① SWOT分析フォーマット（42頁参照）に具体的な内容を書き出す（強みは不足分を追加する）

↓

「機会」「脅威」を ③ 外部環境チェックリスト（43頁参照）からあてはまる項目の有無を確認

↓

あてはまる項目について ① SWOT分析フォーマット（42頁参照）に具体的な内容を書き出す

↓

書き出した確認結果 ④ SWOT分析の結果（44頁参照）を見直して、記載内容が適切か否かを確認する

↓

「弱み」と「脅威」について、「強み」「機会」のいずれかで解消できるかを検討する

解消できない ↓

解消できる方法を検討する。⑤ SWOT分析に基づく改善策の出し方（45頁参照）

↓

解消できる方法を「強み」または「機会」に加えて、④ SWOT分析（44頁参照）の結果をつくり直す

↓

解消できる ↓

クロスSWOT分析を作成する

④ **SWOT分析に自分の勝手な判断を入れてはいけない**：SWOT分析では、強み・弱み・機会・脅威について思いつくかぎり書き出さなければなりません。「重要な項目だけ書き出す」など、自分の判断で調整してしまうと、客観的な分析結果を得ることは不可能です。調整の結果採用しなかった項目が、実は重要なキーポイントである可能性もゼロではないので、気づいた点はすべて書き出す癖をつけてください。

（次頁に続く）

① SWOT分析フォーマット

内部環境	強み	
	弱み	
外部環境	機会	
	脅威	

② 内部環境チェックリスト

	チェック項目	一般的な考え方	項目
内部環境	社歴の年数	長い（信用力がある）	強み
		浅い（信用力が弱い）	弱み
	人材の確保・育成	必要なし（豊富な人材）	強み
		必要あり（人材不足）	弱み
	特定の人物の依存	してない（収益の仕組みを確立）	強み
		している（属人的な事業）	弱み
	知的財産権	取得する（他社に邪魔されない）	強み
		取得しない（侵害される可能性）	弱み
	営業リストの保有	ある（強力な販売チャネル）	強み
	店舗展開	容易（飛躍的な事業拡大）	強み
		困難・失敗率高い（財務の悪化）	弱み
	生産体制	収益性高い（高利益体質）	強み
		収益性低い（工場等維持の負担）	弱み
	品質管理体制	確立する（安心、安全を提供）	強み
		確立しない（クレームの可能性）	弱み
	システムへの依存	ある（低コストの事業活動など）	強み
	※1	ある（トラブルによる業務停止）	弱み
	風評・ブランド	良い（信用力がある）	強み
		悪い（信用力がない）	弱み
	特定の販売先に依存	ない（営業力が安定している）	強み
		ある（一気に売上減少する可能性）	弱み

（右ページに続く）

	チェック項目	一般的な考え方	項目
内部環境	特定の仕入先に依存	ある（材料が入手できない可能性）	弱み
	外注への依存	ある（サービスの継続に影響）	弱み
	特定の地域等に依存 ※2	ある（市場を占有できる）	強み
		ある（成長性の制限がある）	弱み
	研究開発の成功率	高い（新たなサービスを提供）	強み
		低い（研究開発費の負担が大きい）	弱み
	設備投資	失敗（投資費用が回収できない）	弱み
	個人情報を保有	する（情報流出する可能性）	弱み

※１：システム依存がある場合は、強みと弱みの両面があります。
※２：特定の地域に依存がある場合は、強みと弱みの両面があります。

● ③ 外部環境チェックリスト

	チェック項目	一般的な考え方	項目
外部環境	市場動向	上向き（一気に事業拡大が可能）	機会
		低迷（事業の成長性に不安）	脅威
	天災・災害の発生	問題の解決策を提供できる場合	機会
		影響あり（事業停止の可能性）	脅威
	事故の発生	問題の解決策を提供できる場合	機会
		影響あり（事業停止の可能性）	脅威
	社会問題の発生	問題の解決策を提供できる場合	機会
		影響あり（業界に対する信用低下）	脅威
	行政問題の発生	問題の解決策を提供できる場合	機会
		影響あり（指定業者取消処分など）	脅威
	競争激化	しない（安定した収益を獲得）	機会
		している（収益性の低下）	脅威
	競合他社の研究開発	成功（商品・サービスの無力化）	脅威
	参入障壁	高い（ノウハウ等の販売可能）	機会
		低い（異業種との競争も発生）	脅威
	法律の改正	法務サービス事業などの場合	機会
		影響あり（事業内容の変更が必要）	脅威

（次頁に続く）

● ④ SWOT分析の結果（サンプル事例）

内部環境	強み	● オーガニックアパレル事業の成功という安心感を消費者にアピールできる ● オーガニック商品の開発技術が自社にあるため低価格が実現できる ● オーガニック商品に対する安全性テストのノウハウを確立している ● オーガニックアパレル事業で獲得した、顧客リストが約５万件ある
	弱み	● 企業ブランド力が弱く、まだまだ信用力が不足している ● 新規事業のため資金力が不足している ● 人材不足による脆弱な企業体質
外部環境	機会	● エコ・スローライフの浸透によるオーガニック商品への関心が向上 ● オーガニック商品を販売している競合他社が少ない ● 不景気による低価格志向の広がり
	脅威	● 法改正によるオーガニック化粧品に対する販売規制 ● 競合他社が当社のオーガニック化粧品の販売価格を下回る可能性 ● オーガニック化粧品の事故発生などによる消費者の購買意欲が低下

内部環境
企業が自らの力でつくりあげた「強み」と
まだ解決できていない課題「弱み」を書き出します。

外部環境
「強み」を生かせる状況に恵まれる「機会」と
自らの力だけでは防ぎようのない「脅威」を書き出します。

慣れないうちは混乱しがちですが、
このニュアンスに注意して
ドンドン書き出してみましょう！

⑤ SWOT分析に基づく改善策の出し方（サンプル）

内部環境	弱み	● 企業ブランド力が弱く、まだまだ信用力が不足している ● 新規事業のため資金力が不足している ● 人材不足による脆弱な企業体質

外部環境	機会	● エコ・スローライフの浸透によるオーガニック商品への関心が向上 ● オーガニック商品を販売している競合他社が少ない ● 不景気による低価格志向の広がり

「弱み」に挙げた「信用力の低さ」「資金不足」「人材不足」について、現状の「強み」や「機会」を活かして解決できそうにない……。

↓

解消できる方法を検討して、インターネットを活用したコストの最小化と人材のスキル不足を補うことを思いつく（第三者などの意見を参考にするとアイデアを得やすい）。

↓

解消できる方法について、自社内にシステム系の人材がいないため、「強み」は該当せず、「機会」としてインターネット通販の浸透が営業体制に有効であることに着目して、**④ SWOT分析** の結果をつくり直す。

外部環境	機会	● エコ・スローライフの浸透によるオーガニック商品への関心が向上 ● オーガニック商品を販売している競合他社が少ない ● 不景気による低価格志向の広がり ● **インターネット通販が浸透している**

08 クロスSWOT分析

クロスSWOT分析の結果から事業戦略を策定する

SWOT分析の結果から、強み・弱み・機会・脅威を組みあわせたクロスSWOT分析を行い、４タイプの事業戦略を策定することができます。

Check!

- 強み×機会：経営資源を重点的に投入する「積極的攻勢」戦略
- 強み×脅威：脅威を乗り切れる「差別化」戦略
- 弱み×機会：機会を生かした「弱点克服」戦略
- 弱み×脅威：損失を最小限に抑える「沈黙防衛」戦略

ONE POINT

沈黙防衛戦略

簡単にいえば、主要な商品・サービスがまったく売れない、または売ることが社会的な信用を損なうなど、逆効果となる状況を想定し、その状況を生き抜くための戦略を考えます。沈黙という意味あいでは、事業規模を縮小して最小限の運転資金で状況が回復するときが来るまで事業継続させる戦略です。防衛という意味あいでは、法改正などによって主要な商品・サービスが販売できなくなる可能性に備えて、２番目の商品・サービスを開発・強化し、事業の弱体化を防衛する戦略です。

クロスSWOT分析で戦略が思いつかない場合

どれだけ考え抜いても具体的な戦略が思いつかない場合は、「強み」「弱み」「機会」「脅威」の項目に不足があることがほとんどです。再度、SWOT分析からやり直してみましょう。

クロスSWOT分析の結果が、将来の事業戦略策定に役立つ！

① **積極的攻勢戦略の考え方**：事業の強みをフルに生かせる「機会」のときには、事業の経営資源（ヒト・モノ・カネ・情報）を総動員して事業戦略を考えます。顧客層から支持される商品・サービスであれば、認知してもらえる戦略を積極的に展開するようにします。

② **差別化戦略の考え方**：事業継続が危ぶまれる脅威のときには、強みの中から差別化を図れるポイントを考えます。差別化を考える際は、事業コンセプトからズレない範囲で、商品・サービス自体の差別化を検討するか、関連する付加価値サービスを考えてみます。

③ **弱点克服戦略の考え方**：事業の弱点は放置しておくと、いつの日か事業継続を脅かします。そのため「機会」という好機を生かして克服しなければなりません。イメージとしては、弱みの項目が機会の項目で解消されるか否かをチェックしていきます。もし解消できる機会の項目が見あたらない場合は、弱みを露呈させないための予防策を挙げておきます。

④ **沈黙防衛戦略の考え方**：沈黙防衛戦略が必要なときは、事業の主要な商品・サービスがまったく通用しなくなる状

クロスSWOT分析から導かれる４タイプの戦略

		外部環境	
		機会	脅威
内部環境	強み	積極的攻勢	差別化
	弱み	弱点克服	沈黙防衛

４タイプの戦略の具体例

		機会	脅威
		● オーガニック商品への関心向上 ● 競合他社が少ない ● 低価格指向の広がり ● インターネット通販の浸透	● 法改正による販売規制 ● 価格競争で負ける ● 事故発生などによる購買意欲低下
強み	● 既存事業成功の安心感 ● 自社開発による低価格 ● 安全性テストのノウハウ ● 顧客リスト５万件	**積極的なネット通販** 関東エリアの専門店などへの卸販売を基本として、特にインターネット通販で積極的な宣伝販売活動を展開することで高利益体質をつくり上げる	**広告宣伝による収益源確保** オーガニックに関するウェブサイトを構築、顧客リスト５万件を活用した広告宣伝による収益源を確保する
弱み	● ブランド力が不足 ● 資金力が不足 ● 脆弱な企業体質	**ネット活用でコスト最小化** 業務の有効性および効率性を高めて最小限のコストで事業展開するために、インターネットを活用する	**コンサルサービス提供** オーガニック業界における認知獲得を見据えて、他社に対するオーガニック販売のコンサルティングサービス開始の準備を進める

況です。つまり、主要な商品・サービスの売上が著しく低下することを想定して、その損失を最小限に抑えることを考えなければなりません。たとえば、売上が低下する商品・サービスの販売を停止し、異なった切り口の商品・サービスを開発しておくのもひとつの方法です。

column

ちょっと変わったSWOT 分析の練習方法

SWOT 分析をしっかり身につけたい方は、自分が勤めている会社はもちろんのこと、過去に勤めていた会社も含めて、どんどん分析してみましょう。ある程度知っている、理解している会社であれば、比較的SWOT 分析はしやすいはずなので、よい練習材料になります。

しかし、自分が今まで勤めてきた会社の数など、たかが知れています。それでもＳＷＯＴ 分析を実践で練習してみたい方には、“自分の人生”をSWOT 分析してみることを１度試されてはいかがでしょうか？

意外に思われるかもしれませんが、実は合理的な練習方法だといえます。**SWOT 分析は会社単位、事業単位で行いますが、この単位を自分自身に置き換えるだけです。自分自身の「強み」「弱み」「機会」「脅威」をイメージしてみると、自分では素直に受け止めたくない言葉も含めて、いろいろな言葉が浮かんでくるはずです。**

その言葉を書き出して、クロスＳＷＯＴ 分析で将来の方向性をじっくり考えてみると「今しっかりやらなければいけないこと」や「将来の不安に対して備えなければならないこと」が明確になるのではないでしょうか？

これは自分自身を見つめ直して、人生設計を考えるというプロセスをSWOT 分析で行ったわけです。さらに自分の人生を分析することで、もし自信が持てたなら、友達や同僚からの相談にもＳＷＯＴ 分析で対応してみると的確にアドバイスができるかもしれません。

このような実践を積み重ねれば、確実にＳＷＯＴ 分析の勘どころを習得できるはずです。

第3章
ビジネスプラン作成の流れとポイント

ビジネスプラン作成の流れと注意点

ビジネスプラン作成は、膨大な書類を作成する作業です。できるかぎり効率よく書類を完成させる流れと「伝える」ためのポイントを把握してください。

Check!

- プレゼンを意識したストーリー構成をつくることからスタート
- グラフやイメージ図は、直感的に第三者の理解を助ける
- はじめて読む人が理解しづらい専門用語を避ける

伝えるためのポイントはわかりやすく、直感的に

① **プレゼンできなければ意味がない**：そもそも関係者にプレゼンをしなければ、事業計画書のメリットを発揮することはできません。つまり、作成したビジネスプランは、立案者自身がプレゼンしやすいストーリー構成でなければ意味がありません。

② **直感的な理解のためにグラフやイメージ図を活用**：仮に、事業計画書が文字の羅列だけだとしたら、多くの人が一読することに抵抗感を感じてしまいます。さらに、事業内容を正しく表現しようとすればするほど、文字数は必然的に増加していきます。この問題点を解消するために、直感的に理解してもらいやすいグラフやイメージを活用することで、文字数を減らすことができます。また、視覚的に伝えるべきポイントの印象を残してもらえます。

③ **業種・業界特有の専門用語をできるかぎり使わない**：業種・業界特有の専門用語の羅列は、ビジネスプランを読む人に対して「理解してもらいたい姿勢」の欠如というしかありません。これでは金融機関などの担当者に見せる場合、事業内容への誤解が生じるだけです。つまり、あなた自身が読みやすいという主観的な評価ではなく、第三者にとっ

ONE POINT

プレゼン

プレゼンテーションの略称。一般的は、企画・計画・方針といった情報を第三者に発表して伝える行為を意味します。プレゼンのポイントは、情報を誰にでもわかりやすい表現でシンプルに伝え、第三者に的確に理解してもらうことにあります。事業計画書は、企画・計画・方針などすべての要素が詰まったひとつのプレゼン資料です。そのため事業計画書が"自己満足"に終わらないように、プレゼンを意識した構成に仕上げることが重要です。

● ビジネスプラン作成の流れ

ビジネスプランの構成要素をピックアップ

↓

個別戦略の構成要素をピックアップ

↓

各構成要素の計画内容を文章化する

↓

各構成要素で伝えるポイントを1つにまとめる

↓

グラフ・イメージ図等などを加えたドラフト版作成

↓

ビジネスプランのストーリー構成を確認

↓

完　成

てわかりやすい客観的な視点が重要です。どうしても専門用語が必要な場合は、必ず注釈を記載するようにします。

ビジネスプランの構成要素をピックアップする

ビジネスプランの構成要素とは、事業計画として検討するべきテーマです。構成要素は、業界・業種、ビジネスモデル、環境などによって異なります。

Check!

- 一般的なビジネスプランの構成要素について理解する
- ビジネスプランのストーリー構成は、営業トークの流れと同じ

ビジネスプランの全体像を理解しておく

① **最低限これだけの構成要素がないと検討不足**：ビジネスプラン作成の前に、一般的にビジネスプランで必要とされる構成要素について、全体像を把握しておく必要があります。全体像を把握していなければ、そもそも何をビジネスプランに盛り込めばよいのかわからなくなります。また、構成要素の不足があると、第三者に「検討不足が否めない」という印象を与えてしまいます。一般的な構成要素の項目が、事業における「ヒト・モノ・カネ・情報」を網羅しています。また、構成要素の過不足については、「04 ビジネススキームを描いて、構成要素の過不足を把握」で見極め方を解説します。

② **営業トークを意識したストーリー構成**：右頁の一覧表にある「順番」の項目は、一般的なビジネスプランの流れで並べてあります。この流れは、営業マンが商品を売り込む営業トークとほぼ同じです。

(例) 最初に自己紹介 ⇒ ニーズを伺う ⇒ 商品・サービスの簡単な説明 ⇒ メリットのアピール

ビジネスプランも同様に、会社概要を自己紹介してから市場動向などのニーズの説明をします。そして商品・サービスの概略や強みを売り込んで、具体的な数値計画の説明に

ONE POINT

構成要素の名称

本書で使用している構成要素は、一般的な名称を紹介しています。しかし、ビジネスプランのストーリー構成によって構成要素の名称を調整・変更する場合もあります。

● 一般的な事業計画書の構成要素

順番	構成要素	概略
1	会社概要	会社や事業責任者の紹介
2	事業コンセプト	事業の大義名分
3	事業ドメイン	事業展開エリア
4	事業ビジョン	事業の目標を掲げる
5	市場規模	展開エリアの市場規模
6	市場動向	顧客層のニーズや心理
7	プロファイリング	顧客層の具体的なイメージ
8	経営分析	SWOT 分析で内部環境と外部環境を説明
9	事業戦略	クロス SWOT 分析で戦略の説明
10	商品戦略	商品・サービスの解説
11	営業戦略	商品・サービスの売り方や顧客獲得目標の数値
12	IT 戦略	事業に必要な IT 環境（ウェブ、システムなど）
13	事業の将来性・発展性	将来的な発展の可能性
14	事業展開スケジュール	事業の展開スケジュール（時系列）
15	組織体制	事業展開に必要な組織体制
16	人員計画	組織運営に必要な人材・人員数の計画
17	売上目標	売上目標の数値
18	生産計画	売上達成に必要な生産計画
19	経費計画	事業運営に必要な主な経費項目と金額
20	利益計画	（売上 － 売上原価 － 経費）の利益
21	資金計画	資金調達・返済など資金繰りの計画

ビジネスプランの範囲（1〜14）

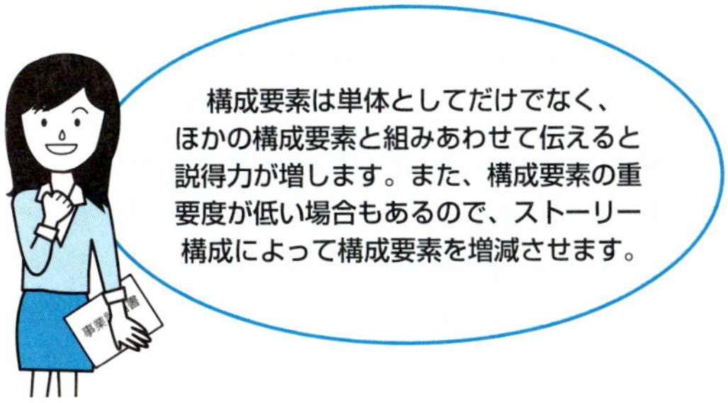
構成要素は単体としてだけでなく、
ほかの構成要素と組みあわせて伝えると
説得力が増します。また、構成要素の重
要度が低い場合もあるので、ストーリー
構成によって構成要素を増減させます。

入ります。このように商品・サービスの特徴を捉えながら、営業マンの売り込みをイメージしてストーリー構成を考えてみると、スムーズな展開がつくれます。

03 事業計画を実行してからの失敗を防ぐ

商品戦略を個別戦略に細分化（思考補助ツールの活用）

商品戦略とは、複数の個別戦略を総括した戦略です。そのため商品戦略を個別戦略に細分化して構成要素に加えていきます。

Check!

- 必要な個別戦略をピックアップする手法「八柱曼荼羅《はっちゅうまんだら》」は、検討不足を回避する思考補助ツール
- 「顧客満足を得るための商品戦略」をテーマに八柱曼荼羅を活用

8つの視点が事業失敗の予防につながる

① **八柱曼荼羅とは？**：八柱曼荼羅とは、世古隆信氏（有限会社ビーワンフード代表取締役）が開発された思考補助ツールです。具体的な活用方法は、ひとつのテーマ・目標に対して実行するべき8つの構成要素を考え出します。「思考補助ツール」と呼ばれる理由は、1人でひとつのプロジェクトを計画する際、検討不足に気づかせてくれるからです。8つの構成要素を書き出す過程で、検討不足に自分自身で気づくことができます。このツールを活用すれば、「事業計画を実行してからの失敗を防ぐ」姿勢を身につけることができます。

② **商品戦略を個別戦略に細分化するコツ**：どのような事業においても、商品戦略では「顧客満足を得る商品・サービスの提供」がテーマ・目標となります。つまり、顧客層に喜ばれる商品・サービスを提供するために、実行するべき8つの構成要素を考えます。

③ **構成要素を8つピックアップする際の留意点**：「つくる・売る・消費」を網羅すること、「ヒト・モノ・カネ・情報」を網羅すること、「8つの分類は同レベル」であることが重要です。これらを勘案して商品・サービスの特徴にあわせた8つの構成要素をピックアップしていきます。なお、

ONE POINT

8つの構成要素を書き出せない場合

8つの構成要素を白紙の状態から考えだすのは、非常に難しいものです。どうしても8つ書き出せない場合は、第三者の意見を求めて視野を広げることが有効です。

思考補助ツール「八柱曼荼羅」のフォーマット

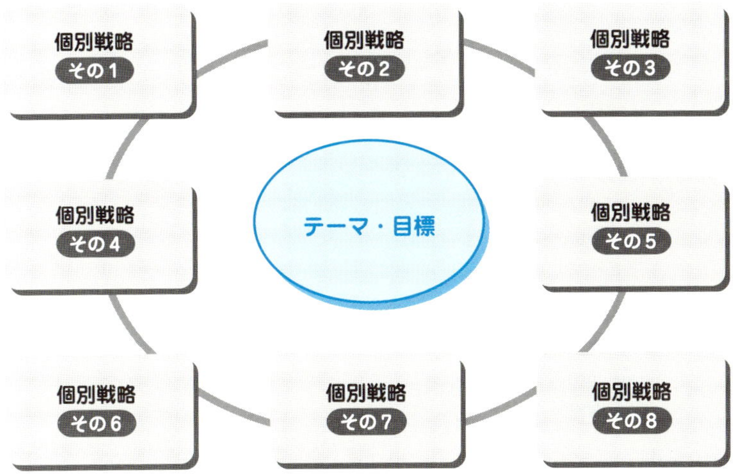
個別戦略
その1
個別戦略
その2
個別戦略
その3
個別戦略
その4
テーマ・目標
個別戦略
その5
個別戦略
その6
個別戦略
その7
個別戦略
その8

※ 商品戦略では「顧客満足を得る商品・サービスの提供」が、テーマ・目標となります。

詳しくは次頁を
見てください。

一般的な物販業の場合、次の８つの個別戦略が考えられます。

(1) 品目 (2) 商標・ブランド (3) デザインパッケージ (4) 販売価格 (5) 開発体制 (6) 品質管理 (7) 販売チャネル (8) 顧客サービス

④ **具体的なピックアップ方法：**商品戦略について個別戦略を考える場合、実は上記の８つの構成要素のうち、次の４つの構成要素はどのような事業でも説明が求められるため必須項目となります。その４つの構成要素は、(2) 商標・ブランド (4) 販売価格 (7) 販売チャネル (8) 顧客サービスです。残り４つについては、事業特有の構成要素をピックアップすることになります。たとえば、モノづくりの事業であれば、生産管理や品質管理という項目は重要度が高いといえます。この事業特有の構成要素は、チェック項目を「８つの構成要素をピックアップする手順」の③番目（57頁）に掲載しているので、参考にしながら該当する項目を検討してください。

（次頁に続く）

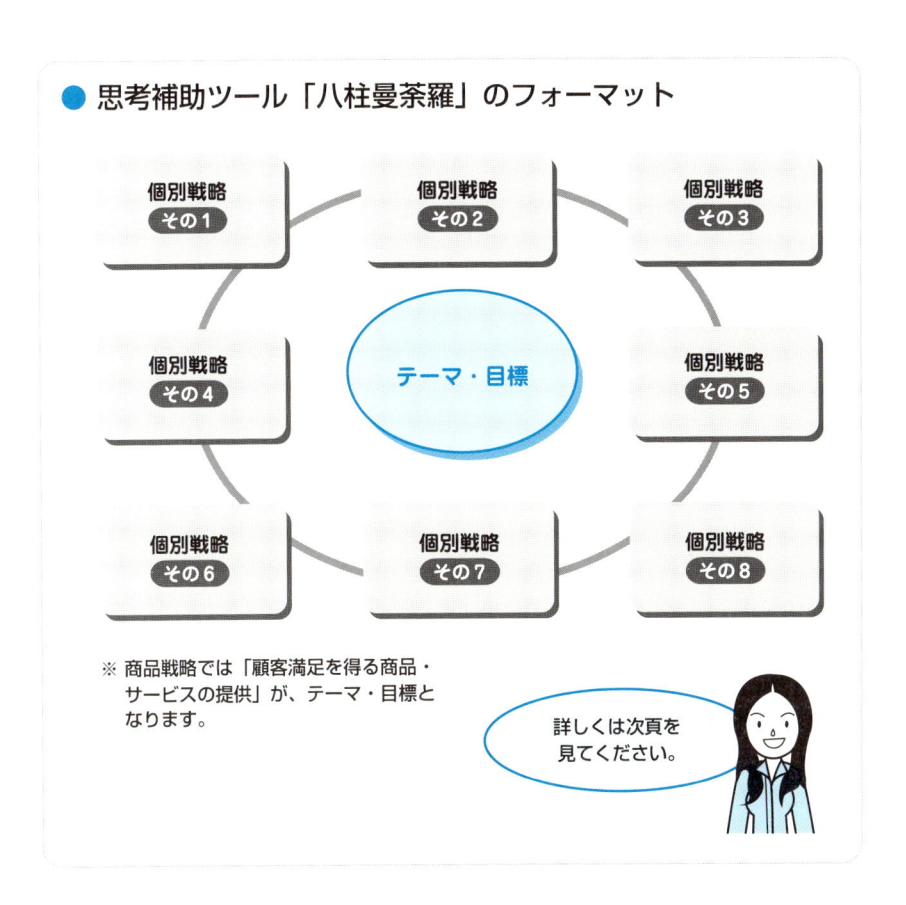

「八柱曼荼羅」を活用して、個別戦略をピックアップした具体例

● オーガニック化粧品の製造販売業における個別戦略の事例

オーガニック化粧品事業における商品戦略の個別テーマ

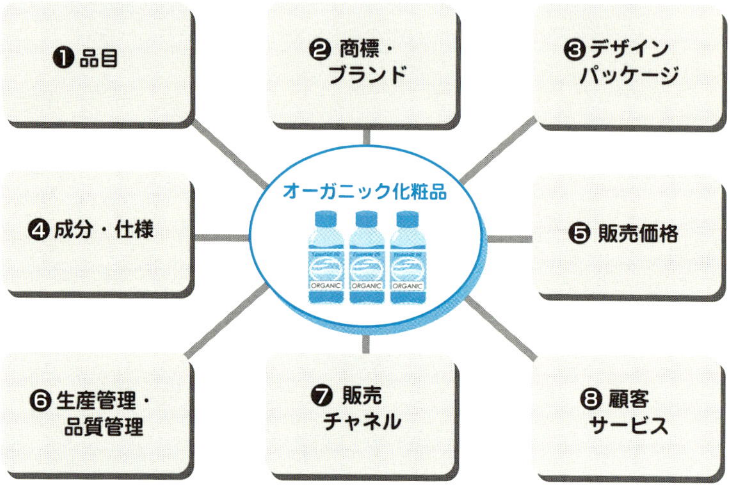
❶品目
❷商標・ブランド
❸デザイン パッケージ
❹成分・仕様
オーガニック化粧品
❺販売価格
❻生産管理・品質管理
❼販売チャネル
❽顧客サービス

8つの構成要素をピックアップする手順

① 事業コンセプトから、テーマ・目標を設定する
（例）安心感・安全性・低価格を兼ね備えたオーガニック化粧品の製造販売

② 商品戦略において、4つの必須構成要素を確認する

必須の構成要素	検討事項
商標・ブランド	商品・サービスの名称などについて
販売価格	販売価格の決定方法などについて
販売チャネル	販売経路の作り方などについて
顧客サービス	顧客への特典、情報提供方法、コミュニケーションなどについて

③ 残り４つは、事業特有の構成要素を考える

※ 下記のチェック項目を参考にして、重要視するべき構成要素を４つピックアップする。

チェック項目例	構成要素
品目数が営業や生産に影響する	品目
商品のデザイン性が売れ行きに影響する	デザインパッケージ
商品の安全性をアピールする必要がある	成分・仕様
	品質管理
製造業など、研究開発・モノづくりの事業をする	生産管理（開発体制）
原材料などの仕入価格が利益率に大きく影響する	仕入戦略
会員組織が売上につながる（会員費など）	会員管理
提携企業とのネットワーク形成で事業が成立する	業務提携（ネットワーク）
商品の物流体制の構築に重点がある	物流戦略
販売拠点として店舗などの展開をしていく	店舗戦略（出店計画）
他社比較で商品付加価値を明確に説明したい	競合比較

④ チェック項目例で事業特有の構成要素を４つピックアップできなかった場合は、ビジネススキームを描いて構成要素の過不足を洗い出す（次項参照）

⑤ 八柱曼荼羅のフォーマットに８つの構成要素を書き出す

八柱曼荼羅は、商品戦略以外にもさまざまな場面（新企画・プロジェクトなど）で発想力を補助してくれます。しかし、使いこなすには慣れが必要なため、それなりに練習が必要です。
たとえば、「上司との関係をよくする」というテーマ・目標を掲げて、①仕事をがんばる、②挨拶をしっかりする……など、８つの構成要素を遊びながら試してください。

ビジネススキームを描いて、構成要素の過不足を把握

ビジネススキームとは、顧客・取引先・仕入先などとの関係性をひとつの相関図にした「事業の枠組み」を意味します（ビジネスモデルともいう）。事業の全体像をひと目で理解できるビジネススキームを描けば、簡単に構成要素の過不足を把握できます。

Check!

- ビジネススキームには「商流・物流・金流」を描く
- ビジネススキームから、構成要素の過不足を見極める

商流・物流・金流の情報整理が検討不足を気づかせる

① **商流・物流・金流とは？：**この表現は、流通業界で頻繁に使われます。「生産者」「卸業者」「小売店」「顧客」が複雑に絡んでいるため、取引関係を情報整理するために用います。つまり、商流は「誰と誰が取引契約をしているのか？」、物流は「商品・サービスを誰がどのように顧客に届けるのか？」、金流は「誰が誰にお金を支払うのか？」といった、取引関係を明らかにできる情報を描いていきます。なお、ビジネスキームにおいて、商流は「情報の流れ」とあわせて表現すると、すっきりと描くことができます。

② **構成要素の不足を見極める方法：**見極めるコツとしては、描いたビジネススキームと「8つの構成要素をピックアップする手順」の③番目（57頁）に掲載している事業特有の構成要素を照らしあわせると、抜けている過不足に気づきやすくなります。ビジネススキームとは、「どのような事業なのか？」についてシンプルにまとめた図であるため、ビジネススキームに描かないポイントは事業計画書には記載しないという判断基準で問題ありません。ただし、ビジネススキームが事業の全体像を網羅できていることが重要になるので、強引に取引関係を省略することでシンプルにま

ONE POINT

情報の流れについて

ビジネススキームを描く際、情報の流れは必要最低限に抑えておくことがポイントです。情報の流れには、商流・物流・金流に直接関連しないものが多数あり、関係性の弱い情報の流れを加えてしまうと逆にわかりづらいビジネススキームになってしまいます。そのため、ここでは「商流 ＝ 情報流」と考えて、シンプルに描くことを心掛けてください。

ビジネススキームの具体例

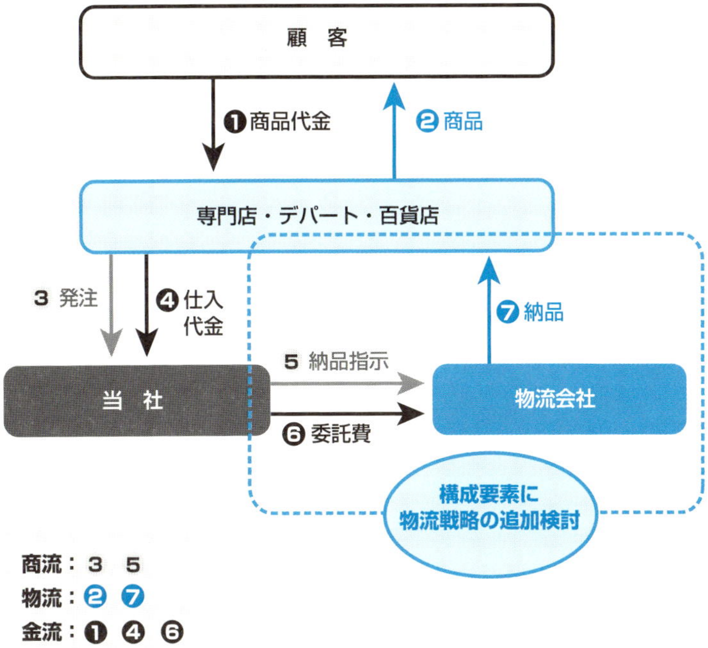
顧　客
❶商品代金
❷商品
専門店・デパート・百貨店
3 発注
❹仕入
代金
❼納品
5 納品指示
当　社
物流会社
❻委託費
構成要素に
物流戦略の追加検討
商流：3　5
物流：❷　❼
金流：❶　❹　❻

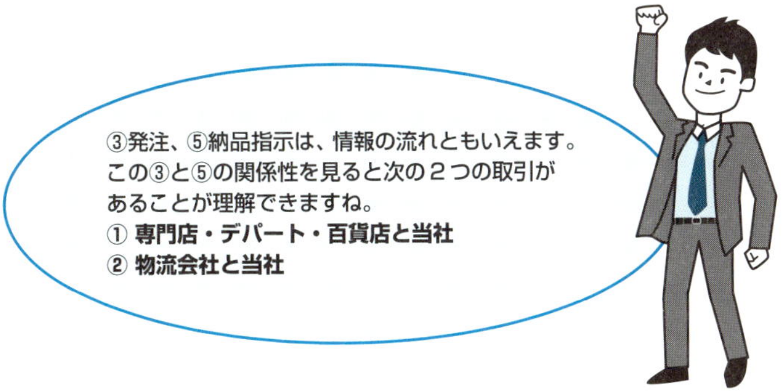
③発注、⑤納品指示は、情報の流れともいえます。
この③と⑤の関係性を見ると次の2つの取引が
あることが理解できますね。
① 専門店・デパート・百貨店と当社
② 物流会社と当社

とめてはいけません。

(注) 上図の具体例で、「物流会社」を省略してしまうと、コストの試算が正確にできないばかりか、第三者には「物流機能を自社で保有する」という誤ったイメージを持たれてしまい、的確な実行判断をしてもらえなくなるので注意して作成してください。

05 第三者の知りたいポイント

各構成要素の計画内容を文章化する３つのルール

構成要素のピックアップが完了したら、各構成要素の計画内容を文章化していきます。

Check!

- 各構成要素を「6W1H」で説明する
- チェック表を活用して「知りたいポイント」の欠如を防ぐ
- キーワードは言い回しを統一して繰り返す

キーワードを印象的に第三者に伝える

① **６Ｗ１Ｈは、計画内容のチェックになる：**説明文章を書く際、ただ単に頭に浮かんだポイントを羅列するだけではプレゼンに使える文章には仕上がりません。まず、各構成要素についてできるかぎり「６Ｗ１Ｈ」のルールで説明文章を書くように心掛けてください。６Ｗ１Ｈで説明文章を書けない場合は、構成要素について具体的な計画が未決定であるということが認識できます。

② **「知りたいポイント」の欠如は疑問を増やす：**各構成要素について、一般的に第三者が知りたいポイントを外してしまうと、知りたいポイントが解決されない第三者にとって疑問点が増えていくだけです。右頁のチェック表を参考にして、該当する「知りたいポイント」が含まれるように説明文を書いていきます。表中の「知りたいポイント」に該当するものがあれば、説明文章に内容を含めるようにします。

③ **繰り返しが、第三者の印象に残る：**ビジネスプランの中で、事業の特徴を表すキーワードは、言い回しを統一して繰り返し使うようにします。事業の特徴とは、商品・サービスのメリットや競合他社との差別化を表す言葉、事業名称などが中心です。

ONE POINT

意外に難しい文章を書くスキル

文章を書くこと自体は誰でもできますが、ストーリーの流れを意識して、わかりやすく端的にまとめるのは簡単ではありません。書き慣れるまでは四苦八苦することになりますが、文章スキル習得は理解力の向上も伴うため、基礎力のステップアップになります。

計画内容が未決定の要素

文章化するプロセスを通じて設計することで、事業コンセプトに則した戦略を展開できるようになります。

各構成要素の「知りたいポイント」チェック表

順番	構成要素	知りたいポイント
1	会社概要	会社の事業・実績、推進者のスキル・業務経歴
2	事業コンセプト	※ 事業コンセプトをそのまま書く
3	事業ドメイン	事業展開エリア、営業チャネル、顧客層
4	事業ビジョン	将来の理想像、目標数値
5	市場規模	市場規模の金額（現状・将来）
6	市場動向	具体的な顧客層、ニーズ、不満、ライフスタイル
7	プロファイリング	メインとなる顧客層の人物像
8	経営分析	事業の強み、弱み
9	事業戦略	具体的な戦略
10	商品戦略	
	① 品目	品目数、品目数決定の根拠
	② 商標・ブランド	商品名、商標取得の有無、ブランド化のイメージ
	③ デザインパッケージ	デザインパッケージのコンセプト
	④ 成分・仕様	安全・安心なサービス品質の根拠
	⑤ 販売価格	販売価格、価格決定の根拠
	⑥ 生産管理・品質管理	生産体制、品質管理体制、品質基準
	⑦ 販売チャネル	販売経路、流通経路、業務提携の有無
	⑧ 顧客サービス	顧客満足度を高めるポイント
11	営業戦略	営業リスト、宣伝広告の方法、業務提携の有無
12	IT 戦略	ウェブ、システムの有無と活用方法
13	事業の将来性・発展性	将来実施できそうな新ビジネス案など
14	事業展開スケジュール	スケジュールのポイント

※ 各構成要素のビジネスプラン作成のポイントは、第４章を参照。

言い回しを統一して繰り返し使う例

新規事業のコンセプトは……『 **安心感・安全性・低価格** を兼ね備えたオーガニック化粧品……』……

↓

ブランド確立を実現するためには……
安心感・安全性・低価格 でありながら……

↓

安心感・安全性・低価格 を兼ね備えたオーガニック化粧品を販売するための経営資源として……

このサンプルでは、商品の特徴を「安心感・安全性・低価格」という三拍子そろったキーワードを繰り返し引用しています。

※ 説明文のサンプルは 64 頁の事例６～８より。

06 文章の書き方

ストーリーの流れを意識する3つのルール

ストーリーの流れを意識しながら説明文を書き、全体構成を調整します。

Check!

- シンプルに論理的な説明をする
- 構成要素と構成要素のつなぎをオーバーラップさせる
- キーワード以外の説明は重複しない

書き方でストーリーの流れを表現するテクニック

① **論理的説明がストーリーの流れをスムーズにする：**説明文章は、原則として「Aは、Bという理由でCとなります」「Cは、Dという理由でEとなります」という論理構造と流れを意識しながら書きます。すべての文章をこのとおり書く必要はありませんが、説明文に対する疑問が残らないように根拠をシンプルに示すようにするのがポイントです。また、根拠を説明しすぎるのもストーリーの流れが悪くなってしまいます。必要最低限の言葉だけを論理的に並べていくイメージで、文章をつくるのがコツです。

② **オーバーラップがストーリーの流れを意識させる：**基本的には論理的説明ができていれば、第三者に誤解させるようなことは解消されているはずです。さらに、構成要素と構成要素のつなぎをオーバーラップさせることで、ストーリーの流れにしたがって自然に読んでもらえるようになります。構成要素をつなぐコツは、「前の構成要素の結論を受けて、次の構成要素の説明をする」ことです。必ずしもキーワード自体がオーバーラップしていなくてもかまいませんが、このしかけが、ページを進めるごとにストーリーが流れているニュアンスを出してくれます。

③ **説明の重複は第三者のストレスになる：**キーワードは印

ONE POINT

どんなときにストーリーの流れが止まる？

根拠の説明を正しく書こうとして、つい回りくどく説明してしまう場合に多発します。このような事態を避けるためには、常に「結論は？」「何が伝わればいいの？」と、自問自答する癖をつけて端的に伝えるようにします。

● 論理的説明がストーリーの流れを支える例

順番	構成要素	説明文章のサンプル
4	事業ビジョン	Ⓐオーガニック化粧品は、Ⓑその安心感を消費者に素直に理解してもらうためにも、Ⓒ天然由来成分 100%を大原則とします。 ↓ Ⓒこれら成分については、Ⓓ安心感をアピールするため、Ⓔ商品ラベルに記載するとともに、ホームページ上でも詳細に掲載します。

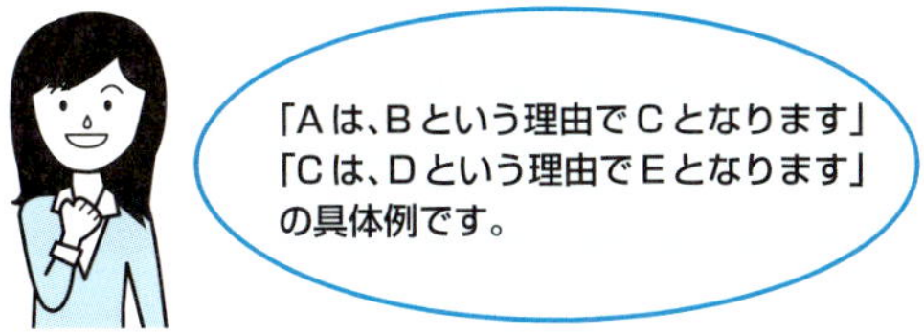
「Aは、Bという理由でCとなります」
「Cは、Dという理由でEとなります」
の具体例です。

● 構成要素と構成要素のつなぎをオーバーラップさせる例

順番	構成要素	説明文章のサンプル
6	市場動向	これらを勘案すると、事業戦略次第で一気にブランド確立を実現できる可能性があると考えられます。
7	プロファイリング	ブランド確立を実現するためには、当社のオーガニック化粧品を購入してくれる販売ターゲットのイメージを明確にしなければなりません。

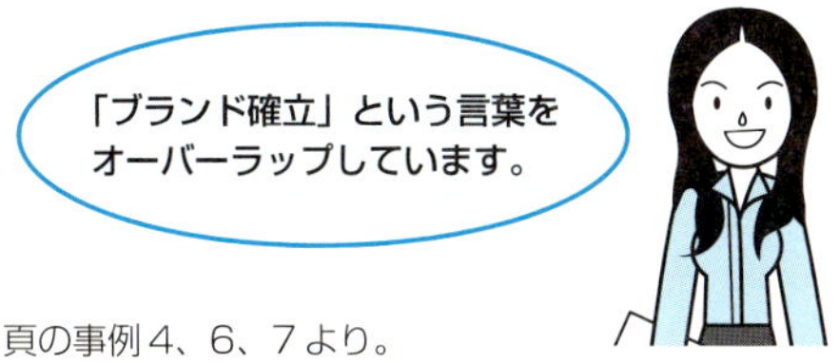
「ブランド確立」という言葉を
オーバーラップしています。

※ 説明文のサンプルは64頁の事例4、6、7より。

象に残してもらうために繰り返し用いますが、根拠などの説明文や重要性の低いキーワードは重複しないように、文章を簡潔にしてください。説明の重複は、ストーリーの流れを止めるだけでなく、読んでいる第三者にとってストレスになるだけです。

（次頁に続く）

● 各構成要素の説明文例（オーガニック化粧品販売の事例）

順番	構成要素	説明文章のサンプル
1	会社概要	新規事業である株式会社ソーテックスは、事業内容としてオーガニック商品の販売をしていきます。事業推進者としてオーガニック事業に見識のあるＡ氏が担当いたします。
2	事業コンセプト	新規事業のコンセプトは次のようになります。『安心感・安全性・低価格を兼ね備えたオーガニック化粧品によって、30代女性の健康づくりをサポートします』
3	事業ドメイン	当事業の事業ドメインでは、アパレル事業で蓄積したオーガニック商品開発技術を駆使して、日本全国の30代女性をターゲットにした化粧品業界へ新規進出します。
4	事業ビジョン	事業ビジョンは、新規進出した化粧品業界における成功が、当社の新規顧客拡大につながるとともに、当社オーガニック事業の社会的認知を獲得し、なおかつ、オーガニック業界の活性化という社会貢献に努めてまいります。 なお、事業開始３年後には年間10億円を売上目標とし、将来的には年間100億円規模を達成することで社会的認知の獲得を目指します。
5	市場規模	化粧品業界の市場規模は、約１兆５千万円といわれております。そのうち、当社がねらうオーガニック化粧品の市場規模は、平成22年現在において約600億円と推定され、過去の推移を見ても年々大幅な成長を遂げています。 また、エコやスローライフに対する国民意識が高まるに連れてオーガニック商品に関心が集まることも間違いなく、３年後には約1,000億円規模への成長が期待できる発展途上の市場であるといえます。 そのため、オーガニック化粧品事業が年間売上100億円を達成すれば、市場シェア率10%を獲得することになり、市場における認知を確立できます。
6	市場動向	オーガニック化粧品事業において、市場シェア率10%を獲得するためには消費者ニーズを的確に捉えておく必要があります。まず、安心感のあるブランドであればインターネット通販での販売が、全国展開を手早く進めるためには有効であることがいえます。一方、他社の販売価格が高いために大きなシェア獲得につながらず、潜在顧客が全国に多数いることもうかがえます。 また、エコやスローライフの浸透によって消費者の健康や安全に対する意識が向上していますが、訴求方法（宣伝方法）が弱いといえます。これらを勘案すると事業戦略次第で一気にブランド確立を実現できる可能性があると考えられます。
7	プロファイリング	ブランド確立を実現するためには、当社のオーガニック化粧品を購入してくれる販売ターゲットのイメージを明確にしなければなりません。基本的なターゲット層は日本全国の30代女性ですが、特に家庭を持っている関東エリア在住、なおかつ、安心感・安全性・低価格でありながらスタイリッシュで都会的なイメージを好む30代女性に絞り込みます。 なお、日本全国へは、関東エリアでの成功実績を宣伝材料にして展開していきます。

順番	構成要素	説明文章のサンプル
8	経営分析	安心感・安全性・低価格を兼ね備えたオーガニック化粧品を販売するための経営資源として、当社には既存事業で蓄積したオーガニック商品の開発技術があります。既存事業の成功実績は安心感につながり、安全性を確保するためのテストノウハウを確立していることも大きな強みですが、特に開発技術を自社で保有していることで他社と比較して低価格を実現できます。ブランド力や資金力、人材に乏しい面があるものの、オーガニック商品への関心が高まり、競合他社が少ない今のタイミングは当社オーガニック事業の社会的認知を獲得する最大のチャンスであるといえます。
9	事業戦略	当社オーガニック事業の社会的認知を獲得する事業戦略として、４つの戦略を掲げます。事業開始当初の戦略は、当社にとって好機会であるため、積極的な卸販売とインターネット通販を展開し、同時にインターネットを活用したコストの最小化によってブランド力、資金力の不足という弱みを補います。 また、将来的な事業リスクに備えて、社会的認知の獲得を目指すとともに、ウェブサイト構築による広告宣伝など新たな収益源の確保、さらに競業する他社に対してオーガニック販売のコンサルティングサービス提供体制を準備するなど外部環境に左右されない事業基盤の確立を目指します。
10	商品戦略	４つの事業戦略の実現には、競合他社に負けず消費者に認めてもらえる商品戦略に基づいたオーガニック化粧品が必要不可欠となります。 確実性の高い商品戦略を展開するため、「品目」「商標・ブランド」「デザインパッケージ」「成分・仕様」「販売価格」「生産管理・品質管理」「販売チャネル」「顧客サービス」という８つの視点から個別戦略を策定しています。ここからは各々の個別戦略について解説いたします。
	① 品目	化粧品には数多くの商品種類がありますが、事業開始当初は１品目に絞り込み、開発費用および生産原価の最小化を図り、低価格販売を実現いたします。なお最初の１品目には、インターネット通販で売上ランキング第１位の化粧水を選ぶことで、インターネット通販利用者からの顧客獲得を図ります。 また、低価格の販売によって顧客の獲得に成功すれば、最初の１品目で得た利益から次の商品の開発コストを捻出して、オーガニック化粧品のブランド化を目指したシリーズ展開をしていきます。
	② 商標・ブランド	将来、オーガニック化粧品をシリーズ展開してくことを想定しているため、開発商品のブランド名が必要となります。当商品のブランド名は、「naturack（ナチュラック）」と命名し、オーガニックを育む自然をイメージする「natural」と「楽」に人間の本来持つ美を取り戻してほしいという想いを込めて考案した造語です。オーガニックという言葉にピンとこない消費者でも、何となく自然にやさしいニュアンスを伝えるものです。 そのため、このエコに通じるイメージを壊さないように、商標申請はもちろんのこと、デザインパッケージによって視覚的にイメージの定着を図ります。

（次頁に続く）

● 各構成要素の説明文例（続き）

順番	構成要素	説明文章のサンプル
10	③ デザインパッケージ	デザインパッケージは、自然にやさしいニュアンスを伝えるために、エコを意識してリサイクルまたは焼却できる材料とし、さらに外箱を使わない簡易包装とします。また、配色は「natural」に通じる緑色と白色を使い、同時にできるかぎりスタイリッシュで都会的なイメージをつくりだします。 また、オーガニック化粧品の特徴である成分を視覚的にイメージさせるため、化学肥料や農薬が使用されていないニュアンスを大切にして、デザインはシンプルさを重要視します。
	④ 成分・仕様	オーガニック化粧品は、その安心感を消費者に素直に理解してもらうためにも、天然由来成分 100%を大原則とします。これら成分については、安心感をアピールするため、商品ラベルに記載するとともに、ホームページ上でも詳細に掲載します。この天然由来成分 100%のオーガニック化粧品 「naturack（ナチュラック）」を競合他社よりも低価格で販売していくことが最大の強みになります。
	⑤ 販売価格	販売価格の設定基準は、原則として競合他社の販売価格よりも低価格での設定となります。当社が開発する容量の化粧水で価格比較した場合、A社は高所得層にターゲットを絞った商品戦略であり、B社もある程度の年収がある消費者をターゲットにしています。そのため、現在のところ3,000円を下回る価格の企業はありません。当社では、オーガニック化粧水「naturack（ナチュラック）」を2,500円の価格設定とし、他社が未開拓の消費者を一気に獲得するべく、この価格設定が可能となる生産体制を構築します。
	⑥ 生産管理・品質管理	オーガニック化粧品 「naturack（ナチュラック）」の販売価格2,500円を実現するためには、仕入から出荷までに掛かる、1個あたりの生産・出荷コストを1,000円未満に抑える必要があります。そのために必要となる生産ロットは、1度に1万個という試算になり、不良品の発生率は生産量に対して1%を見込んでおります。また、出荷については2～3社の物流業者と契約してすべての販売チャネルに対応いたします。
	⑦ 販売チャネル	オーガニック化粧品事業の販売チャネルには、「専門店・デパート・百貨店への卸販売」と「インターネット通販による直接販売」という2つを計画しております。卸販売の利益500円に対して、直接販売の場合は1 ,500円と大きな利益を獲得できます。そのため、販売数量の割合については、前者：後者＝30%：70%を目標とし、インターネット通販による直接販売を主軸とした高利益体質をつくりあげます。
	⑧ 顧客サービス	インターネット通販による直接販売を主軸とするため、顧客サービスはインターネットを活用いたします。そのため、オーガニック化粧品を販売する会員制のウェブサイトを構築し、商品販売はもちろん、お問いあわせ機能、オーガニックに関する情報コンテンツの提供やクチコミ評価の書き込み、関連商品の紹介、メルマガ発行機能まで対応いたします。また、購入者の購入履歴を管理し、「10本購入すれば1本無料サービス」というお得なサービスを実施していきます。

順番	構成要素	説明文章のサンプル
11	営業戦略	ウェブサイトで提供するお得なサービスを消費者に認知してもらうため、営業戦略では「ウェブサイトにアクセスして、会員登録してもらう」ことに注力いたします。 具体的な営業方法としては、新聞折り込みチラシ、会員登録者へのメルマガ発行、インターネット通販サイト「薬天市場」への出店、会員登録者に対する試供品の配布を実施いたします。 「薬天市場」への出店によって、インターネットユーザーのターゲットに商品を認知してもらい、試供品の無料配布というメリットで会員登録者を増加させていきます。
12	IT 戦略	ウェブサイトの会員登録者の増加を見越し、IT 戦略ではウェブサイト構築、販売管理システム、在庫管理システムはもちろんのこと、特に会員管理システムの整備を重点的に行います。さらに、会員登録者の増加によって、他企業に説得力のあるスケールメリットを発揮することが可能となり、ウェブサイトにてバナー広告などを募集し、広告宣伝による安定した収益源を確保していきます。 この IT 戦略によって、オーガニック化粧品の製造販売体制を確立していきます。
13	事業の将来性・発展性	オーガニック化粧品の製造販売体制を確立し、売上目標 10 億円を達成した暁には、9 品目を一気に追加発売し、年間 100 億円の売上目標の達成を目指します。 同時に、他社に対するオーガニック販売のコンサルティングサービス提供を開始することで、安心感・安全性・低価格を兼ね備えたオーガニック化粧品の 30 代女性に対する普及により一層努め、当社オーガニック事業の社会的認知の獲得を目指していきます。 社会的認知を獲得すれば、さらなる事業の多角化が容易に可能となります！

説明文章を書いてみて、わかりづらいと思う部分は、「修正」「構成要素の並び替え」を繰り返し、自分自身がプレゼンしやすい流れをつくりあげてください。
なお、この段階でつくった説明文は、ビジネスプランを作成する際に調整できます。仮案の内容でもかまわないので、ひと通り書きあげてみて全体を把握することが大事です。

各構成要素で伝えたいポイントを１つにまとめる

説明文とストーリーの流れが決まれば、次に各構成要素で伝えるポイントを１つにまとめる作業を行います。「伝えたいポイント」はビジネスプラン作成時のグラフやイメージなどを選択する基準になります。

Check!

- 基本は１つの構成要素に対して、１つの伝えたいポイント
- 売上の根拠となる数値は伝えたいポイントに組み込む

理解しやすい必要最低限の情報がポイント

① **膨大な情報をすべて理解してもらうことは不可能：**ビジネスプランは、各構成要素の説明文章にグラフやイメージ図を加えていくため、膨大な情報量になります。ビジネスプランは設計書であることを考えれば、「ヒト・モノ・カネ・情報」に影響するものは必ず記載しておくようにします。しかし、プレゼンする場合など、第三者に理解してもらうには、詳細情報は事業内容の理解を妨げるため不要になります。そのため、第三者がビジネスプランを読んだときに、立案者の「伝えたいポイント」がひと目でわかるように工夫しておきます。このポイントをまとめるコツは、原則として１つの構成要素に対し１つの伝えるポイントをまとめることです。作業としては、前項までの作成ずみの説明文章をまとめれば大丈夫です。

② **売上の根拠となる数値は最も重要：**売上の根拠となる数値は、ビジネスプランに登場する最も重要な情報の１つです。むしろ、ビジネスプランは売上目標の根拠を説明するために作成しているといっても過言ではありません。原価・経費もビジネスプランから導き出す数値ですから、当然重要ですが、売上ほどではありません。その理由は、まず売上がつくれないビジネスは決してスタートすることが

ONE POINT

伝えたいポイントが２つ以上になる場合

この場合は、必要に応じて構成要素を２つに分解して処理します（違和感がなければ、１つの構成要素に２つのポイントがあっても構いません）。項目名は伝えたいポイントにあわせて、適当な名称をつければよいでしょう。

● 伝えたいポイントをまとめた例（オーガニック化粧品販売の事例）

順番	構成要素	伝えたいポイント
1	会社概要	オーガニック商品の販売
2	事業コンセプト	『安心感・安全性・低価格を兼ね備えたオーガニック化粧品によって、30代女性の健康づくりをサポートします。』
3	事業ドメイン	化粧品業界
4	事業ビジョン	事業開始３年後には年間10億円を売上目標
5	市場規模	３年後には約1,000億円規模
6	市場動向	他社の販売価格が高いために大きなシェア獲得につながらず、潜在顧客が全国に多数いる
7	プロファイリング	① 家庭を持っている関東エリア在住 ② 安心感・安全性・低価格でありながらスタイリッシュで都会的なイメージを好む30代女性
8	経営分析	競合他社が少ない今のタイミングは当社オーガニック事業の社会的認知を獲得する最大のチャンス
9	事業戦略	積極的な卸販売とインターネット通販を展開
10	商品戦略	商品戦略を８つの視点から個別戦略を策定
	① 品目	インターネット通販で売上ランキング第１位の化粧水
	② 商標・ブランド	ブランド名は、「naturack（ナチュラック）」
	③ デザインパッケージ	自然にやさしいニュアンスを伝えるためエコを意識
	④ 成分・仕様	天然由来成分100%を大原則
	⑤ 販売価格	2,500円の価格設定
	⑥ 生産管理・品質管理	１個あたりの生産・出荷コストを1,000円未満に抑える
	⑦ 販売チャネル	「専門店・デパート・百貨店への卸販売」:「インターネット通販による直接販売」＝30%：70%を目標
	⑧ 顧客サービス	オーガニック化粧品を販売する会員制のウェブサイトを構築
11	営業戦略	ウェブサイトにアクセスして、会員登録してもらう
12	IT戦略	会員管理システムの整備を重点
13	事業の将来性・発展性	９品目を一気に追加発売し、年間100億円の売上目標

できないからです。そのため、第三者がビジネスプランを読むときは、「本当に顧客を開拓できそうか？」「本当に売上がつくれるのか？」を一番気にしていると考えてください。

08 ビジネスプランのドラフト版

グラフ・イメージ図などを加えたドラフト版の作成

「事業コンセプト」「事業戦略」「構成要素」「説明文章」「伝えたいポイント」が決定すれば、ビジネスプランのドラフト版を作成する段階に入ります。

Check!

- 構成要素と説明文章を基にページ構成をつくりあげる
- ドラフト版は「絵コンテ」をつくるイメージ

ビジネスプランは枠組みが決定してからつくり込む

① **構成要素がページタイトルになる：**ビジネスプランを、1ページずつ完成させながら作業を進めることはお奨めできません。最初に、書類の基本として表紙と目次ページを準備します。次に、目次の項目に構成要素を順番に書き込んでいきます。そして目次にしたがい、タイトルだけのページを作成していきます。つまり、構成要素はビジネスプランのページタイトルになるのです。最後に説明文章を各ページに書き込み、ビジネスプランのページ構成が準備完了となります。

② **絵コンテを作成して必要なグラフやイメージ図の目星をつける：**ビジネスプランの各ページをつくり込む前に、伝えるポイントを視覚的に見せるための絵コンテを書いていきます。先に絵コンテを書いておくことで、修正作業を大幅に減らすことが可能となり、ストーリーの流れにブレのない展開をつくることができます。絵コンテ作成のコツとしては、「ドコに何の情報を記載するのか？」を、枠線で囲いながら配置を決める程度で構いません。具体的なイメージは右頁の例を参考にしてください。

ONE POINT

絵コンテとは？

映画やテレビCMを撮影する前につくられるラフなイラストの構成です。紙芝居をイメージしてください。

● 表紙と目次の例（オーガニック化粧品販売の事例）

● 絵コンテ作成例（オーガニック化粧品販売の事例）

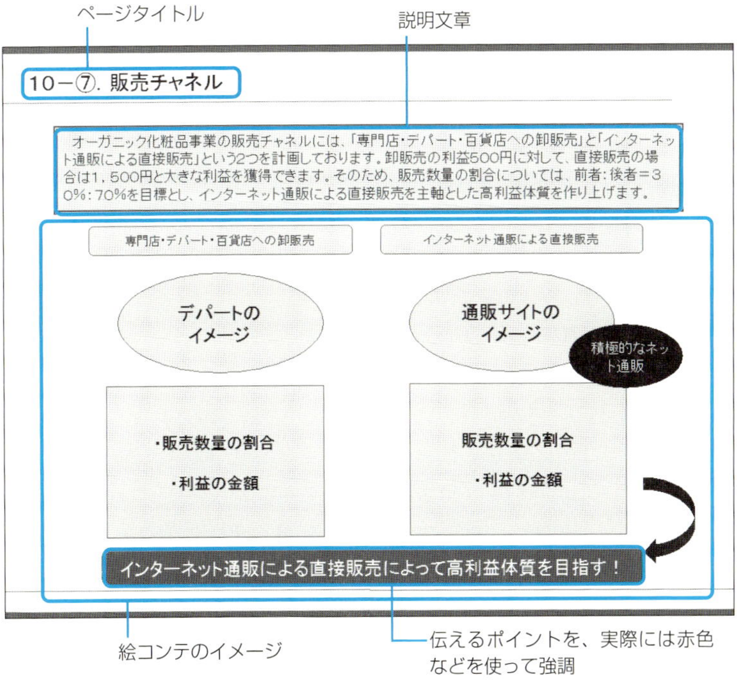

伝えるポイントを参照しながら、アピールするポイントがズレないように
イラストやグラフの配置案を考えます。

09 視覚的なストーリーの見せ方

ビジネスプランのストーリー展開を確認

ビジネスプランのドラフト版作成の段階（絵コンテの段階）で、視覚的なストーリーの流れを描いておきます。この段階の作業がビジネスプランの出来栄えを決定します。

Check!

- 「伝えたいポイント」は、わかりやすく強調
- キーワードのオーバーラップが視覚的なストーリーの流れをつくる

視覚的なストーリーの流れは、第三者の理解を助ける

① **ページを開いて最初に見せるのが伝えるポイント**：ページを開いた瞬間に、第三者はまずタイトルを確認し、次に説明文もしくはイラストのどちらかに視点が移ります。このとき、タイトルの次に伝えるポイントを見せることができれば、一番知ってほしいことを印象づけることができます。ポイントを確認した第三者は、その理由を確認するために説明文やイラストを読む流れになるので、情報整理をしながら読むことができるのです。つまり、「伝えるポイント」は少々大げさでも構わないので、「嫌でも目に入るように」赤色などの目立つ色で大きく強調しておきます。書類を読み慣れた人であれば、立案者の意図として「強調ポイント＝伝えたいポイント」として理解してもらえます。

② **キーワードのオーバーラップでレイアウトを決める**：イラストやキーワードを繰り返し表現することで、「第三者にも大事なポイント」という印象を与えることができます。さらに各ページを、イラストやキーワードでオーバーラップさせることで、ビジネスプラン全体のストーリーの流れを生み出すことができます。ドラフト版を作成する際、このオーバーラップさせるイラストとキーワードの配置を決めるつもりで、ページレイアウトを作成します。

ONE POINT

１ページに多数の強調ポイントがあると感じる場合

ビジネスプランのドラフト版を作成する過程で、第三者に伝えなければならない強調ポイントが多数あるように感じることがあります。これは、「ビジネスプラン ⇒ 事業の設計書」という性質を考えれば、すべての記載項目が重要であることはごく当然のことです。第三者が「知りたいポイント」を「伝えるポイント」としてストーリー展開を構成しているため、強調せずともビジネスプランに「言葉」で記載されていることが重要であり、それで十分であることを理解しておいてください。

視覚的なストーリーの流れの作成例（オーガニック化粧品販売の事例）

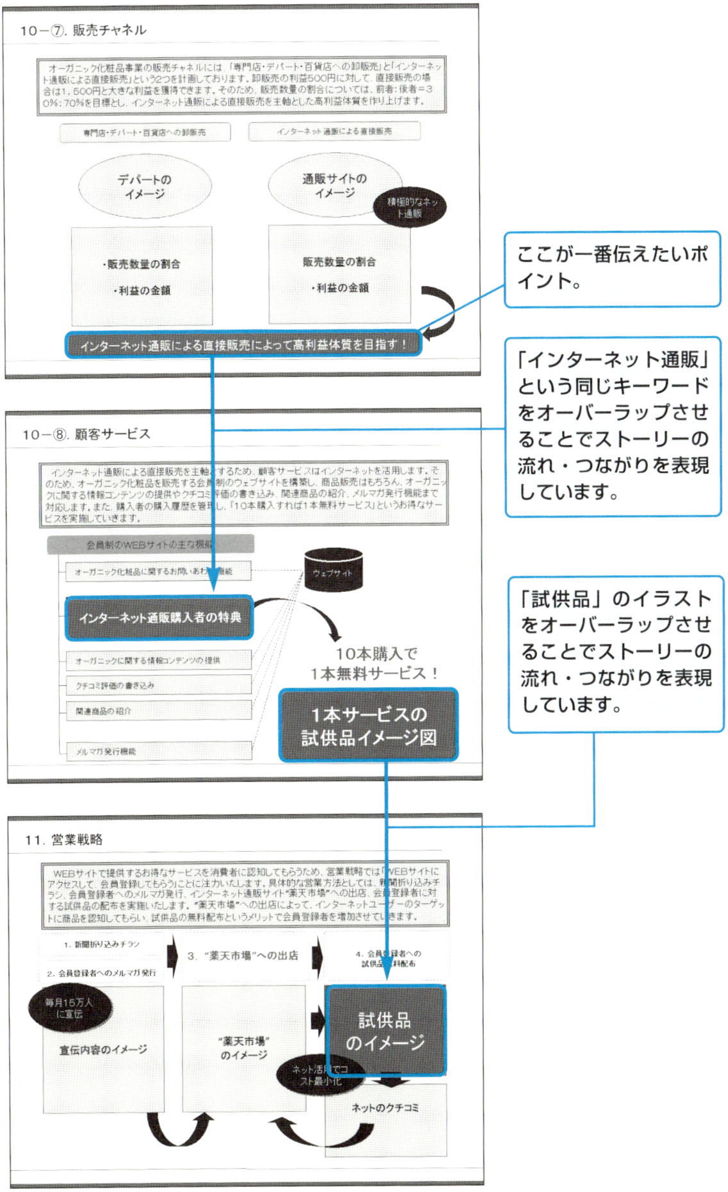
10－⑦. 販売チャネル
オーガニック化粧品事業の販売チャネルには、「専門店・デパート・百貨店への卸販売」と「インターネット通販による直接販売」という2つを計画しております。卸販売の利益500円に対して、直接販売の場合は1，500円と大きな利益を獲得できます。そのため、販売数量の割合については、前者：後者＝30%：70%を目標とし、インターネット通販による直接販売を主軸とした高利益体質を作り上げます。
専門店・デパート・百貨店への卸販売
インターネット通販による直接販売
デパートの
イメージ
通販サイトの
イメージ
積極的なネット通販
・販売数量の割合
・利益の金額
販売数量の割合
・利益の金額
インターネット通販による直接販売によって高利益体質を目指す！
ここが一番伝えたいポイント。
「インターネット通販」という同じキーワードをオーバーラップさせることでストーリーの流れ・つながりを表現しています。
10－⑧. 顧客サービス
インターネット通販による直接販売を主軸とするため、顧客サービスはインターネットを活用します。そのため、オーガニック化粧品を販売する会員制のウェブサイトを構築し、商品販売はもちろん、オーガニックに関する情報コンテンツの提供やクチコミ評価の書き込み、関連商品の紹介、メルマガ発行機能まで対応します。また、購入者の購入履歴を管理し、「10本購入すれば1本無料サービス」というお得なサービスを実施していきます。
会員制のWEBサイトの主な機能
オーガニック化粧品に関するお問いあわ機能
ウェブサイト
インターネット通販購入者の特典
オーガニックに関する情報コンテンツの提供
クチコミ評価の書き込み
関連商品の紹介
メルマガ発行機能
10本購入で
1本無料サービス！
1本サービスの
試供品イメージ図
「試供品」のイラストをオーバーラップさせることでストーリーの流れ・つながりを表現しています。
11. 営業戦略
WEBサイトで提供するお得なサービスを消費者に認知してもらうため、営業戦略では「WEBサイトにアクセスして、会員登録してもらう」ことに注力いたします。具体的な営業方法としては、新聞折り込みチラシ、会員登録者へのメルマガ発行、インターネット通販サイト“薬天市場”への出店、会員登録者に対する試供品の配布を実施いたします。“薬天市場”への出店によって、インターネットユーザーのターゲットに商品を認知してもらい、試供品の無料配布というメリットで会員登録者を増加させていきます。
1. 新聞折り込みチラシ
2. 会員登録者へのメルマガ発行
3. “薬天市場”への出店
4. 会員登録者への
試供品料配布
毎月15万人
に宣伝
宣伝内容のイメージ
“薬天市場”
のイメージ
ネット活用でコスト最小化
試供品
のイメージ
ネットのクチコミ

column

ビジネスプランのデザインは重要ではない

ビジネスプランを作成する際に、ひとつ注意しなくてはいけないポイントがあります。それは、「ビジネスプランのデザインにこだわる必要はない」という事実です。

凝ったデザインにしたビジネスプランのほうが、確かにパッと見た瞬間のアピール度は高いかもしれません。しかし、多額の資金を投入しなければならない新規事業の実行判断の際は、誰もデザイン性には注目していません。それどころか、不必要にデザインしすぎると「読みづらい」というマイナスイメージを持つ人もいます。

デザインの凝ったビジネスプランを作成すると、お客様から「内容はこのままでいいから、シンプルなデザインにしてほしい」と修正指示を受けることが多々あります。具体的には、**「“決裁者” の年齢層が高いので、凝ったデザインは避けたい」**という理由が大半です。ほかにも年齢層に関係なく**「斜体や太字が嫌い」「フォントは明朝以外を使わないでほしい」**といった要望があります。つまり、さまざまな人に読んでもらうことになるビジネスプランは、シンプルで読みやすいデザイン程度にとどめておくことが無難なのです。

デザインをシンプルにするには、相当なデザインセンスがなければ難しいのではないか？　と思ってしまいがちです。確かにシンプルなデザインでセンスよく見せるのは難しいことですが、**「カラーは３色程度しか使わない」「文字のフォントは１種類」「文字の大きさは３種類まで」**と、ルールを決めて作成してみてください。シンプルですっきりとしたデザインに仕上がるはずです。

第4章
ビジネスプラン
つくり込みの
テクニック

01 ビジネスプランの表紙

「表紙」作成テクニック

ビジネスプランの表紙では、「いつ、誰が何を計画したもの」なのかを一目瞭然にしなければなりません。それほど難しいものではありませんが、書類管理レベルの評価につながるので、正確に記入します。

Check!

- 事業のキャッチコピーを掲げる
- 作成日、作成者、更新情報を書く

表紙は、第三者に見せる名刺のような役割

① **読む前に何のビジネスプランなのか？　を知ってもらう：**右頁のサンプルを参照すると「オーガニック化粧品の製造販売事業」というコピーが掲載されています。このコピーで事業の詳細までは理解できなくとも、何となく事業の方向性だけは伝わります。このようなコピーがない場合は、頭の中は白紙状態から読み進めることになります。ひと目で理解度を上げるためにも、事業を象徴するキーワードやキャッチコピーをシンプルに記載します。

② **作成日、作成者、更新情報はつねに更新：**ビジネスプランは、随時修正が加えられるものです。修正の都度、作成日（または更新日）、バージョン情報を更新するようにしてください（過去バージョンはすべて保管しておきます）。基本的なことですが、うっかり忘れることは「相手に名刺を渡したのに名前と連絡先が書いていない」状況と同じようなものです。ビジネスマンとしての資質が疑われる恐れもあるので注意します。

③ **ロゴをフォーマットに組み込む：**事業化を推進する企業のロゴや新規事業のロゴなどがあれば、ページのデザインとして組み込んでおくのも、印象をよくします。新規事業のロゴやロゴのラフイメージがある場合も同様にページデザインとして組み込んでおきます。

ONE POINT

ビジネスプランにおけるデザイン性のレベル

ビジネスプランにおいて、デザインにこだわる必要はほとんどありません。見た目の印象がよくなるメリットはありますが、それがビジネスプランに対する信頼性につながるのか？　といえば、答えはノーです。

● 表紙の例

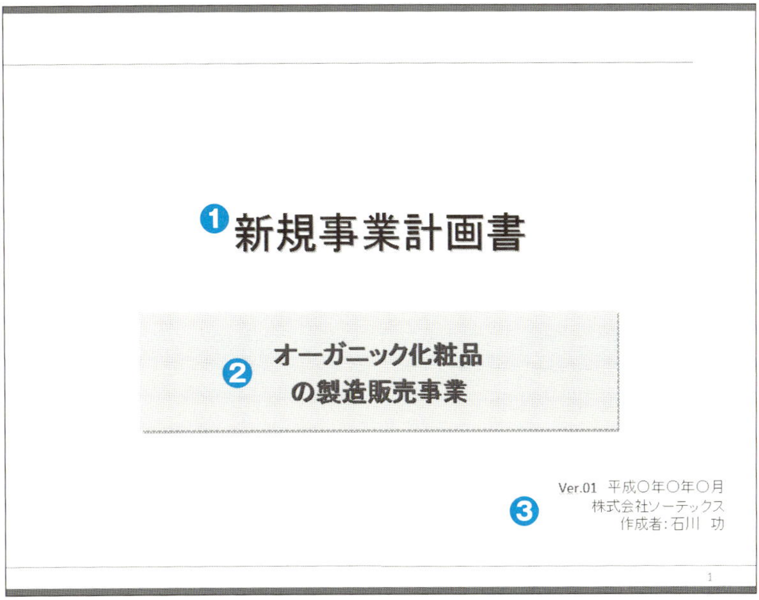
❶新規事業計画書
❷
オーガニック化粧品
の製造販売事業
❸
Ver.01 平成○年○年○月
株式会社ソーテックス
作成者：石川 功
1

● 事例のテクニック解説 ●

❶ 「新規事業計画書」または「ビジネスプラン」と記載します。

❷ ビジネスプランの概略を象徴するキーワードやキャッチコピーなどを記載しておきます。

❸ 作成日、作成者、バージョン情報などを記載しておきます。

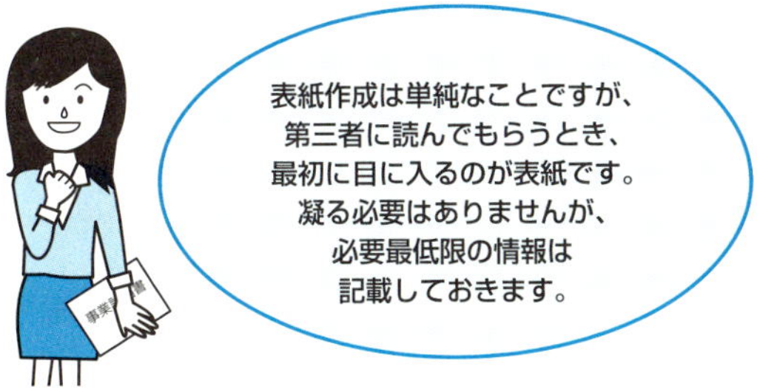
事業計画書
表紙作成は単純なことですが、
第三者に読んでもらうとき、
最初に目に入るのが表紙です。
凝る必要はありませんが、
必要最低限の情報は
記載しておきます。

02 ビジネスプランの目次

「目次」作成テクニック

目次は、どのような書類でも全体像を把握することができるページです。また、目次がなければ確認したい情報が検索しづらくなるため、必ず作成します。

Check!

- 目次の項目とページタイトルは、必ず一致させる
- ページ番号は、最後の仕上げ作業として行う

立案者のビジネスプランに対する検討範囲が一目瞭然

① **ビジネスプランの全体像が把握できる：**新しい書籍を購入するとき、目次に目を通して「何が書いてあるのか？」確認する人は多いと思います。つまり、ビジネスプランについて説明している内容をひと目で理解してもらうために目次は作成されているのです。逆に目次がなければ、第三者が確認したい情報を検索しづらくなる、またはビジネスプランに対する検討範囲が確認しづらくなってしまいます。

② **目次とページタイトルの関連性：**目次の項目とページタイトルは必ず一致させてください。修正作業を繰り返すうちに、ページタイトルを変更したにも関わらず目次の項目を変更していない……という、うっかりミスが意外に多いものです。このようなミスも立案者に対するマイナス評価となるので注意が必要です。

③ **ページ番号は最後まで入れない：**ビジネスプランの修正作業を行う過程で、ストーリーの流れが変わる、また新しい構成要素を追加するなど、ページ番号の調整が入ることがあります。そのため、早い段階でページ番号を入れても修正する可能性が高くなります。それでは作業が無駄になるので、最後の仕上げ作業として行うようにしてください。むしろ、構成要素を追加する可能性が高い場合は、目次ページ自体の作成を最後にしてもよいと思います。

ONE POINT

ページ番号はプレゼンの場で重要です

数十ページ以上のボリュームになってしまうビジネスプランについてプレゼンする場合にページ番号がないと、第三者に開いてほしいページを伝えづらくなります。これでは第三者にストレスを与えてしまうので、必ずページ番号を入れてください。

目次の例

目　次

❶ ❷

1. 会社概要 ···P 3
2. 事業コンセプト ···P 4
3. 事業ドメイン ···P 5
4. 事業ビジョン ···P 6
5. 市場規模 ···P 7
6. 消費者ニーズの動向 ···P 8
7. 販売ターゲットのプロファイリング ···P 9
8. 経営分析（SWOT分析） ···P10
9. 事業戦略（クロスSWOT分析） ···P11
10. 商品戦略と8つの個別戦略 ···P12
10−①. 品目 ···P13
10−②. 商標・ブランド ···P14
10−③. デザインパッケージ ···P15
10−④. 成分・仕様 ···P16
10−⑤. 販売価格 ···P17
10−⑥. 生産管理・品質管理 ···P18
10−⑦. 販売チャネル ···P19
10−⑧. 顧客サービス ···P20
11. 営業戦略 ···P21
12. IT戦略 ···P22
13. 事業の将来性・発展性 ···P23
14. 事業展開スケジュール ···P24
15. 組織体制 ···P25
16. 人員計画 ···P26
17. 売上目標 ···P27
18. 生産計画 ···P28
19. 経費計画 ···P29
20. 利益計画 ···P30
21. 資金計画 ···P31

2

● 事例のテクニック解説 ●

❶ 目次の項目は、各ページタイトルと必ず一致させてください。ちょっとした違いでも、書類を読み慣れた人からすると違和感を感じたり、ストレスになってしまいます。

❷ ページ番号は、最後の仕上げ作業として入れます。

ページ番号や目次という体裁を
整えることは、
第三者に読んでもらう“姿勢”
として予想以上に重要です。
手間の掛かる作業ですが正確に
作成しておきましょう。

「会社概要」作成テクニック

会社概要ページは、事業を推進する会社や事業推進者の自己紹介をします。ビジネスプランの根幹を支える技術・人材の説明となります。

Check!

- 技術・人材のアピールをする
- 既存事業などがある場合、その成功実績は信頼性につながる
- 会社経営の健全性のアピールになる

事業推進者の「現状」を正しく伝えるページ

① **事業内容と事業推進者（責任者）は必ず記載**：新規事業を行う場合、その事業を支える技術・人材について説明しなければなりません。次項からはじまる「ストーリー」を読むための「登場人物設定」となります。さらには、「なぜ、この新規事業をやるのか？」という理由に結びつきます。会社や事業推進者の経験を生かした事業を行うのであれば、その事業に経験・見識のある人材がいることを伝えなければなりません。

② **既存事業の成功実績は安心感を生み出す**：既存事業の成功実績は、新規事業を展開するうえで、次の理由から第三者に大きな安心感を与えます。

(1)　1つの事業成功を収めた経営手腕に対する評価

(2)　新規事業を進める経営基盤が存在している

また、関連する業界・業種での新規事業であれば、経営基盤を確立する土壌を持っているという評価になります。

③ **株主・経営陣・取引先が良好な場合は必ず記載**：ビジネスプラン作成段階の事業で影響するケースは稀です。それでも、株主構成や経営陣、主要取引先の情報は、会社経営の健全性のアピールにつながります。上記①、②のポイントとあわせて、事業推進者の現状を正確に伝えることが、安心材料の一部となります。

ONE POINT

アピールできる技術・人材がいない場合

新規事業を推進する技術・人材が差別化につながるほどの魅力が感じられないケースもあります。そのような場合は、業界の第一人者やビジネスパートナーの顧問契約・業務提携といった方法で、不足を補うことも検討します。そのような場合も、このページで顧問関係や業務提携先を一覧にしてください。

● 会社概要・事業推進者の例

1. 会社概要

＜会社概要＞

❶（事業内容）

会社名	株式会社ソーテックス
住所	〒○○○－○○○○　東京都千代田区○○　○－○－○
TEL	○○－○○○○－○○○○
代表取締役	石川　功
設立	○○○○ 年○月○日
事業内容	オーガニック商品の販売
ホームページ	http://www.xxxxx.jp/

＜事業推進者＞

❷

プロジェクトリーダーは、A氏が務めます。

氏名	島谷良男
性別・年齢	男性　45歳
職歴・業務経験	○○○○ 年○月　○○化粧品会社　商品製造部 ○○○○ 年○月　オーガニック・○○株式会社　商品開発部 ○○○○ 年○月　当社　経営企画室　入社
資格	化粧品製造所責任技術者 公害防止管理者 オーガニックコーディネーター

❸

＜業務提携先＞

会社名	はら化粧品株式会社
住所	〒○○○－○○○○　東京都大田区○○　○－○－○
TEL	○○－○○○○－○○○○
代表取締役	原　尚吉
設立	○○○○ 年○月○日
事業内容	30代の女性向けの化粧品を製造販売
ホームページ	http://www.xxxxx.jp/

会社名	オーガニック・コンセルト化粧品株式会社
住所	〒○○○－○○○○　東京品川区○○　○－○－○
TEL	○○－○○○○－○○○○
代表取締役	多田　智太郎
設立	○○○○ 年○月○日
事業内容	オーガニック商品の販売
ホームページ	http://www.xxxxx.jp/

3

● 事例のテクニック解説 ●

❶ 既存事業が存在している信頼性について、会社概要を掲載することでアピールしています。

❷ 事業推進に必要となる技術・人材については、事業推進者の職歴・業務経験、資格を記載することでアピールしています。

❸ 取引が良好な場合はもちろんのこと、アピールできる技術・人材がいない場合には不足を補うために、業務提携先や顧問先の一覧表を記載して、商品・サービスを提供できる前提を説明します。

● 表紙との関連キーワード（ストーリーのつながり）

オーガニック

04 事業コンセプト

「事業コンセプト」作成テクニック

事業コンセプトのページは、シンプルにコンセプトを書くだけです。いかにシンプルにするかがポイントです。

Check!

- 事業コンセプトの文言以外を記載しない
- 文字は大きく読みやすく
- 文言が立案者の「思い」を表現しているか確認する
- 事業の強みを３つのキーワードに変換して文言に加える

事前の情報分析・整理が伝わる事業計画書作成の第一歩

① **余計な情報があると事業コンセプトが伝わらない：**右頁のサンプルを見ても、非常にシンプルに事業コンセプトの文言を記載しているだけです。ちょっと寂しく感じるかもしれませんが、このページは単純に事業コンセプトの文言だけを記載します。目的は「事業コンセプトをストレートに伝えたい」ということです。ほかの情報をいろいろ加えてしまうと、邪魔をすることになってしまいます。

② **文字の大きさはアピールしたい意図を伝える：**どのような書類においてもいえることですが、立案者の「思い」を第三者に汲み取ってもらうための文字の大きさや色を考えます。事業コンセプトは、ビジネスプランの中で一番伝えなければならない重要事項であるため、ほかのページで強調する文字よりも大きいサイズ、目立つ色にします。

③ **思い＝その事業で何をしたいのか？：**ビジネスプランをつくる前に事業コンセプトは決まっているものですが、ビジネスプランをつくり込む作業において、表現方法を調整することもあります。常に、事業コンセプトの文言が、ビジネスプランで説明している「思い＝その事業で何をしたいのか？」を的確に表現できているか、確認してください。

④ **事業の強みを３つ挙げる：**事業の強みを３つ挙げてキー

ONE POINT

意外に大事なキーワード化

事業の強みをキーワード化する理由は、ビジネスプランの解説において強みのポイントを引用しやすくし、第三者の記憶に印象付けしやすくするためです。

仮にキーワード化しないで各ページで異なった表現をしてしまうと、第三者に事業の強みがボンヤリとしか伝わらない可能性があります。

事業コンセプトを文章化 → 38ページ

● 事業コンセプトの例

2. 事業コンセプト

❶ 安心感・安全性・低価格を兼ね備えた
オーガニック化粧品によって、
30代女性の健康づくりをサポートします。

5

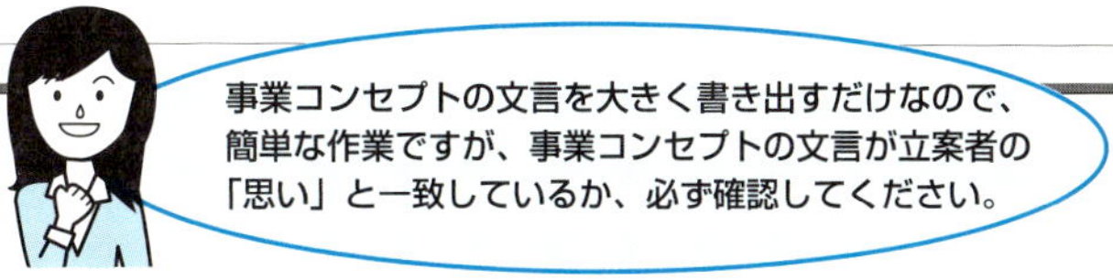

事業コンセプトの文言を大きく書き出すだけなので、
簡単な作業ですが、事業コンセプトの文言が立案者の
「思い」と一致しているか、必ず確認してください。

● 事例のテクニック解説 ●

❶ 実は「安心感」「安全性」「低価格」の３つは、事業の強みをコンパクトに伝えたものです。商品・サービスの強みを、キーワードとして事業コンセプトに盛り込むことで、あとで解説する事業戦略や商品戦略を説明する伏線となります。

● 前頁との関連キーワード（ストーリーのつながり）

オーガニック、化粧品、30代女性

ワード化すると、あとで解説する「戦略」を裏づけるコンセプトになります。これは、コンセプトに基づいた戦略展開のストーリーを見せることになります。「３つ」という数字は感覚的なもので、第三者にバランスよく読んでもらえる数です。

「事業ドメイン」作成テクニック

事業ドメイン（事業領域）は、事業展開の範囲を特定するものです。最も重要な情報のひとつなので、用語を含めて適切に理解してください。

Check!

- 事業ドメイン：事業展開のエリア、業界・業種の範囲
- 現実的な事業ドメインの設定がポイント
- 顧客層を加えると事業の方向性がイメージしやすい
- 事業ドメインの設定を間違えるとどうなる？

事業ドメインの設定は、経営者の資質が問われる重要な判断

① **事業ドメインとは？**：事業ドメイン（事業領域）とは、事業展開するエリアや業界・業種の範囲という大きく2通りの意味を理解しておいてください。

（1）**地理的な範囲**：たとえば、東京や大阪といったある都市の近郊だけで事業展開するのか、日本全国または海外まで対象とするのか

（2）**業界・業種の範囲**：たとえば、事業化するビジネスが化粧品業界に属するのか、不動産業界に属するのかなど

② **事業ドメインが事業展開のアウトラインになる**：事業ドメインを決定する一番の理由は、経営資源を「どの事業に集中させるのか？」判断するためです。ということは、経営者が決裁していない事業ドメインは「実行してはいけない事業」ということになります。事業開始時点の拠点から将来目指す目標範囲までを表現することで、会社が事業展開するためのアウトラインを決めることができるのです。

③ **「どこで・“誰に”・何を・売るのか？」**：事業ドメインを決定することで、「どこで・何を・売るのか？」を表現することになります。別ページでも構わないのですが、顧客層について事業ドメインとあわせて表現すれば、「どこで・“誰に”・何を・売るのか？」ひと目で理解してもらえます。

④ **事業ドメインの設定ミスは事業撤退につながる**：事業ド

ONE POINT

事業ドメインの事例を知りたい

上場企業などでは、ステークホルダーに事業の方向性を伝えるためにウェブで事業ドメインを公開しているので、参考にしてみましょう。

ステークホルダー

企業活動において、何らかのカタチで接触する関係者を意味しています。たとえば、株主、投資家、従業員、取引先、地域社会、住民、規制当局、マスコミ、業界全体など、団体・個人問わず含まれます。

● 事業ドメインの例

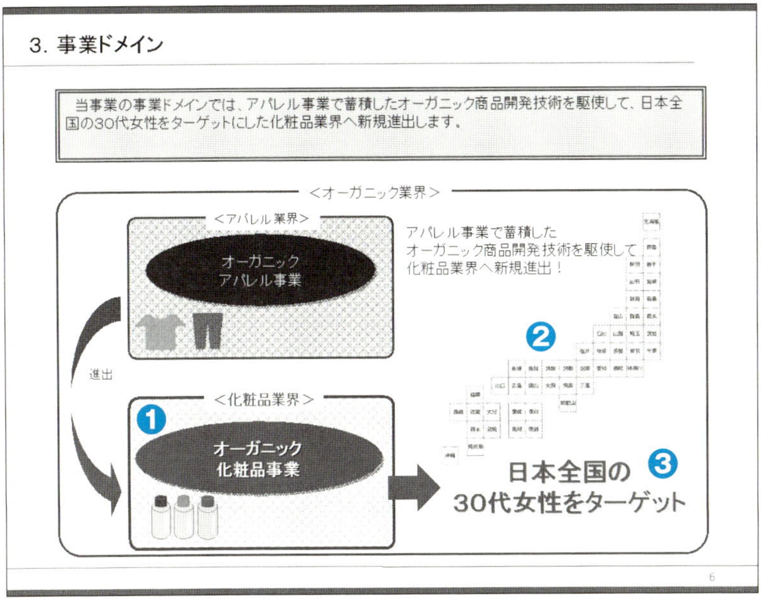
3. 事業ドメイン
当事業の事業ドメインでは、アパレル事業で蓄積したオーガニック商品開発技術を駆使して、日本全国の30代女性をターゲットにした化粧品業界へ新規進出します。
＜オーガニック業界＞
＜アパレル業界＞
オーガニック
アパレル事業
アパレル事業で蓄積した
オーガニック商品開発技術を駆使して
化粧品業界へ新規進出！
②
進出
＜化粧品業界＞
①
オーガニック
化粧品事業
日本全国の
30代女性をターゲット
③
6

● 事例のテクニック解説 ●

① 業界・業種の範囲を特定し、サービス内容を加えることで、事業として何をするのか？　を描いています。

② 事業展開の地理的な範囲について、日本地図を利用して描いています。ここでは日本全国を対象とするため、日本地図のイラストを活用し、イメージしやすくしています。

③ 顧客層を明示しておくことで、どこで・誰に・何を・売るのか？が明確になっています。

● 前頁との関連キーワード（ストーリーのつながり）

30代女性、オーガニック化粧品

メインの設定を間違える、すなわち、立案者が選んだ事業展開エリアや業界が間違っていると、事業の失敗につながります。経営資源の大半を投入していれば、ほとんどの場合事業撤退を余儀なくされます。マーケティング調査と経営資源の客観的分析から、適切性を判断しなくてはいけません。

「事業ビジョン」作成テクニック

事業ビジョンとは、簡単にいえば目標です。つまり、ビジネスプランを実行した結果、「何を達成したいのか？」目標を掲げておきます。

Check!

- できるかぎり目標設定を数値化する
- 将来の「ありたい姿」を掲げる
- 事業ビジョンの目標設定が、ビジネスプランのゴール地点

目標設定が事業の成功・失敗の判断基準になる

① **数値化された目標設定がなければ検証できない：**数値化された目標設定がなければ、その事業が成功したのか失敗したのか、検証することは誰にもできなくなってしまいます。数値がなければ、感覚的によい結果になったと思うだけで、実質的な成果はわかりません。目標を決める方法の１つとして、「全体の市場規模の○%を獲得できる」設定を考えると、根拠も説明しやすくなります。最終的には数値シミュレーションから試算する売上高を、物理的な実現可能性と勘案して調整することになります。

② **ありたい姿に第三者が共感する：**数値目標だけでも事業ビジョンとしては十分ですが、できることならば事業の将来像として「ありたい姿」を描きたいものです。ありたい姿とは、その事業における理想像のことです。

（例）業界第一人者になる、市場シェア率○%、新たなマーケットの創出

このようなありたい姿が語れることは、新規事業の舵取りをする経営者や立案者の資質の評価にもつながります。

③ **ストーリーは事業ビジョンのキーワードで終わる：**ビジネスプランのストーリーには、必ず着地点が必要です。事業ビジョンは前述のとおり、目標や将来像を掲げています。つまり、ストーリーの着地点が「事業ビジョンの達成」でなければ、事業ビジョンを達成するためのビジネスプラン

ONE POINT

直感的な数値目標でも構わないか？

直感的な数値目標が悪いわけではありませんが、第三者に対する説得力は弱くなります。直感的な数値目標に根拠を付加させるコツとしては、その数値から試算できる売上金額をもとに「市場規模○%を目標」というシェア率を導き出すようにしてください。

● 事業ビジョンの例

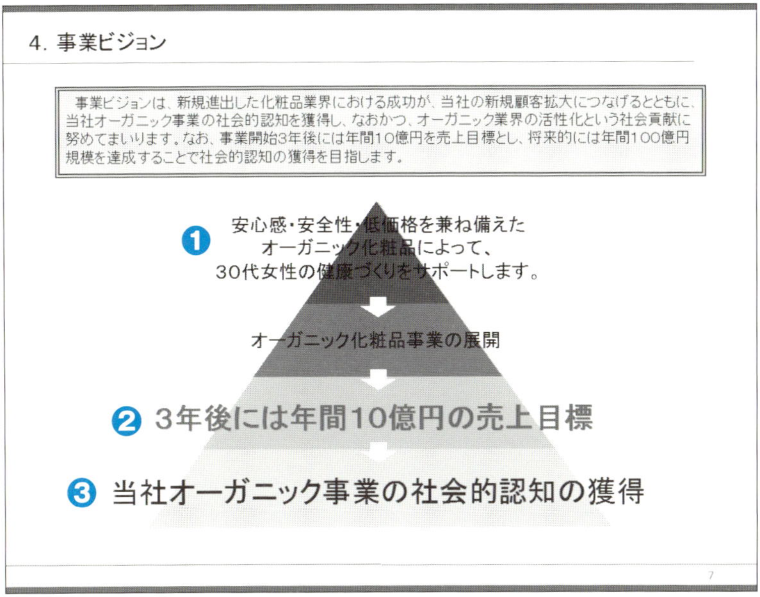
4. 事業ビジョン
事業ビジョンは、新規進出した化粧品業界における成功が、当社の新規顧客拡大につなげるとともに、当社オーガニック事業の社会的認知を獲得し、なおかつ、オーガニック業界の活性化という社会貢献に努めてまいります。なお、事業開始3年後には年間10億円を売上目標とし、将来的には年間100億円規模を達成することで社会的認知の獲得を目指します。
❶
安心感・安全性・低価格を兼ね備えた
オーガニック化粧品によって、
30代女性の健康づくりをサポートします。
オーガニック化粧品事業の展開
❷ 3年後には年間10億円の売上目標
❸ 当社オーガニック事業の社会的認知の獲得
7

● 事例のテクニック解説 ●

❶ 事業コンセプト → 事業ドメイン → 売上目標 → 事業ビジョンの流れをピラミッド型の広がりで表現しています。このイメージ図で、経営者がどのような思いを持って、何を目指したいのか？が直感的に伝えられます。

❷ 事業ビジョンの前に売上目標の具体的な数値を記載しています。この数値は後半の数値シミュレーションをまとめた売上目標の結果です。このしかけで、読み手は「実行できるのか」という視点で読む姿勢になります。

❸ この会社が狙う事業ドメインが「オーガニック業界」全体である伏線を前頁で記載し、事業ビジョンで掲げた方向性との一致を強調しています。

● 前頁との関連キーワード（ストーリーのつながり）

オーガニック化粧品事業

に仕上がっていないということになります。

「市場規模」作成テクニック

市場規模は、ビジネスプランの成長性・安定性・将来性といったビジネスチャンスの大きさを判断するページです。ビジネスチャンスの大きさを伝える手法について習得してください。

Check!

- 成長性・安定性・将来性の表現にはグラフが最適
- グラフ化は、過去と未来について３～５年分の数値がベスト
- グラフの「出典情報」は必ず記載
- 新たな市場を創出する場合のグラフのつくり方

ビジネスチャンスの大きさを伝える手法とは？

① **グラフの傾斜が成長性・安定性・将来性を伝える**：市場規模について第三者に伝えるには、単純な数値情報だけでなく、グラフ化します。グラフの傾斜が右肩上がりなら将来的に成長が見込め、逆に右肩下がりなら市場規模が縮小していることを視覚的に表すことができます。また、グラフの傾斜角度が穏やかな場合は、市場の安定性を伝えることができます。

② **過去の推移と未来の予測が必要**：誰もが知っている大手シンクタンクの報告書の未来予測が成長市場だとしても、あくまでも予測でしかありません。つまり、本当に成長するという保証はどこにもないのです。そのため、未来予測を支える根拠として、過去の推移から未来予測に対する信憑性を図る必要があるのです。目安としては３～５年分くらいの数値情報を収集します。

③ **出典情報が信頼性を増す**：大手シンクタンクの報告書などの情報を引用する場合は、必ず出典情報を記載してください。著作権などの問題もありますが、何よりも第三者に対する情報の信頼性をアピールすることができます。

④ **該当するグラフが見つからない場合**：ニッチビジネスの新規事業では、市場規模を表現できるグラフが見つからな

ONE POINT

未来予測の数値情報が見つからない場合

世間的に注目されていない業界だと、未来予測の分析がないケースがあります。この場合は、顧客層のライフスタイルの変化を予測して、将来的に市場が成長するか衰退するかの予測を描くようにします。

1人でできるマーケティング調査のノウハウ → 32ページ

● 市場規模の例

5. 市場規模

化粧品業界の市場規模は、約1兆5千万円と言われております。そのうち、当社が狙うオーガニック化粧品の市場規模は、平成22年現在において約600億円と推定され、過去の推移を見ても年々大幅な成長を遂げております。また、エコやスローライフに対する国民意識が高まるに連れてオーガニック商品に関心が集まることも間違いなく、3年後には約1，000億円規模への成長が期待できる発展途上の市場であると言えます。
　そのため、オーガニック化粧品事業が年間売上100億円を達成すれば、市場シェア率10%を獲得することになり、市場における認知を確立できます。

❶ オーガニック化粧品業界の市場動向

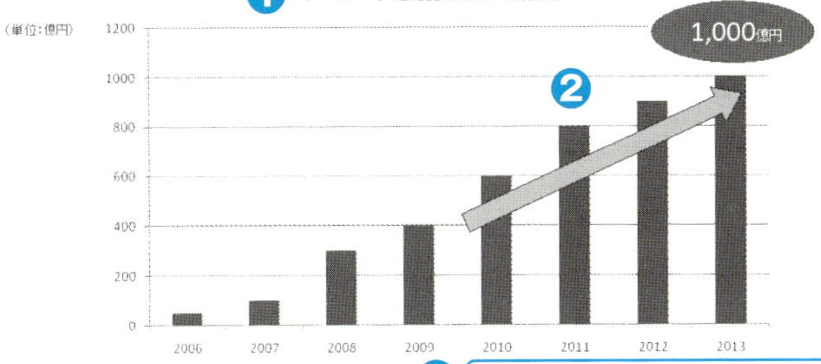

❸ 出典：●●●●省「オーガニック化粧品業界の市場動向」（2010.00.00）

8

● 事例のテクニック解説 ●

❶ 事業ドメイン、事業ビジョンで「オーガニック化粧品」事業を展開する説明した流れのまま、「オーガニック化粧品」業界の市場規模について説明し、わかりやすいストーリー性を持たせています。

❷ グラフに矢印を加えることで、市場規模について過去の推移から未来予測まで直感的に伝えることができます。

❸ グラフの出典情報を記載する際は、「情報作成者」「作成日」「資料の名称」を正確に明記します。

● 前頁との関連キーワード（ストーリーのつながり）

オーガニック化粧品、オーガニック業界

いケースがあります。その場合は、本質的に一致する業界の数値を利用するか、業界全体の市場規模のうち、どのくらいの割合がそのビジネスの市場になるのか、仮説を立てた割合でグラフを作成してください。

08 市場動向

「市場動向」作成テクニック

市場動向では、ニーズや顧客心理を分析した結果をまとめます。ポイントは、立案者の思い込みではない客観的な根拠を解説することです。

Check!

- 客観的な視点アピールのため、グラフや統計データを活用する
- 商品・サービスに関する、価格・購入場所・意識を調べる
- ニーズ・顧客心理をキーワード化する

市場動向から導かれるニーズ・顧客心理が「売れる根拠」

① **立案者の感覚だけでは一切通用しない：**立案者が「商品・サービスが売れる」と確信していても、同じビジネスセンスを持ちあわせていない第三者には説得力がありません。第三者に理解してもらうためには、売れる根拠を客観的な視点から解説しなければなりません。そのために、マーケティング調査から得たグラフや統計データが示すニーズ・顧客心理が、商品・サービスのメリットにマッチングしているストーリーを描かなくてはなりません。

② **商品・サービスに関する現状分析を徹底的に調べる：**市場動向のページでは漠然と商品・サービスに関する情報を網羅するのではなく、商品戦略・営業戦略のページで「どのような商品・サービスの特徴」を第三者にアピールしたいのか？　をよく考えて調査しなければなりません。つまり、ここでの調査結果が商品戦略・営業戦略を正当化する重要な根拠となるのです。事業コンセプトに盛り込んだ、ニーズ・顧客心理を「価格」「購入場所」「意識」といった側面から探り当てるつもりでマーケティングしてください。これら3つのポイントは、「売れる価格」「売れる場所」「売れる動機」を正当化してくれるため、強力な根拠になりえます。

③ **ニーズ・顧客心理は商品・サービス説明のキーポイント：**マーケティング調査で得たニーズ・顧客心理は、キー

ONE POINT

「価格・購入場所・意識」情報がない場合

どうしても見つからないケースもあります。その場合は、アンケート調査によって「消費者の生の声」を統計化したり、ウェブコミュニティやウェブの掲示板等などに記載されているリアル実際の「書き込み」を引用することで説得力がグッとあがります。

1人でできるマーケティング調査のノウハウ → 32ページ

● 市場動向の例

6. 消費者ニーズの動向 ❶

オーガニック化粧品事業において、市場シェア率を10%獲得するためには、消費者ニーズを的確に捉えておく必要があります。まず、安心感のあるブランドであればインターネット通販での販売が、全国展開を手早く進めるためには有効であることがいえます。一方、他社の販売価格が高いために大きなシェア獲得につながらず、潜在顧客が全国に多数いることもうかがえます。また、エコやスローライフの浸透によって、消費者の健康や安全に対する意識が向上してますが、訴求方法(宣伝方法)が弱いといえます。これらを勘案すると事業戦略次第で一気にブランド確立を実現できる可能性があると考えられます。

◆ 30代女性に対する意識調査と分析結果 ◆

❷

オーガニック商品に対する購入経路

第1位	インターネット通販で購入(クチコミ参考など)	60%
第2位	専門店での購入	25%
第3位	デパート・百貨店での購入	15%

安心感 ❸

販売店が都心に集中しているため、地方の消費者がインターネット通販に集中。また、商品への安心感を得るためネットなどのクチコミがポイントと推測される。

オーガニック化粧品の価格に対する意識

第1位	継続購入するには経済的負担が大きい	50%
第2位	高級品のため購入を検討したことがない	40%
第3位	付加価値が高いため、適正価格といえる	10%

低価格

成長市場といえども、消費者数がまだまだ少ないため、各社ともに販売価格が高い。低価格戦略が実現すれば多数の顧客獲得の可能性あり。

既存の化粧品の安全面に対する意識

第1位	身体への影響など健康面の不安がある	40%
第2位	安全よりも安心感のため有名ブランドを購入	35%
第3位	安全面の説明が少ないため意識しない	25%

安全性

エコやスローライフの浸透によって、健康や安全面に対する意識が向上しているため、「オーガニック」のキーワードが消費者に響きやすいと推測される。

出典:●●●●省「オーガニック化粧品業界の市場動向」(2010.00.00)

9

● 事例のテクニック解説 ●

❶ 市場動向を「消費者ニーズの動向」に修正しています。これは個人向けの事業であることから顧客層のイメージを特定してもらうねらいです。

❷ サンプルでは、オーガニック化粧品に関連して、購入経路・価格・安全面に対する実態と意識調査の統計結果を掲載しています。この結果が、商品戦略、営業戦略を「実行できるのか」の根拠になってきます。

❸ 各調査結果について、事業コンセプトに盛り込んだ事業の強み「安心感・安全性・低価格」との関連性をアピールしています。つまり、事業コンセプトの方向性が正しいという主張をしているのです。

● 前頁との関連キーワード(ストーリーのつながり)

オーガニック化粧品事業、市場シェア率10%

ワード化しておきます。キーワード化しておくと、次項以降のキーポイントになるので、すっきりとした説明ができるようになります。

09 プロファイリング

「プロファイリング」作成テクニック

プロファイリングでは、顧客層の具体的な人物像を描き出します。

Check!

- 市場動向の調査結果にあてはまる人物像をイメージする
- 顧客層の生活パターンは営業戦略を左右する
- 身近な知りあいをプロファイリングしてみる

営業戦略は、顧客層のプロファイリングで決まる

① **プロファイリングとは？**：営業戦略におけるプロファイリングとは、顧客層の具体的な人物像の仮説を意味しています。言い換えれば、商品・サービスを「誰に」に売りたいと考えているのかを説明する資料です。プロファイリング資料では、年齢、性別、服装、居住エリア、家族構成、年収、遊びに行く場所、購入する雑誌、インターネットの利用、車の所有、ペットの所有など、できるだけ具体的に書き出してください。

② **顧客層が見えれば有効な営業戦略に結びつく**：プロファイリング資料を作成しないで、営業戦略を考えようとする人が圧倒的に多いように感じます。しかし、具体的な顧客層のイメージがなければ、どのような営業戦略を実行すれば売上に結びつくのかわかりません。仮に売れたとしても、想定しなかった顧客層が購入している可能性もあります。
（例） 主婦向けに花柄デザインのパソコンを激安価格で販売しても、主婦に向けた宣伝をしなければ、所得の少ない学生がたまに買う程度になってしまいます。これでは広告宣伝費用を無駄に使う可能性が高くなってしまいます。

③ **プロファイリングってどうするの？**：プロファイリング資料の作成は、業者に調査をお願いする以外にも方法はあります。その方法とは、顧客層に該当しそうな身近な知りあい数名にアンケート調査を行い、調査結果をまとめます。

ONE POINT

プロファイリングした顧客層しかねらってはいけない？

プロファイリングで浮き彫りにするのは「理想的な顧客層のイメージ」です。この顧客層の周辺には、「フォロワー」と呼ばれる予備軍が控えており、実質的にはフォロワーも顧客になります。ただし、商品・サービスの求心力を向上させるために、ターゲットを絞ることが重要なポイントになります。

● プロファイリングの例

7. 販売ターゲットのプロファイリング ❶

ブランド確立を実現するためには、当社のオーガニック化粧品を購入してくれる販売ターゲットのイメージを明確にしなければなりません。基本的なターゲット層は日本全国の30代女性ですが、特に家庭を持っている関東エリア在住、**なおかつ**、安心感・安全性・低価格でありながらスタイリッシュで都会的なイメージを好む**30**代女性に絞り込みます。なお、日本全国へは、関東エリアでの成功実績を宣伝材料にして展開していきます。

◆ 販売ターゲットのプロファイリング ◆

❷

基本情報	
年代	30～40歳
性別	女性
住所	東京を中心とした関東エリア
既婚・未婚	既婚者
家族構成	2～3人と子供がいる家庭
住まい	・アパート、マンションの借家 ・マンション、一軒家の所有
仕事	・専業主婦 ・パート、アルバイト
世帯の年収	400万円以上 1,000万円以下
携帯の所有	1人1台所有の家庭
パソコンの所有	パソコンを所有しており、日常的にインターネットを利用している
車の所有	0～1、2台の所有

ライフスタイル など	
平日の過ごし方	家事、育児の時間が多いが、たまに友達同士で出かけるなど外出の機会がある。
休日の過ごし方	家族で買い物や遊びに出かけるなど、外出の機会がある。
美容の意識	外出の機会があるので、美容には気を使いたい。
安全・健康の意識	可能な範囲で、安全面・健康面に配慮したい。
お金の使い方	家計があるのでできるだけムダな支出は抑えたいと考えている。
価値観	お金はたくさんかけたくないが、他人から見て高級感がある、こだわりがあるスタイリッシュで都会的なイメージを好む。
情報の調べ方	テレビCMや女性雑誌、インターネットのクチコミ情報を取得する。

❸

出典：●●●●省「オーガニック化粧品業界の市場動向」（2010.00.00）

10

● 事例のテクニック解説 ●

❶ プロファイリングという言葉だけでは、第三者の中には意味がわからない人もいます。「販売ターゲットの」と加えることで誰にでもわかりやすくなります。

❷ 基本情報では、ここまで説明してきた顧客層との関連性を見せるため、年代や性別、住所、パソコンの所有（インターネットがキーワード）、といった情報を記載しています。

❸ プロファイリングでは、市場動向の調査結果と関連性を持たせています。つまり、想定している顧客心理・ニーズに一致したライフスタイルの顧客層をねらっていることをアピールしています。

● 前頁との関連キーワード（ストーリーのつながり）

ブランド確立、30代女性、インターネット、健康、安全、クチコミ

たった数名の情報をまとめただけでは説得力が弱いと感じるかもしれませんが、「実際に存在し、あなたが知っている人物のライフスタイル」を分析することは、かなり説得力のあるプロファイリング資料に仕上がります。

「経営分析」作成テクニック

経営分析は、SWOT分析の結果を記載しておきます。ここからは、売上をつくるための戦略説明に切り替える起点になります。

Check!

- SWOT分析の結果をシンプルに見せる
- 事業コンセプトとの関連性でストーリー性を持たせる

SWOT分析の結果が、客観的視点をアピールしてくれる

① **SWOT分析のフォーマットは浸透している**：SWOT分析の結果は、何ら加工する必要がありません。むしろ、加工して見せたほうが第三者にとって、わかりにくい資料になりかねません。その理由は、事業戦略の分析ツールとしてSWOT分析が一般的に浸透しているため、フォーマットのまま見たほうが理解しやすいからです。

② **事業コンセプトが内部環境の強みに現れる**：事業コンセプトには、事業の強みに関連した特徴が含まれているケースが大半です。つまり、内部環境の強みには事業コンセプトで文章化したキーワードが含まれる可能性が高いといえます。そのため、SWOT分析の結果に事業コンセプトとの関連性があるポイントをアピールすることで、ここまでのストーリーが途切れることなく、戦略説明にストーリーを切り替えることができます。

③ **弱みや脅威は第三者に説明するべきか？**：ビジネスプランをつくり慣れていない人にとっては、弱みや脅威を第三者に説明することがマイナス要因に感じるかもしれません。しかし、どのような事業においても弱みや脅威といったリスクが伴うことは、実は誰でも知っているのです。その誰でも知っている情報を第三者に誠実に伝えないことが、むしろマイナス要因になります。一方、リスクへの対策を含んだ事業戦略を策定したほうが第三者にとっては安心できるビジネスプランになるのです。

ONE POINT

経営分析とは

一般的には損益計算書や貸借対照表などの数値情報に基づいて、業績の良し悪しを判断することです。しかし、新規事業計画書では数値情報の実績が存在しないため、経営資源に重点をおいたSWOT分析を採用しています。

 SWOT分析 → 40ページ

● 経営分析（SWOT 分析）の例

8. 経営分析（SWOT分析）

❸

安心感・安全性・低価格を兼ね備えたオーガニック化粧品を販売するための経営資源として、当社には既存事業で蓄積したオーガニック商品の開発技術があります。既存事業の成功実績は安心感につながり、安全性を確保するためのテストノウハウを確立していることも大きな強みですが、特に開発技術を自社で保有していることで、他社と比較して低価格を実現できます。ブランド力や資金力、人材に乏しい面があるものの、オーガニック商品への関心が高まり、競合他社が少ない今のタイミングは当社オーガニック事業の社会的認知を獲得する最大のチャンスであるといえます。

❶ ❷

内部環境	強み	①	オーガニックアパレル事業の成功という安心感を消費者にアピールできる	安心感
		②	オーガニック商品の開発技術が自社にあるため低価格が実現できる	低価格
		③	オーガニック商品に対する安全性テストのノウハウを確立している	安全性
		④	オーガニックアパレル事業で獲得した、顧客リストが約5万件ある	
	弱み	①	企業ブランド力が弱く、まだまだ信用力が不足している	
		②	新規事業のため資金力が不足している	
		③	人材不足による脆弱な企業体質	
外部環境	機会	①	エコ・スローライフの浸透によるオーガニック商品への関心が向上	
		②	オーガニック商品を販売している競合他社が少ない	
		③	不景気による低価格志向の広がり	
		④	インターネット通販が浸透している	
	脅威	①	法改正によるオーガニック化粧品に対する販売規制	
		②	競合他社が当社のオーガニック化粧品の販売価格を下回る可能性	
		③	オーガニック化粧品の事故発生等による消費者の購買意欲が低下	

11

● 事例のテクニック解説 ●

❶ 一般的に浸透しているSWOT分析は、フォーマットのまま引用するのが第三者にとって見やすい。

❷ 事業コンセプトでキーワード化している「安心感・安全性・低価格」がそれぞれ内部環境の強みと関連しているポイントをアピールしています。このしかけがあれば、ストーリーが途切れることがありません。

❸ ここまでの表現方法とは若干異なりますが、説明文章の一部にを色（赤色など）で強調しています。これはSWOT分析の結果から、今の時期が事業戦略を実行に移す絶好の機会であるとアピールし、次頁の事業戦略に話をつなげています。

● 前頁との関連キーワード（ストーリーのつながり）

オーガニック、安心感、安全性、低価格、インターネット通販

11 事業戦略・クロスSWOT分析

「事業戦略」作成テクニック

事業戦略は、クロスSWOT分析から導き出された戦略を基に作成します。経営分析（SWOT分析）の結果を受けて、具体的な事業戦略の説明をはじめます。

Check!

- 「事業戦略＝クロスSWOT分析」の説得力は絶大
- 経営分析に基づいた事業戦略であることをアピールする
- 事業戦略をキーワード化する

クロスSWOT分析が、説得力のある事業戦略を導き出す

① **事業戦略とは？：**事業戦略とは、事業コンセプトの達成を目標とし、事業ビジョンというゴールへの到達ルートを決定する方針です。しかし、さまざまなパターンの到達ルートがあり、ルートの選択を間違えると一生ゴールを見ることがありません。できるかぎり安全でお金をかけずに事業ビジョンに到達できる最短ルートを選択することが事業戦略の役割です。

② **事業戦略＝クロスSWOT分析：**事業戦略を考える際、クロスSWOT分析をしないで考え出すことは、実は至難のワザです。そもそも、事業戦略を考えたことがない人にとっては、何を考えればよいのか、イメージできないかもしれません。たとえ考えついても第三者に対して、説得力のある説明ができるか否かの問題が残ります。しかし、クロスSWOT分析の結果をそのまま使えば、「強み」「弱み」「機会」「脅威」という経営分析の根拠に基づいて、あらゆる事態に備えた4つの戦略を導き出すことができるのです。

③ **4つの戦略をキーワード化する：**4つの事業戦略はキーワード化しておきます。ここでキーワード化しておくと、あとから出てくる「商品戦略」「営業戦略」「IT戦略」などの説明内容が事業戦略に基づいたものであることを簡単に説明できます。このキーワード化がビジネスプランのスト

ONE POINT

直観的に思いついた事業戦略

クロスSWOT分析を書き起こさずに、素晴らしい戦略を直観的に考え出せる場合があります。このように、直感的に思いついた戦略が優れていることは非常に多いのですが、だからといって直観に頼り切らないようにして、「強み」「弱み」「機械」「脅威」にしっかり基づいているか確認するようにします。

 クロスSWOT分析 → 46ページ

事業戦略（クロス SWOT 分析）の例

9. 事業戦略（クロスSWOT分析）

当社オーガニック事業の社会的認知を獲得する事業戦略として、4つの戦略を掲げます。事業開始当初の戦略は、当社にとって好機会であるため、積極的な卸販売とインターネット通販を展開し、同時にインターネットを活用したコストの最小化によってブランド力、資金力の不足という弱みを補います。

また、将来的な事業リスクに備えて、社会的認知の獲得を目指すとともに、ウェブサイト構築による広告宣伝など、新たな収益源の確保、さらに競業する他社に対してオーガニック販売のコンサルティングサービスの提供体制を準備するなど、外部環境に左右されない事業基盤の確立目指します。

		機会	脅威
		① オーガニック商品への関心向上 ② 競合他社が少ない ③ 低価格指向の広がり ④ インターネット通販の浸透	① 法改正による販売規制 ② 価格競争で負ける ③ 事故発生などによる購買意欲低下
強み	① 既存事業成功の安心感 ② 自社開発による低価格 ③ 安全性テストのノウハウ ④ 顧客リスト5万件	＜積極的なネット通販＞ 関東エリアの専門店などへの卸販売を基本として、特にインターネット通販で積極的な宣伝販売活動を展開することで高利益体質を作り上げる	＜広告宣伝による収益源確保＞ オーガニックに関するWEBサイトを構築、顧客リスト5万件を活用した広告宣伝による収益源を確保する
弱み	① ブランド力が不足 ② 資金力が不足 ③ 脆弱な企業体質	＜ネット活用でコスト最小化＞ 業務の有効性および効率性を高めて最小限のコストで事業展開するために、インターネットを活用する	＜コンサルティングサービス提供＞ オーガニック業界における認知獲得を見据えて、他社に対するオーガニック販売のコンサルティングサービス開始の準備を進める

12

● 事例のテクニック解説 ●

❶ クロス SWOT 分析の結果をそのまま引用しています。

❷ 4 つの事業戦略をキーワード化しています（積極的なネット通販、など）。このキーワード化によって、「商品戦略」「営業戦略」「IT 戦略」などの説明が事業戦略に基づく内容であることをアピールできます。

❸ 4つの事業戦略のうち、２つの戦略だけを説明文章の中で色（赤字）にして強調しています。これは商品戦略の説明が、この2つの戦略を主体にしたストーリーであることを印象づけるためのしかけです。

● 前頁との関連キーワード（ストーリーのつながり）

オーガニック事業、強み、弱み、機会、脅威

ーリー性に、一本筋を通すことになります。

「商品戦略」作成テクニック

ビジネスプランの中で商品戦略は、取り扱う商品・サービスによって検討する個別戦略が異なります。策定した個別戦略の見せ方のポイントを理解してください。

Check!

- 策定した個別戦略の全体像を見せる
- 個別戦略の名称に番号を付与する

個別戦略の網羅性とストーリーの概略を見せることが重要

① **検討不足がないことをアピール：**商品戦略は、「商品・サービス」の特徴にあわせて必要な個別戦略を８つ考え出します（54頁「思考補助ツール“八柱曼荼羅”」参照）。万が一、個別戦略の検討項目に漏れがあると事業が失敗する可能性が高くなります。そのため、どのような個別戦略について検討しているのか、その全体像を明確に見せておく必要があります。

② **番号は個別戦略を解説する順番：**右頁の例では、個別戦略の名称に①、②……と番号を付与しています。この番号は、次項からの個別戦略の説明の順番を示していて、ストーリーの概略をつかむことができるようになっています。なお、個別戦略を１つひとつ説明する場合に、ストーリーの流れを視覚的につくり出すのは困難な作業となります。そのため、番号は必ず付与しなければならないものではありませんが、第三者にストーリーの流れを把握してもらいやすくする工夫として有効です。

次項からは、オーガニック化粧品販売を事例にした場合の個別戦略の作成テクニックについて解説します。

ONE POINT

商品戦略では売れる根拠を説明する

個別戦略で説明する商品・サービスの特徴は、総じて“売れる根拠”となります。これから開発する商品・サービスの場合は、まだ存在していないものに対して判断してもらうことになります。そのため、具体的なイメージを第三者に持ってもらえるように工夫しましょう。

八柱曼荼羅 → 54ページ

● 商品戦略の例

10. 商品戦略と8つの個別戦略

4つの事業戦略の実現には、競合他社に負けず消費者に認めてもらえる商品戦略に基づいたオーガニック化粧品が必要不可欠となります。
確実性の高い商品戦略を展開するため、「品目」「商標・ブランド」「デザインパッケージ」「成分・仕様」「販売価格」「生産管理」「販売チャネル」「顧客サービス」という8つの視点から個別戦略を策定しています。次頁からは各々の個別戦略について解説いたします。

❶

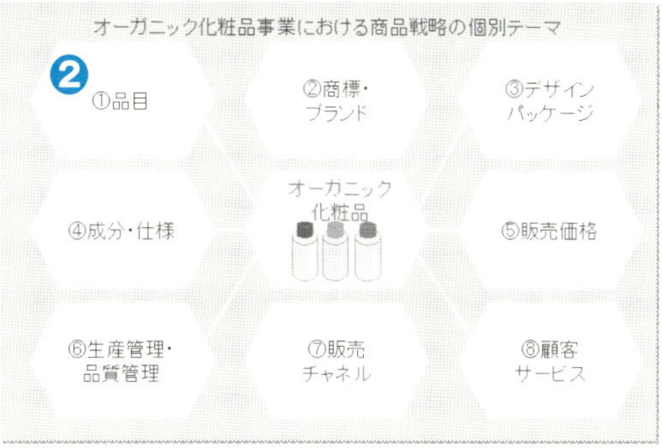

オーガニック化粧品事業における商品戦略の個別テーマ
❷
①品目
②商標・
ブランド
③デザイン
パッケージ
オーガニック
化粧品
④成分・仕様
⑤販売価格
⑥生産管理・
品質管理
⑦販売
チャネル
⑧顧客
サービス

13

● 事例のテクニック解説 ●

❶ 8つの個別戦略を一覧できるように配置することで、商品戦略の検討項目に不足がないニュアンスをアピールできる。なお、真ん中にオーガニック化粧品のイラストイメージを入れることで、「商品・サービス」についての個別戦略であることを明確にしています。

❷ 個別戦略の名称に①、②……と番号を付与し、ストーリーの流れを見せています。

● 前頁との関連キーワード（ストーリーのつながり）

4つの事業戦略

13 品目

個別戦略の「品目」作成テクニック

品目では、商品の品揃えに対する方針と戦略について策定します。事業戦略によって、ある程度の方向性は示されているため、決定方法が大切になります。

Check!

- 品目数を決定する３つのポイント
- 品目数を決定した根拠を明確にする
- 競合比較は判断の根拠として有効活用する

品目数を決定する方法

① **品目数決定３つのポイント**：品目数を決定するには、「事業戦略に基づき、顧客満足度が最も高くなる品目数を考える」「競合他社の品目戦略を参考にして、戦略の方向性を検討する」「利益を確保できる品目数を検討する」という３つのポイントを総合的に検討しなければなりません。数値シミュレーションをつくる前段階では、仮に顧客満足度が最も高くなる品目数を考えておき、最終的に戦略の方向性と利益確保の観点から調整することになります。

② **事業戦略に基づいた品目数の決定**：原則として、品目数に対する考え方は事業戦略に基づいた決定でなければなりません。事業戦略の方向性と異なってしまうと、成功する可能性が著しく低減してしまいかねません。そのためにも、事業戦略を実現するための品目数を考えるようにします。

③ **品目数は売上・生産計画をつくる基本**：売上・生産計画をつくる基礎条件であり、決定した品目数は必ず記載しておきます。この品目数が記載してあることで、数値シミュレーション作成時の根拠となります。

④ **競合比較の優位性が客観的根拠になる**：品目数を決定した根拠について、競合比較による事業戦略の優位性をアピールすることは１つの手段です。競合他社の品目数と比較

ONE POINT

事前に品目が決まっている場合

「その品目数での事業展開が成功する」という根拠を、マーケティング調査で「裏づけ」します。どうしても成功の可能性が感じられない場合は、戦略の修正を検討します。

● 個別戦略の「品目」例

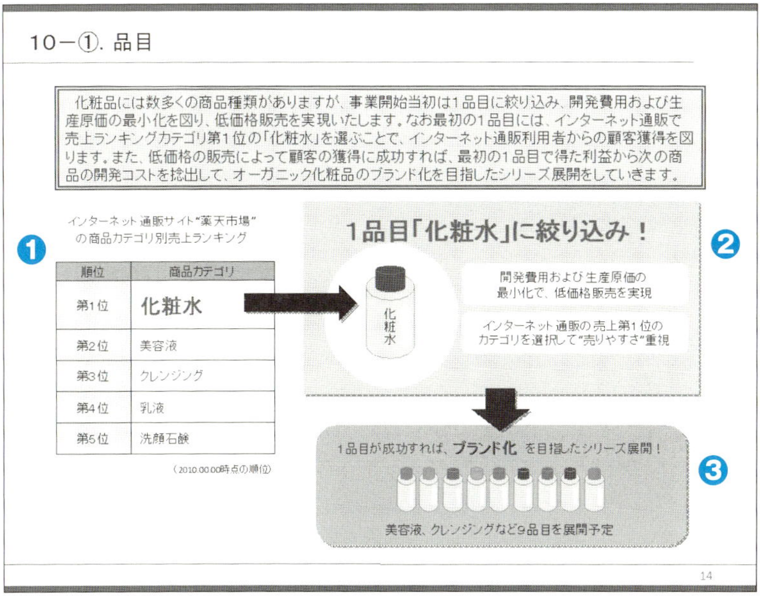
10−①. 品目
化粧品には数多くの商品種類がありますが、事業開始当初は1品目に絞り込み、開発費用および生産原価の最小化を図り、低価格販売を実現いたします。なお最初の1品目には、インターネット通販で売上ランキングカテゴリ第1位の「化粧水」を選ぶことで、インターネット通販利用者からの顧客獲得を図ります。また、低価格の販売によって顧客の獲得に成功すれば、最初の1品目で得た利益から次の商品の開発コストを捻出して、オーガニック化粧品のブランド化を目指したシリーズ展開をしていきます。
❶
インターネット通販サイト"薬天市場"の商品カテゴリ別売上ランキング
順位 商品カテゴリ
第1位 化粧水
第2位 美容液
第3位 クレンジング
第4位 乳液
第5位 洗顔石鹸
（2010.00.00時点の順位）
❷
1品目「化粧水」に絞り込み！
化粧水
開発費用および生産原価の最小化で、低価格販売を実現
インターネット通販の売上第1位のカテゴリを選択して"売りやすさ"重視
❸
1品目が成功すれば、ブランド化 を目指したシリーズ展開！
美容液、クレンジングなど9品目を展開予定
14

● 事例のテクニック解説 ●

❶ 競合比較の代わりに、この例では、販売方法の要となるインターネット通販における売上ランキングを、品目決定の根拠にしています。

❷ 事業戦略の低価格を実現するために、1品目に絞り込む戦術について説明しています。

❸ 1品目が成功した際には、9品目の展開を予定していることを説明している理由は、事業ビジョンで100億円の売上目標を達成できる根拠にしています（1品目10億円の売上 → 10品目100億円の売上）。

● 前頁との関連キーワード（ストーリーのつながり）

品目、化粧品　商品戦略頁との関係（10−①からスタート）

したうえで事業戦略の活路を見出すストーリーは、客観的に分析された判断そのものであるため、第三者を説得する材料となります。

個別戦略の「商標・ブランド」作成テクニック

商品・サービスの名称は、売るために最低限決定しなければならない条件です。商標・ブランドは、その名称に対する付加価値を生み出す戦略として重要視するべきポイントの１つです。

Check!

- その商品名・ブランド名に決定した根拠を明確にする
- 継続的・長期的に実施できる商標・ブランド戦略を策定する
- 顧客層に伝えたいイメージをキャッチコピーにする

商標・ブランドを決定する方法

① **事業コンセプト、事業戦略に基づいた商品名・ブランド名：**商品名やブランド名は、極論をいえば思いつきでも問題はありません。しかし、顧客層に浸透する段階では、名称やロゴを決定した根拠がなければ企業品質を問われかねません。理想的な考え方としては、事業コンセプトや事業戦略をうまく組み込むことです。名称やロゴに「思い」が反映されていること、営業トークの中で事業コンセプトや事業の強みをスムーズにアピールできるなど、さまざまな効果が期待できます。

② **商標・ブランド戦略は社会的な信用を得る目的：**商標・ブランド戦略の一番の目的は、社会的に信用を得ることです。つまり、ブランド名などに対して安心感・信頼感を感じてもらうことが重要です。しかし浸透させることは簡単ではなく、継続的・長期的な安心感・信頼感の積み重ねをするしかありません。主な戦術には、安心感・信頼感をアピールする宣伝広告と、宣伝広告を裏切らない不安・不満を解消できるサポート体制の整備が挙げられます。

③ **ブランド名で何をイメージさせたいのか：**「ブランド名＝○○○○」と、誰もがイメージできるキャッチコピー

ONE POINT

商標権はなぜ取得するのか？

事業が成功した場合、商品名の信用度が向上していきます。このとき、商標権がなければ、競合他社に同じ名称の商品を発売されて、築き上げたブランド力を侵害されかねません。そのようなリスクを防ぐために商標権を取得しておきます。

● 個別戦略の「商標・ブランド」例

10－②. 商標・ブランド
①
将来、オーガニック化粧品をシリーズ展開してくことを想定しているため、開発商品のブランド名が必要となります。当商品のブランド名は、「naturack（ナチュラック）」と命名し、オーガニックを育む自然をイメージする「natural」と「楽」に人間の本来持つ美を取り戻してほしいという想いを込めて考案した造語です。オーガニックという言葉にピンとこない消費者でも、何となく自然にやさしいニュアンスを伝えることができます。そのため、このエコに通じるイメージを壊さないため、商標申請はもちろんのこと、デザインパッケージによって視覚的にイメージの定着を図ります。
オーガニック化粧品のブランド名
ナチュラック
②
naturack
③
エコに通じるイメージを持つ名称
＜商標権の保護＞
ブランド化してシリーズ展開する際に、他社がブランド名を不適切に扱うリスクを考慮して商品販売活動後、商標審査の申請を行います（権利発生まで3年程度の目安）。
15

● 事例のテクニック解説 ●

① 説明文章の中に、「naturack（ナチュラック）」というブランド名称を考案した根拠を説明しています。

② ブランド名の由来がエコのため、ロゴイメージを緑色の配色で見せるなど、直感的にブランドに対する思いが伝わる工夫をします。

③ SWOT分析の結果から、エコに対する社会的関心の高まりに基づいて、ブランド名はエコをイメージしやすい「naturack（ナチュラック）」を考案しているストーリーを描いています。

● 前頁との関連キーワード（ストーリーのつながり）

ブランド　商品戦略頁との関係（10－① → ②）

などが必要です。キャッチコピーがなければ、ブランド戦略の方向性が定まりません。キャッチコピーの文言は、事業コンセプトや事業戦略に基づいた安心感をアピールできる内容が望ましいといえます。

15 デザインパッケージ

個別戦略の「デザインパッケージ」作成テクニック

ビジネスプランでは、商品・サービスの「デザインパッケージ」は軽視されがちです。実は、コスト計算やプランの実行段階では、非常に重要な戦略の鍵となります。

Check!

- デザイン性は、顧客層のプロファイリングから決定する
- デザインパッケージに必要な資材・材料をすべて洗い出す
- 売る瞬間の「現場」イメージがデザイン性の判断基準になる

デザインパッケージを決定する方法

① **デザイン性はどうやって決める：**商品・サービスをパッケージ化するときに、意外と軽視される傾向にあるのがデザイン性です。自分自身が買い物をする瞬間を考えれば、デザイン性から商品・サービスの品質レベルを感覚的に判断していることが理解できるはずです。つまり、デザイン性は売れ行きを左右する重要ポイントになるのです。デザイン性の考え方として、立案者の好みで決めるのではなく、顧客層のプロファイリングから、好まれそうな色あいやデザイン性を決定します。

② **資材・材料が決まらなければコスト計算できない：**パッケージ化が必要な場合は、資材・材料が少なからず発生します。生産量に応じた仕入れが必要となるので、数値シミュレーションの基礎条件として、資材・材料の洗い出しと数社の業者から見積りなどを収集しておきます。

③ **売る瞬間の「現場」の見せ方：**商品・サービスの品質が優れていても、顧客層から買ってもらえなければ意味がありません。そのため、売る瞬間の「現場」をイメージできる工夫が必要となります。

（例）試作品を売り場に陳列した写真や、ウェブショップの画面イメージなどを資料に加える。

ONE POINT

デザイナーを雇う場合

商品・サービスのデザインパッケージをデザイナーに委託する場合は、この個別戦略「デザインパッケージ」の内容が、そのまま指示書となります。

 プロファイリング → 92ページ

個別戦略の「デザインパッケージ」例

10－③. デザインパッケージ

デザインパッケージは、自然にやさしいニュアンスを伝えるためエコを意識して、リサイクルまたは焼却できる材料とし、さらに外箱を使わない簡易包装とします。また、配色は「natural」に通じる緑色と白色を使い、同時にできるかぎりスタイリッシュで都会的なイメージを作り出します。

また、オーガニック化粧品の特徴である成分を視覚的にイメージさせるため、化学肥料や農薬が使用されていないニュアンスを大切にして、デザインはシンプルさを重要視します。

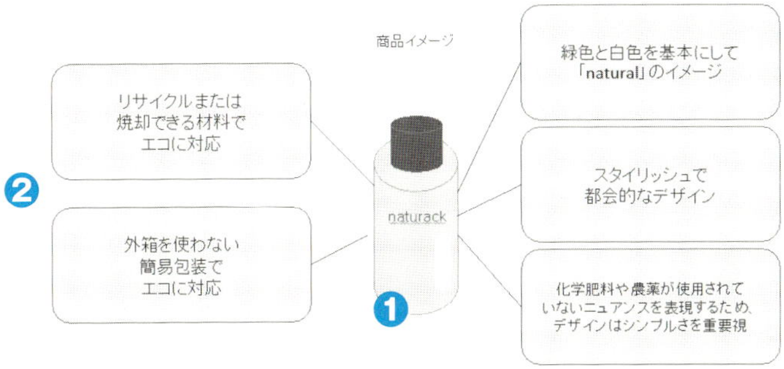
商品イメージ
緑色と白色を基本にして「natural」のイメージ
リサイクルまたは焼却できる材料でエコに対応
②
スタイリッシュで都会的なデザイン
naturack
外箱を使わない簡易包装でエコに対応
①
化学肥料や農薬が使用されていないニュアンスを表現するため、デザインはシンプルさを重要視

③ オーガニック化粧品の特徴である成分を視覚的にイメージさせる

16

● 事例のテクニック解説 ●

① 試作品の写真などを貼りつけることで、必要な資材・材料とデザインのイメージを視覚的に伝えることができます。言葉の説明は少なくても構わないので、デザインコンセプトとイメージを伝えるようにします。

② デザインパッケージを決定するための条件をピックアップしています。ここでは外箱を使わず、簡易包装でエコ対応など原価を下げる方向性を見せています。

③ デザインパッケージを決めるための、コンセプトを明確に打ち出しています。外部業者にデザイン制作をお願いする場合には、ここがポイントになります。

● 前頁との関連キーワード（ストーリーのつながり）

デザインパッケージ　商品戦略頁との関係（10－② → ③）

個別戦略の「成分・仕様」作成テクニック

成分・仕様というテーマは、今回の事例のような化粧品など、特殊な事例だと感じるかもしれませんが、一般的にどのような商品でも、仕様を説明することは、商品を理解してもらううえで大変重要なポイントになります。

Check!

- 顧客満足を得られる「条件・基準」を決める２つのポイント
- 成分・仕様の特徴を簡潔にまとめる

製品・商品の仕様を決定する方法

① **条件・基準の決め方：**方法は、「顧客層のプロファイリングから得た仮説」と「モニターテストによる検証」の２つがあります。マーケティング調査によって、顧客層をプロファイリングして商品・サービスに対する満足度が得られる条件・基準の仮説をつくります。その仮説に基づいて開発した試作品のモニターテストを行い、本当に顧客満足度が高いか否かの検証を行います。この仮説・検証の資料は、事業戦略の実現性の高さを立証する重要書類となるので、すべて参考資料として添付してください。

② **成分・仕様の情報だけでは伝わらない：**商品の開発者が事業計画書を作成したときに陥りやすいのが、成分・仕様のすべての情報について膨大な調査資料を用意することで説明を完了してしまうことです。しかし、専門的な知識について膨大な調査資料だけを見せられても、普通の人は理解しきれないものです。そのため、成分・仕様の特徴を簡潔にまとめる作業を必ず行うようにしてください。そうすれば、専門的な知識のない人でも商品の特徴をつかみやすくなり、理解してもらえる成分・仕様の説明をすることができます。

ONE POINT

モノづくり事業でない場合

セミナーのカリキュラムのような無形サービスの場合でも、モニターテストを実施する方法はあります。たとえば、実際にそのカリキュラムでセミナーを実施した際のアンケートの集計結果が、顧客満足度を図る根拠になります。

プロファイリング → 92ページ

● 個別戦略の「成分・仕様」例

10－④. 成分・仕様

オーガニック化粧品は、その安心感を消費者に素直に理解してもらうためにも、天然由来成分100%を大原則とします。これら成分については、安心感をアピールするため、商品ラベルに記載するとともに、ホームページ上でも詳細に掲載します。この天然由来成分100%のオーガニック化粧品「naturack（ナチュラック）」を競合他社よりも低価格で販売していくことが最大の強みになります。

裏側

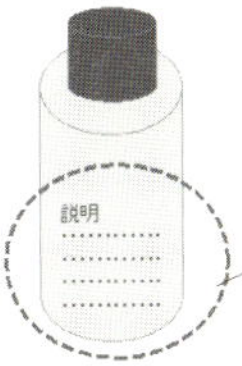

❶

ホームページ上でも
成分は詳細に掲載

◆ 開発する化粧水の成分表 ◆ ❷

成分名	原産国	由来	認証
……	……	……	……
……	……	……	……
……	……	……	……
……	……	……	……
……	……	……	……

◆ 開発する化粧水の仕様 ◆

項目	内容
……	……
……	……
……	……
……	……
……	……

❸ 安心感のために、天然由来成分100%を大原則

17

● 事例のテクニック解説 ●

❶ 成分・仕様について、商品に記載する箇所を見せていますが、記載箇所が重要なのではありません。商品に記載することで消費者に安心感を伝える配慮があることをアピールしています。

❷ オーガニック化粧水の成分や仕様について記載しておくことで、商品としては「販売してもよい」条件・基準をアピールしています。これら条件・基準を決めるために実施した調査資料は添付資料にしておきます。

❸ 成分・仕様の詳細情報だけでは、専門家以外には理解しづらいため、成分・仕様の特徴を簡潔にまとめています。また、安心感というキーワードを引用することで事業コンセプトに基づく成分・仕様をアピールします。

● 前頁との関連キーワード（ストーリーのつながり）

オーガニック、ほかにもキーワードは一致していませんが、前項の「化学肥料や農薬が使用されていない」→「オーガニック」と、間接的にストーリーをつなげています。　商品戦略頁との関係（10－③→④）

個別戦略の「販売価格」作成テクニック

販売価格の決定は、顧客数と売上数を左右する重要なポイントです。失敗すればまったく売れない……という状況まで想定されるため、客観的な戦略策定が必須となります。

Check!

- 競合比較によって販売価格を決定する
- 顧客層の「払える金額」をプロファイリングして決定する
- 安いだけが販売価格を決定する考え方ではない

販売価格を決定する方法

① **競合価格は戦略の方向性を決める基準**：競合他社の販売価格は、事業戦略の方向性を決める基準になります。競合他社とほぼ同質の商品・サービスなのに、自社価格のほうが高いようでは売れる見込みがありません。つまり競合価格よりも低価格を実現するか、高クオリティの商品・サービスを開発しなければ勝ち目が少ないといえます。このように競合他社の品質・価格と比較して、事業戦略の方向性を調整していきます。

② **顧客層が払えない金額は無価値**：マーケティング調査、販売ターゲットのプロファイリングで、顧客層が払える金額に見込みをつけておくべきです。この調査結果と競合比較分析によって差別化できれば、価格決定の根拠としては十分だといえます。なお収集できる「払える金額」は、年収や支出金額の統計データという間接的なものから分析するのが一般的です。

③ **安い価格設定では売れないケースもある**：販売価格を決定する際に、自分の金銭感覚で無意識に競業他社を下回る価格設定をしているケースがあります。しかし、商品・サービスによっては、単純に競合他社よりも安い価格設定を

ONE POINT

販売価格は顧客層が決める

事業上の都合（ほしい利益額）で、価格を決定するケースがあります。しかし、最終的には顧客層がお金を出さなければ、事業として不成立だという事実を知っておく必要があります。

1人でできるマーケティング調査のノウハウ → 32ページ

個別戦略の「販売価格」例

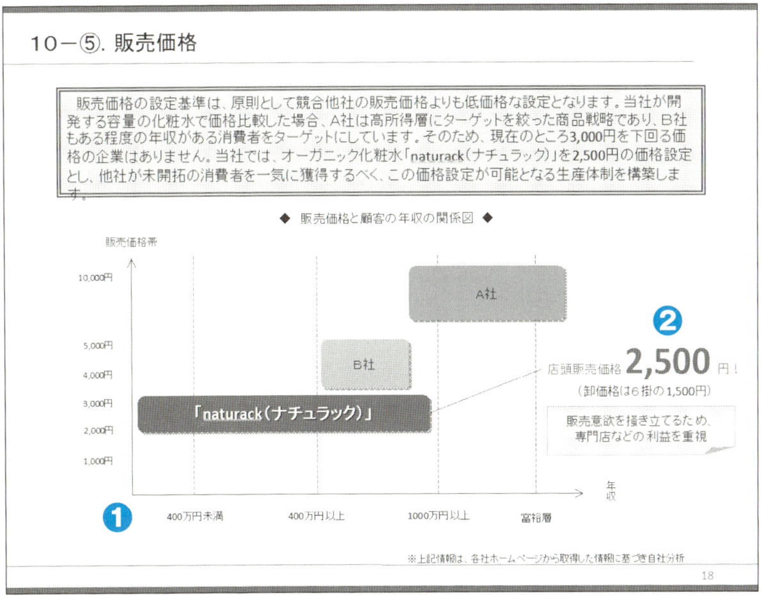
10－⑤. 販売価格

販売価格の設定基準は、原則として競合他社の販売価格よりも低価格な設定となります。当社が開発する容量の化粧水で価格比較した場合、A社は高所得層にターゲットを絞った商品戦略であり、B社もある程度の年収がある消費者をターゲットにしています。そのため、現在のところ3,000円を下回る価格の企業はありません。当社では、オーガニック化粧水「naturack（ナチュラック）」を2,500円の価格設定とし、他社が未開拓の消費者を一気に獲得するべく、この価格設定が可能となる生産体制を構築します。

◆ 販売価格と顧客の年収の関係図 ◆
販売価格帯
10,000円
5,000円
4,000円
3,000円
2,000円
1,000円
A社
B社
「naturack（ナチュラック）」
❷
店頭販売価格 2,500 円！
（卸価格は6掛の1,500円）
販売意欲を掻き立てるため、
専門店などの利益を重視
年収
❶
400万円未満
400万円以上
1000万円以上
富裕層
※上記情報は、各社ホームページから取得した情報に基づき自社分析
18

● 事例のテクニック解説 ●

❶ 想定している顧客層の年収と販売価格という２つのベクトルで、競合比較をマッピングした分析データです。難しい戦略論を知らずとも、競合他社との差別化を視覚的に見せられるという事例です。

❷ ①の分析結果から、「低価格」を実現できる価格帯を決定しています。①の分析データがあることで価格決定の客観的根拠となっています。

● 前頁との関連キーワード（ストーリーのつながり）

低価格　商品戦略頁との関係（10－④ → ⑤）

したところで、逆に売れないケースもあるのです。

（例） 弁護士費用は一般的に高いイメージがありますが、5,000円でどんなサービスでもしてくれる弁護士が登場したとしてもサービスや品質内容に不安を感じてしまいます。これでは顧客を獲得できる見込みはありません。

18 生産管理・品質管理・研究開発

個別戦略の「生産管理・品質管理」作成テクニック

生産管理・品質管理とは、「モノづくり」だけでなく、無形サービスにも同じ概念が存在します。商品・サービスを提供する「体制」について説明していきます。

Check!

- 商品・サービスの生産サイクルをフロー化する
- 品質管理は安心・安全をアピールする概念
- 業務委託など、必要なコストの根拠を説明する

コスト計算の重要ポイントとなる生産管理

① **生産フロー作成のポイント**：生産フローの一般的な流れは、「原材料の仕入 ➡ 生産 ➡ 品質テスト ➡ 梱包 ➡ 出荷」となります。この流れについて、実際にモノが出荷するまでの１ステップずつをフロー形式で描きます。フロー化の目的は、生産管理に必要な「ヒト・モノ・カネ・情報」のポイントを洗い出すことにあるので、細かく描く必要はありません。

② **事業戦略を実現するための生産管理**：生産管理の条件として、事業戦略を実現するためのしくみが生産フローに組み込まれていることが挙げられます。主に組み込まれるポイントとしては、情報収集・研究開発・品質管理などになります。特に品質管理は、安心・安全を事業戦略でアピールする際には必ず盛り込みたいポイントです。

③ **コスト計算の根拠を説明することが重要**：本来、生産管理体制をつくる説明においては、工場レイアウトや立地条件、必要な設備など、膨大な資料が必要になります。しかし、ビジネスプランで伝えなければならないポイントは、コスト計算の根拠の部分です。つまり、主に工場を作るために必要となる設備投資の金額や生産コスト、物流コスト（出荷コスト）となります。

ONE POINT

生産管理という言葉がマッチしない場合

取り扱う商品・サービスによっては、生産管理という言葉ではピンとこないケースがあります。それらのケースは、商品の生産よりも商品開発を主とした事業であることが大半のため、「研究開発」という言葉をあてはめてください。

業務委託のポイントを明確にする

生産フローのすべてを自社内で完結できる場合は該当しませんが、部分的に業務委託契約をしているケースがあります。その場合は、生産フローのどの段階を業務委託するのかを明確にします。それが、コスト計算の際に業務委託費を計上する根拠となります。

個別戦略の「生産管理・品質管理」例

10－⑥. 生産管理・品質管理

オーガニック化粧品「naturack（ナチュラック）」の販売価格2,500円を実現するためには、仕入から出荷までに掛かる、1個あたりの生産・出荷コストを1,000円未満に抑える必要があります。そのために必要となる生産ロットは、1度に1万個という試算になり、不良品の発生率は生産量に対して1％を見込んでいます。また、出荷については2～3社の物流業者と契約して全ての販売チャネルに対応いたします。

◆ 生産管理・品質管理の流れ ◆

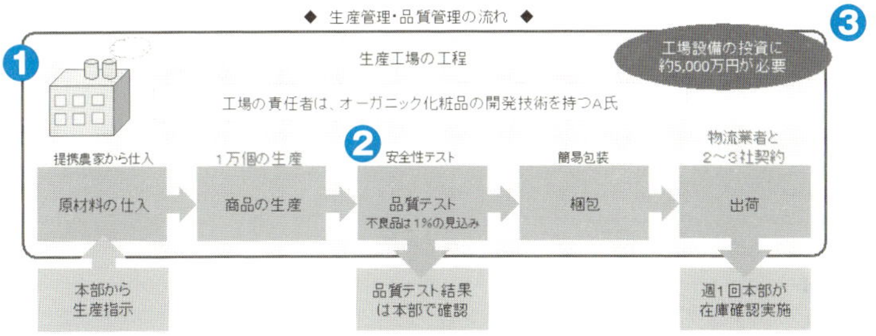

❶
❷
❸
生産工場の工程
工場設備の投資に
約5,000万円が必要
工場の責任者は、オーガニック化粧品の開発技術を持つA氏
提携農家から仕入
原材料の仕入
1万個の生産
商品の生産
安全性テスト
品質テスト
不良品は1%の見込み
簡易包装
梱包
物流業者と
2～3社契約
出荷
本部から
生産指示
品質テスト結果
は本部で確認
週1回本部が
在庫確認実施

❹

原材料の仕入	商品の生産	品質テスト	梱包	出荷
400円／個	300円／個	100円／個	100円／個	100円／個

※上記、金額は1万個生産した場合の各工程における生産・出荷コストの内訳です。
※製造原価の明細は別紙「製造原価明細書」をご参照ください。
※上記金額のコスト以外に、工場の維持費として月額300万円程度を見込んでおります。

18

● 事例のテクニック解説 ●

❶ 原材料の仕入れから商品完成、出荷までの作業工程を簡単にフロー化しています。このレベルの簡単なフローがあれば十分です。

❷ 事業コンセプトの「安心感・安全性・低価格」のうち、安全性をアピールするため、安全性テスト（品質テスト）の作業工程をフローに加えています。

❸ 工場設備の投資に必要な金額を総額で記載しています。詳細な資料は添付資料にしておき、ここでは財務収支を考えるために約5,000万円という総額を記載しています。

❹ 1商品あたりの生産コストの内訳を記載しています。この生産コストの金額に基づいて、数値シミュレーションをしていきます。

● 前頁との関連キーワード（ストーリーのつながり）

生産、販売価格2,500円　商品戦略頁の関係（10－⑤ → ⑥）

19 販売チャネル・流通戦略

個別戦略の「販売チャネル」作成のテクニック

販売チャネルとは、簡単にいえば「販売経路」です。販売経路を決めるためには、商品・サービスの売り方と販売拠点のあり方について戦略を練ります。

Check!

- 顧客層に直接売る販売拠点は何パターンあるのか？
- 販売チャネルごとに売上の割合を設定する
- 「誰が・どうやって・届けるのか」（流通戦略）

販売チャネルを決定する方法とは？

① **販売拠点のパターンを決める：**商品・サービスの売り方と販売拠点のパターンを決めることは、重点的に経営資源を投入するチャネルを明確にできるため、効率的な営業展開を期待できます。さらに販売チャネルごとに商品・サービスの売れ行きが異なることに配慮した売上計画を策定しやすくなります。パターンを特定する方法は、マーケティング調査やプロファイリングから、顧客層が「購入しやすい場所」を絞り込みます。業界・業種によって、売り方や販売拠点がある程度特定できるため競合調査を積極的に行うことも有効な手法です。

② **チャネルごとに売上の割合を設定する：**複数の販売チャネルを利用する場合、チャネルごとに売上の割合を設定しておきます。この割合によって、事業戦略上、重点をおきたい販売チャネルを明確にすることが可能となります。さらに、より現実的な売上計画に一歩近づいていくため、最終的に試算した数値シミュレーションの説得力に違いが出てきます。

（例）店舗販売とインターネット通販のチャネルを利用する場合、店舗販売の売上割合を30％、インターネット通販の売上割合を70％と設定することで事業戦略の重点がインタ

ONE POINT

商品・サービスを顧客層に届けるプロセス

開発した商品・サービスが顧客層の手に届くまでに「誰が・どうやって・届けるのか」という流通戦略ついて、明確にしなければなりません。この流通戦略が不明瞭だと、物流管理費が試算できない、また配送中の品質管理レベルの適切性判断ができないなど、さまざまな問題が発生します。特に、食品など配送中の品質保持が重要テーマになる場合には、コストが大きくなるので注意が必要です。

サプライチェーン・マネジメント

食品業界の流通戦略などに関連した専門用語。商品をつくる段階から顧客層へ届けるまでの全プロセスにおける、品質管理基準・体制を明確にする手法です。食品業界以外の戦略策定にも大変参考になります。

1人でできるマーケティング調査のノウハウ → 32ページ
プロファイリング → 92ページ

● 個別戦略の「販売チャネル」例

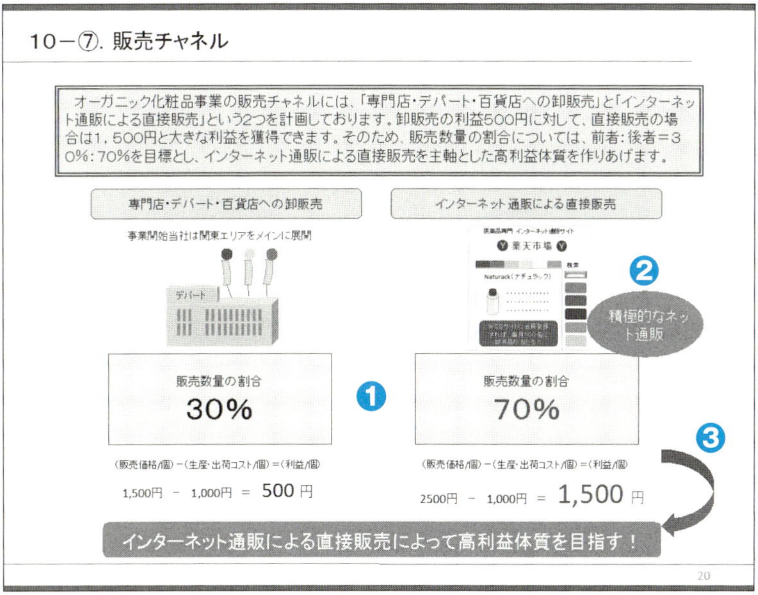
10−⑦. 販売チャネル
オーガニック化粧品事業の販売チャネルには、「専門店・デパート・百貨店への卸販売」と「インターネット通販による直接販売」という2つを計画しております。卸販売の利益500円に対して、直接販売の場合は1，500円と大きな利益を獲得できます。そのため、販売数量の割合については、前者：後者＝30%：70%を目標とし、インターネット通販による直接販売を主軸とした高利益体質を作りあげます。
専門店・デパート・百貨店への卸販売
インターネット通販による直接販売
事業開始当社は関東エリアをメインに展開
デパート
薬天市場
Naturack（ナチュラック）
検索
積極的なネット通販
❷
販売数量の割合
30%
❶
販売数量の割合
70%
❸
（販売価格/個）−（生産・出荷コスト/個）＝（利益/個）
1,500円 − 1,000円 ＝ 500 円
（販売価格/個）−（生産・出荷コスト/個）＝（利益/個）
2500円 − 1,000円 ＝ 1,500 円
インターネット通販による直接販売によって高利益体質を目指す！
20

● 事例のテクニック解説 ●

❶ 「卸販売」と「インターネット通販」という２つの販売チャネルがあることを明確にし、さらに売上割合を前者：後者＝30%：70%に設定することで、重要視しているチャネルを明確にしています。

❷ この「積極的なネット通販」というキーワードは、事業戦略（クロスSWOT分析）で打ち出した４つの戦略の１つです。つまり、事業戦略に基づいた販売チャネルの設定であることをアピールしています。

❸ インターネット通販を重要視する根拠として、販売チャネルごとの利益率の違いを説明しております。

● 前頁との関連キーワード（ストーリーのつながり）

販売チャネル　商品戦略との関係（10−⑥ → ⑦）

ーネット通販にあることをアピールできます。

個別戦略の「顧客サービス」作成のテクニック

顧客サービスが、ビジネスプランで説明されている事例はあまりありません。しかし、顧客満足度を維持し続けるためには、必須事項といえる重要なポイントです。

Check!

- 「顧客にとって」便利なお問いあわせのしくみをつくる
- 顧客のコミュニケーション機会が顧客満足度を維持・向上させる
- 顧客の予想を上回る付加価値を提供する

顧客サービスは、売上目標達成の最も大きな課題

① **顧客層にとっての便利を追求：**顧客からのお問いあわせなどは、ニーズや顧客心理を知る最良の機会であると同時に、多大な手間暇が発生するという二面性があります。そのため、どうしても自己都合的な対応ルールを押しつけてしまうケースもあります。しかし、1度不満を持った顧客に満足を感じてもらうことは至難のワザとなり、クチコミで悪評が広がるリスクまで出てきます。電話でもメールでもお問いあわせができるしくみは最低限の対応だと考えて、「顧客にとって」便利なしくみを検討します。

② **顧客とのコミュニケーション機会をつくる：**商品・サービスによっては困難な場合も多いのですが、顧客満足度の維持は、顧客とのコミュニケーション機会をつくるのが最適です。事務的な対応ではなく、お互いに一歩踏み込んだ場を持てば、顧客の不満・悩みを適時に把握できる関係を築くことができます。一般的には、営業マンによる定期訪問や御用聞き、顧客に向けたイベント開催などが有効です。

③ **顧客をファンだと認識してアフターサービスする：**1度の売買で顧客との関係は終了しないと認識してください。顧客とは、商品・サービスを気に入ってお金を支払ってくれたひとりのファンです。

ONE POINT

可能な範囲で顧客サービスのしくみを検討

ファンというのは、自分の予想以上のサプライズがあり満足度が高まれば、固定客化もしくはクチコミを自発的にしてくれます。可能な範囲で顧客サービスのしくみを検討すれば、将来的に大きな実りを得る可能性があります。

顧客サービスの余裕がない場合

新規事業では、顧客サービスを実施する余裕がないケースもあります。そのような場合、最初はお問いあわせ対応のみとして、将来的に必要だと考えるサポート体制を描いてください。

● 個別戦略の「顧客サービス」例

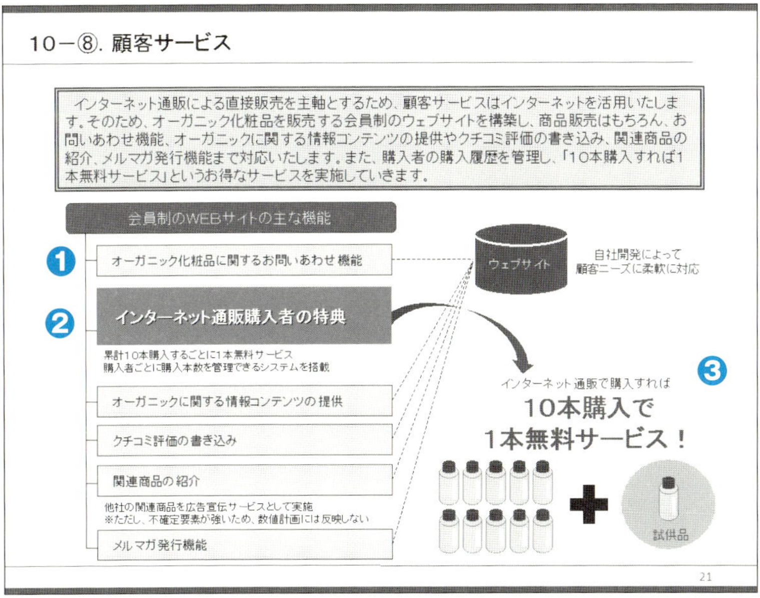
10－⑧. 顧客サービス
インターネット通販による直接販売を主軸とするため、顧客サービスはインターネットを活用いたします。そのため、オーガニック化粧品を販売する会員制のウェブサイトを構築し、商品販売はもちろん、お問いあわせ機能、オーガニックに関する情報コンテンツの提供やクチコミ評価の書き込み、関連商品の紹介、メルマガ発行機能まで対応いたします。また、購入者の購入履歴を管理し、「10本購入すれば1本無料サービス」というお得なサービスを実施していきます。
会員制のWEBサイトの主な機能
1
オーガニック化粧品に関するお問いあわせ 機能
2
インターネット通販購入者の特典
累計10本購入するごとに1本無料サービス
購入者ごとに購入本数を管理できるシステムを搭載
オーガニックに関する情報コンテンツの 提供
クチコミ評価の書き込み
関連商品の 紹介
他社の関連商品を広告宣伝サービスとして実施
※ただし、不確定要素が強いため、数値計画には反映しない
メルマガ発行機能
ウェブサイト
自社開発によって
顧客ニーズに柔軟に対応
3
インターネット通販で購入すれば
10本購入で
1本無料サービス！
試供品
21

● 事例のテクニック解説 ●

❶ 会員制のウェブサイトに「お問いあわせ機能」を搭載することを説明しています。あえて過剰にアピールする必要はありません。

❷ 顧客サービスとして、インターネット通販購入者に対する特典は、ウェブサイトを活用して提供していくことを説明しています。システムなどの詳細を解説する必要はありませんが、機能項目をしっかり記載します。

❸ 特典について、実施方法を説明しています。顧客サービスの内容によっては、宣伝広告費などお金が必要となるため、具体的に「何をするのか？」をアピールすることで費用対効果を判断できるようにします。

● 前頁との関連キーワード（ストーリーのつながり）

インターネット通販　商品戦略頁の関係（10－⑦ → ⑧）

21 営業戦略・宣伝広告・売上の根拠

「営業戦略」作成のテクニック

営業戦略は、売上目標を達成するための戦術を計画するために作成します。ビジネスプランと数値シミュレーションをつなぐのがポイントです。

Check!

- 売上割合の一番大きい販売チャネルの営業戦略を描く
- 顧客の獲得率を算出する
- 宣伝広告を実行する際のコストを明確にする

どのように商品・サービスを販売していくのか？

① **一番重要視する販売チャネルに絞って説明：**複数の販売チャネルがあったとしても、一番重要視している（＝売上割合を一番大きく設定した）販売チャネルの営業戦略を説明します。ほかの販売チャネルについては、売上割合を設定しておけば売上計画数値を計算できます。また、経営資源を１つの販売チャネルに集中させるストーリーに仕上げるためにも、重要性が低いほかの販売チャネルについては詳細な説明を省略します。

② **営業戦略の内容が、売上目標に説得力をつける：**売上目標は、思いつきの数値ではまったく説得力がありません。売上目標を達成できる根拠を示すため、営業戦略では、何名（何社）に対して宣伝広告するのか説明します。この何名（何社）に宣伝広告した結果、獲得できる顧客数を設定します。その獲得率によって、売上目標が現実的に達成できる内容なのか否かを判断できるのです。

（例）1,000名に宣伝広告して10名の顧客を獲得すると、獲得率は1％となります。事業開始時点など、信用力・ブランド力の弱い時期の獲得率は、小さな割合に設定しておくことで「この程度なら実行できそうだ」というイメージを持ってもらえます。また、立案者が「必ず実現できる」と自信を持って断言できる確率であれば、より望ましい目標になります。

ONE POINT

すべての販売チャネルが重要な場合

事業戦略によっては、すべての販売チャネルの営業戦略の説明をしなければなりません。その場合は、１つの販売チャネルにつき１ページを使って説明するとわかりやすくなります。

営業戦略の例

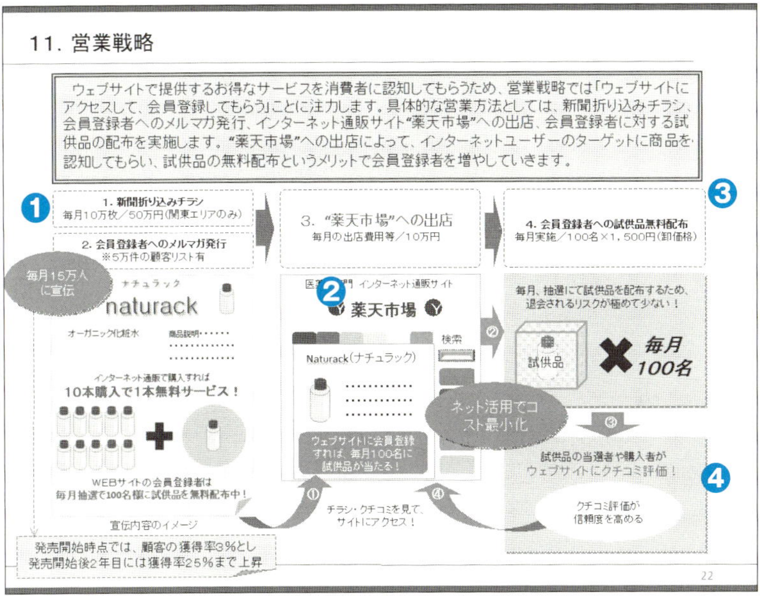
11．営業戦略
ウェブサイトで提供するお得なサービスを消費者に認知してもらうため、営業戦略では「ウェブサイトにアクセスして、会員登録してもらう」ことに注力します。具体的な営業方法としては、新聞折り込みチラシ、会員登録者へのメルマガ発行、インターネット通販サイト"薬天市場"への出店、会員登録者に対する試供品の配布を実施します。"薬天市場"への出店によって、インターネットユーザーのターゲットに商品を認知してもらい、試供品の無料配布というメリットで会員登録者を増やしていきます。
❶
1．新聞折り込みチラシ
毎月10万枚／50万円(関東エリアのみ)
2．会員登録者へのメルマガ発行
※5万件の顧客リスト有
毎月15万人に宣伝
ナチュラック
naturack
オーガニック化粧水
商品説明・・・・・・
インターネット通販で購入すれば
10本購入で1本無料サービス！
WEBサイトの会員登録者は
毎月抽選で100名様に試供品を無料配布中！
宣伝内容のイメージ
発売開始時点では、顧客の獲得率3%とし
発売開始後2年目には獲得率25%まで上昇
3．"薬天市場"への出店
毎月の出店費用等／10万円
❷
インターネット通販サイト
薬天市場
検索
Naturack（ナチュラック）
ウェブサイトに会員登録すれば、毎月100名に試供品が当たる！
①
チラシ・クチコミを見て、サイトにアクセス！
ネット活用でコスト最小化
❸
4．会員登録者への試供品無料配布
毎月実施／100名×1，500円(卸価格)
②
毎月、抽選にて試供品を配布するため、退会されるリスクが極めて少ない！
試供品
毎月100名
③
試供品の当選者や購入者がウェブサイトにクチコミ評価！
❹
クチコミ評価が信頼度を高める
④
22

● 事例のテクニック解説 ●

❶ 「新聞折り込みチラシ」と「会員登録者へのメルマガ発行」で毎月15万人に宣伝広告する計画であることをアピールしています。

❷ 毎月15万人に宣伝広告した結果、発売開始時点から顧客の獲得率が上昇していく割合を説明しています。この獲得率が売上目標の説得力を持たせます。

❸ 各宣伝広告について、予測される宣伝広告費のコスト設定を注釈しています。この設定が数値シミュレーションの試算の根拠となってきます。

❹ 事業戦略の４つ目「ネット活用でコスト最小化」を目指す戦略の具体的な戦術（実施方法）を解説しています。

● 前頁との関連キーワード（ストーリーのつながり）

インターネット通販、10本購入すれば１本無料サービス、試供品

（次頁に続く）

③ **宣伝広告にはコストが発生する：**宣伝広告をする際に、「どのような宣伝広告を実施するのか」について決定し、必要となるコストを明確にしなければなりません。広告宣伝を実施する前にコストを明確にするのは、費用対効果を測定するためです。宣伝広告の結果、売上目標が達成できたとしても、コスト過多のために赤字になる可能性もあります。

④ **販売見込み数 × 販売価格 ＝ 売上の計画数値：**売上目標すなわち売上の計画数値は、販売見込み数に販売価格を掛けた金額によって導き出します。117 頁の事例では、宣伝広告によって、獲得した顧客数に商品・サービスの販売単価を掛けると売上目標数値となることを前提とした営業戦略の根拠にしています。しかし、どのようなビジネスプランにおいても同じ導き出し方を適用できるわけではなく、販売見込み数の算出方法が異なってきます。

（例）営業マンや販売代理店などをしっかり配置して営業戦略を展開する場合は、営業マン１人が獲得できる顧客数を仮定して営業マンの人数を掛けあわせて販売見込み数を積み上げることもあります。

また、具体的な営業方法に基づいて顧客数を積み上げて計算できない場合は、商圏内の顧客になり得るターゲット数を調べて、目標とするシェア率を仮定し、販売見込み数というよりも「必要な顧客獲得数」を計算する場合もあります。

⑤ **売上の計画数値 ＝ 事業ビジョンの目標達成：**事業ビジョンには、説明している新規事業の目標が掲げられているはずです。この目標を具体的な数値として設定している場合は、売上の計画数値と一致していることが理想です。もし、事業ビジョンの目標達成数値と一致していなければ、ビジネスプランは事業ビジョン達成までの軌跡を描いたものにはなりません。言い換えれば、説明内容の不整合が発生している状態だといえます。実現可能な売上の計画数値を計算して事業ビジョンの目標達成に到達していない場合

ONE POINT

広告宣伝の決め方

広告宣伝は、費用面を無視して顧客獲得だけを重視してはいけません。広告宣伝費が高すぎると、その分だけ顧客を獲得できなかった場合に、財務状況におよぼすリスクが大きくなります。最初は、なるべく安くて獲得率が高い、事業ビジョンを達成できる見込みのある宣伝広告を検討しなければなりません。

売上の計画数値をつくる方程式

売上の計画数値は、大原則として次の式で求めます。

販売見込み数（販売数量）× 販売価格　＝　売上の計画数値（売上金額）

販売見込み数と販売価格をいかに論理的に説明するかがポイントとなります。

≪販売見込み数の論理的な仮定のしかた≫

① 商圏内の顧客層の人数 × ○％（シェア率）
② 営業マン1人が月間獲得できる顧客数を仮定して積み上げる
③ 宣伝広告の部数 × ○％（獲得率）

※ 業界・業種によって異なりますが、上記いずれかのパターンをアレンジすることで販売見込み数を算出できます。

最後に、売上計画数値が次のようになることに注意しつつ、数値の調整を繰り返す作業となります。

売上の計画数値 ＝ 事業ビジョンの目標達成

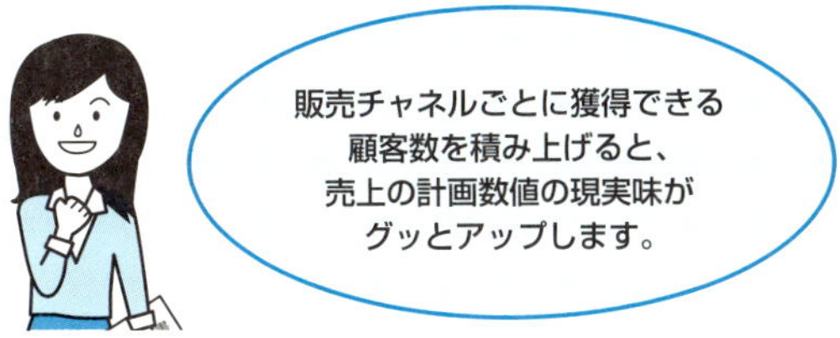
販売チャネルごとに獲得できる
顧客数を積み上げると、
売上の計画数値の現実味が
グッとアップします。

は、もっと効率的な宣伝広告を実施するなど営業戦略を見直したり、そもそもの事業ビジョンの目標数値を見直すといった調整作業を行うことになります。大変手間暇の掛かる作業の繰り返しになりますが、「売上の計画数値＝事業ビジョンの目標達成」が一致すれば、ビジネスプランに基づいた数値シミュレーションを作成することが可能となります。売上の計画数値が数値シミュレーションの損益計算書に計上する売上金額と一致するため、数値シミュレーションが立案者の単なる期待値ではなく、厳密に検討された計画であることを第三者にアピールできます。

22 IT戦略・システム開発・ホームページ

「IT戦略」作成のテクニック

ビジネスプランの実現のために、ホームページやシステムなど「IT」が必須の時代になりました。IT戦略が「ヒト・モノ・カネ・情報」に大きな影響を与えます。

Check!

- IT化する業務のポイントを明確にする
- IT化に必要となるコストを明確にする

どうすればIT戦略のポイントと費用が決まるのか？

① **何の目的でIT化するのか？**：事業のIT化で得られるメリットは、「業務が標準化できる（マニュアル化）」「業務の効率性が向上する（長期的に見てコスト削減）」「情報を正確に保管し、処理漏れを防げる（正確性・有効性）」といった部分が大きいといえます。そのため、どの業務をIT化するのか検討することで、強化したいポイントを第三者に伝えることができます。逆に、ビジネススキームから作業ボリュームが膨大だと想定されるポイントについては、IT化の計画もしくは作業人員の強化がなければ「実行できるのか」の疑問が生まれます。「業務・人材・IT」のバランスを考えながら、何の目的でどの業務をIT化するのか計画しなければなりません。

② **事業案内用ホームページの制作**：事業案内用のホームページも、営業活動の効率化を向上させる目的において有効なIT化であり、多くの企業が制作しています。自社の人材で制作する場合は、人件費に開発費用が組み込まれます。しかし、外部業者に委託する場合は、その開発コストが発生することを忘れないように注意してください。

③ **IT化に必要なコスト算出方法**：IT化のためにシステム開発を外部業者に委託する場合、開発コストの算出が必要となります。しかし、開発コストの適切性を判断するにはそれなりの知識と経験が必要となります。そのため外部業

ONE POINT

開発コストは金食い虫

システムを開発する過程において、より便利な機能の必要性に気づき、追加で開発することで、開発コストが予算オーバーするケースが多々あります。そのため計画段階で多めの予算を組まなければ、システム未完成のまま開発中止を余儀なくされてしまいます。

IT戦略の例

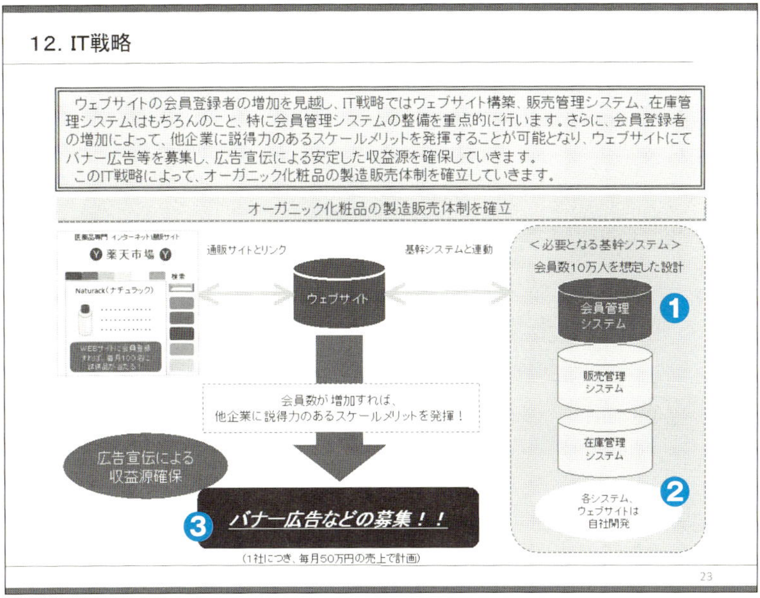
12. IT戦略
ウェブサイトの会員登録者の増加を見越し、IT戦略ではウェブサイト構築、販売管理システム、在庫管理システムはもちろんのこと、特に会員管理システムの整備を重点的に行います。さらに、会員登録者の増加によって、他企業に説得力のあるスケールメリットを発揮することが可能となり、ウェブサイトにてバナー広告等を募集し、広告宣伝による安定した収益源を確保していきます。
このIT戦略によって、オーガニック化粧品の製造販売体制を確立していきます。
オーガニック化粧品の製造販売体制を確立
医薬品専門 インターネット通販サイト
薬天市場
検索
Naturack(ナチュラック)
通販サイトとリンク
基幹システムと連動
ウェブサイト
会員数が増加すれば、
他企業に説得力のあるスケールメリットを発揮！
広告宣伝による
収益源確保
3
バナー広告などの募集！！
(1社につき、毎月50万円の売上で計画)
＜必要となる基幹システム＞
会員数10万人を想定した設計
会員管理
システム
1
販売管理
システム
在庫管理
システム
2
各システム、
ウェブサイトは
自社開発
23

● 事例のテクニック解説 ●

❶ 会員管理システムの機能を充実する方針のため、配色を変えて重要性をアピールしています。

❷ 各システム開発は、自社開発することを注釈しています。この注釈によって、システム部の人件費にシステム開発費が含まれることが伝わります。

❸ このサンプルでは、IT戦略に絡めてバナー広告などを募集することをアピールしています。事業戦略の１つ「広告宣伝による収益源確保」の戦術（実施方法）の説明であり、売上試算をする根拠も注釈しています。

● 前頁との関連キーワード（ストーリーのつながり）

会員登録者、インターネット通販、ウェブサイト

者に相見積りを行うことで、開発コストの相場を把握するようにします。そのうえで、少し大目の開発コストを見込んでおくことが重要です。

「事業の将来性・発展性」作成のテクニック

事業の将来性・発展性では、事業戦略などが成功した先に広がっている事業の可能性を描きます。このページを作成することで事業の方向性がより明確になり、さまざまなメリットが生まれます。

Check!

- 事業の将来性・発展性が立案者（経営者）の魅力を映し出す
- 将来に実現できそうな事業戦略の片鱗を見せる
- 事業ビジョンの達成を描くことで事業の方向性を明確にできる

事業の将来性・発展性は“夢”を語る

① **事業の将来を語ることが魅力につながる：**事業戦略が成功した場合、将来的にどのような事業展開が可能となるのか？　立案者（経営者）の夢を描きます。描く内容は自由ですが、新たなドメイン参入や顧客層の拡大につながる施策など、確立した事業基盤を発展させる内容が望ましいといえます。このような将来性を語れることは第三者から見た「新規事業の魅力＝立案者（経営者）の魅力」として好印象を与えることができます。新規事業の進むべき道筋を常に照らし続けられるか否かが、立案者（経営者）に求められる資質のひとつになるため、できるかぎり将来像をイメージするようにしてください。

② **内外の協力者のコンセンサスを得るポイントになる：**ビジネスプランで詳細に取り決めた事柄というのは、いざ事業がスタートしたときに重要な設計書の役割を果たしてくれます。しかし、各業務を進める中で方向性を間違うことが実際には多いものです。原因のひとつには、事業の将来性が示されないために進むべき道筋が共有できていない場合が多いといえます。可能であればミーティングなどにおいて、立案者（経営者）が目指す事業の将来像を共有できる場をつくるのが望ましいでしょう。

ONE POINT

事業の将来性・発展性が思いつかない場合

３年以上先の将来性について明確なビジョンをイメージすることは簡単ではありません。そのためビジネスプランの計画どおりに成功したと仮定してSWOT分析を行い、事業戦略を策定する方法がお勧めです。

事業の将来性が示されていない場合

協力者の立場からすれば、業務の目的が不明瞭なまま作業だけ指示されるため、立案者に逐一確認しながら作業を進めるか、最悪の場合、方向性を間違った業務遂行になってしまうこともあります。これでは立案者がすべての作業・責任を１人で抱える以上の負担を強いられる結果に陥るため、必ず作成して効率的な業務分担ができるようにしておくことが重要です。

事業の将来性・発展性のサンプル

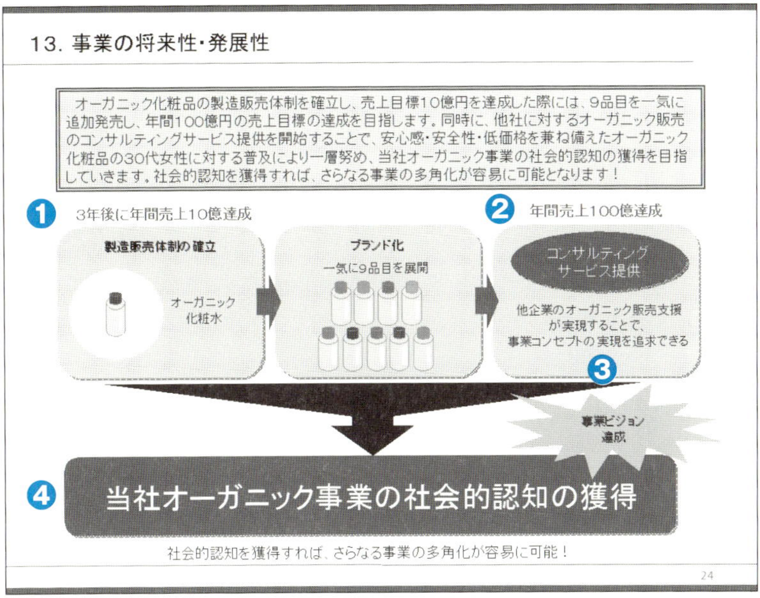
13. 事業の将来性・発展性
オーガニック化粧品の製造販売体制を確立し、売上目標10億円を達成した際には、9品目を一気に追加発売し、年間100億円の売上目標の達成を目指します。同時に、他社に対するオーガニック販売のコンサルティングサービス提供を開始することで、安心感・安全性・低価格を兼ね備えたオーガニック化粧品の30代女性に対する普及により一層努め、当社オーガニック事業の社会的認知の獲得を目指していきます。社会的認知を獲得すれば、さらなる事業の多角化が容易に可能となります！
1 3年後に年間売上10億達成
製造販売体制の確立
オーガニック化粧水
ブランド化
一気に9品目を展開
2 年間売上100億達成
コンサルティングサービス提供
他企業のオーガニック販売支援が実現することで、事業コンセプトの実現を追求できる
3
事業ビジョン達成
4
当社オーガニック事業の社会的認知の獲得
社会的認知を獲得すれば、さらなる事業の多角化が容易に可能！
24

● 事例のテクニック解説 ●

❶ 「IT 戦略」の説明ページに記載している「製造販売体制の確立」達成と同時に、３年後の売上目標 10 億円を達成することを説明しています。

❷ ３年後の売上目標達成ののち、「品目」ページで説明した９品目の展開を実施し、将来的には売上 100 億円を目指すことをアピールしています。

❸ 100 億円の売上達成のために、事業戦略の１つ「コンサルティングサービス提供」も展開している計画であることをアピールしています。

❹ 売上 100 億円を達成すると、市場規模 1,000 億円の 10%を占めるため「社会的認知の獲得」という事業ビジョンのゴールに到達します。ここでビジネスプランのストーリーが着地します。

● 前頁との関連キーワード（ストーリーのつながり）

オーガニック化粧品の製造販売体制を確立

「事業展開スケジュール」作成のテクニック

ビジネスプランは、事業展開スケジュールをつくらないかぎり「実行できるのか」について帯びることはありません。実はこれが、売上・原価・経費の発生タイミングを決定するための重要なポイントになります。

Check!

- スケジュールでは、事業化に必要な準備項目を盛り込む
- 売上発生の時期を明確にする
- コスト発生の時期を明確にする

いつ売上が発生し、収益を得られるのか？

① **事業化の準備項目を時系列で配置**：新規事業の場合は、事業化するまでに商品・サービス開発、営業体制の準備、IT化など、さまざまな準備項目があります。これら事業化の準備が整わなければ、通常、売上が発生しない点を忘れてはいけません。事業化に時間が掛かる場合には、運転資金や商品・サービスの開発費用を負担し続けることになります。そのため「いつ売上が発生し、収益を得られるのか？」これが大きなポイントとなります。

② **コスト発生時期で資金繰りが変わる**：コスト発生時期は、「いつ・何をするのか？」によって決まります。万が一事業資金が不足すると、その時点で資金繰りがショートすることになります。つまり、計画段階でコスト項目の漏れがあると事業存続が危ぶまれることになります。ビジネスプランに基づいて、漏れなく事業展開スケジュールに盛り込んでください。

③ **事業推進フローチャート**：実際に事業化を進める段階で、必要となる事業推進フローチャートは別紙にして添付してください。ビジネスプランではおおよその時系列が確認できれば十分であり、事業推進フローチャートのダイジェスト版を描くイメージとなります。

ONE POINT

スケジュールの期間の設定

スケジュールは、基本的には３年程度を目安にしてください。３年間の事業運営で、投資回収できない事業にはメリットがないと判断されるケースが大半であり、数値シミュレーションも３年間で区切って投資回収の可能性が判断できるようにします。

 事業推進フローチャートのつくり方 → 128ページ

● 事業展開スケジュールの例

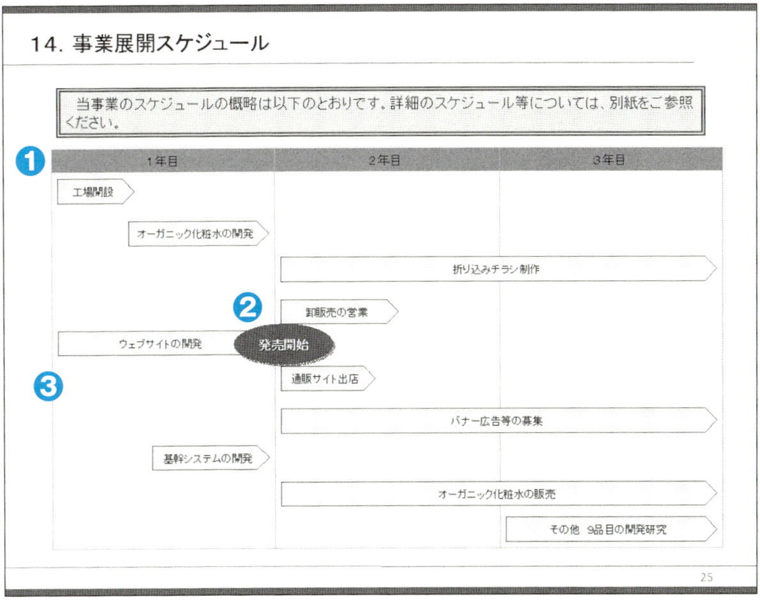

14. 事業展開スケジュール
当事業のスケジュールの概略は以下のとおりです。詳細のスケジュール等については、別紙をご参照ください。
1年目
2年目
3年目
工場開設
オーガニック化粧水の開発
折り込みチラシ制作
卸販売の営業
ウェブサイトの開発
発売開始
通販サイト出店
バナー広告等の募集
基幹システムの開発
オーガニック化粧水の販売
その他 9品目の開発研究
25

● 事例のテクニック解説 ●

❶ スケジュールの横軸は、3年の期間における業務項目について、大まかな時系列が確認できるようにします。

❷ 事業展開スケジュールの中で、オーガニック化粧水の発売開始のタイミングをアピールしています。このタイミングから売上が発生することが伝わります。

❸ 事業家の準備項目や、そのほか発生する業務などを矢印で時系列に並べている見せ方です。この矢印の起点から経費などコストが発生することが伝わります。

● 前頁との関連キーワード（ストーリーのつながり）

スケジュールは、ビジネスプランの戦略をまとめた資料ともいえます。前頁とのつながりを特に必要としません。

column

ビジネスプラン作成ノウハウは さまざまな仕事に役立つ

ビジネスプラン作成ノウハウを身につければ、それだけでも企業から重宝される存在になれることでしょう。ビジネスプラン作成ノウハウをしっかり身につけている人材は多くはいません。しかし、ビジネスプランが作成できるようになるとさまざまな仕事に意外な効果を発揮してくれます。営業用のパンフレットやホームページの原稿などは、その最たる例です。

パンフレットやホームページでは、閲覧してくれる人に対して事業の強みをしっかりアピールして、「注文する」「購入する」「問いあわせしてみる」といった意識決定を促さなければなりません。しかし、事業の強みをしっかりアピールするためには事業全体を的確に把握している必要がありますが、これが予想以上に難しいのです。自分が働いている会社の事業については、“何でも知っているようで、実は知らないことが多い”もので、いざアピール文を書こうとすると、ありきたりの宣伝文句しか思いつかなかったりします。このとき、SWOT 分析を行ってみると魅力的なアピール文をつくりやすくなります。

ホームページのサイト構成を考えるスキルも、ビジネスプランのストーリー展開を考えるスキルを活用すれば、ホームページを閲覧する人に「どのような順番でページを読んでもらうと、商品・サービスについて理解してもらいやすいのか？」を意識してきれいに構成できるようになります。

“事業の特徴”を的確に把握するノウハウを身につけるということは、仕事の幅を広げてくれるばかりか、経営者から見れば「経営者の“思い”を的確に説明できる」手放し難い人材に成長したといえます。自分自身のスキルアップのためにも、ビジネスプラン作成ノウハウを習得するメリットは大きいのです。

第5章 事業推進フローチャートのつくり方

01 事業推進フローチャートの基礎知識

事業推進フローチャートの役割

一般的に、「事業計画書＝事業推進フローチャート」をイメージする人は少ないと思います。しかし、事業推進フローチャートを作成しないで完成した事業計画書は、実行段階での調整が多いものです。まずは事業推進フローチャートの役割について理解してください。

Check!

- スケジュール設計が簡単にできる
- 業務の分担を明確にできるため人員計画の適切性を判断できる
- 数値シミュレーションがつくりやすくなる

「実行できるのか」を判断するキーポイント

① **フローチャートは行動計画を視覚的に描くツール：**フローチャートを作成する最大のメリットは、スケジュール設計が簡単にできる点にあります。ビジネスプランの各戦略は相互に関連しているので、すべてが重要な業務項目です。そのため、何から着手するべきか判断しづらいのですが、フローチャートを作成することで行動計画の優先順位を明確に示すことができます。設計書に対する作業工程表のイメージになります。またフローチャートがあれば、内外の協力者にビジネスプラン全体のスケジュール感を的確に共有してもらえるので、失敗しないためには不可欠です。

② **人員計画を決定するポイント：**フローチャート作成では、ビジネスプラン実行に必要となる業務項目を棚卸しして、担当者を割り当てることになります。その過程で、新規事業に必要となる人員数を把握することが可能なため、フローチャート作成が人員計画を決定するポイントになります。

③ **コストの発生タイミングが見える：**業務項目について「いつ」実行するのかを明確にするので、コストの発生タイミングが必然的に決まります。コストの発生タイミングは、フローチャートがなければ曖昧な時期に計上することになってしまうので、厳密な数値シミュレーション作成には必須条件です。

ONE POINT

フローチャートの形式は？

フローチャートの形式は特に決まっていません。「見やすい・修正しやすい・印刷しやすい」をポイントに使いやすくアレンジしてください。

事業推進フローチャートの例

オーガニック化粧品の製造販売事業 事業推進フローチャート			担当者		1年目																
					4月	5月	6月	7月	8月	9月	10月	11月	12月	1月	2月	3月	4月	5月	6月	7月	8月
全体																					
	出資者等へのプレゼン		社長	■■■■	●																
	資金調達		社長	■■■■	●																
	人材募集			A氏	●								●			●					
商品戦略																					
	品目	化粧水カテゴリの市場調査	商品開発部	××	●	●	●	★	○	○											
		その他 9品目のカテゴリ検討	商品開発部	A氏																	
	商標・ブランド	ブランドロゴデータ作成	商品開発部	○○						●	★										
		商標審査対応	商品開発部	◆◆																	
	デザインパッケージ	化粧水のデザインパッケージ制作	商品開発部	○○								●	●	★							
		9品目のデザインパッケージ制作	商品開発部	○○																	
		チラシ用商品画像の制作	商品開発部	○○											●	★					
	成分・仕様	品質テストの基準決定	商品開発部	A氏	●	●	★														
		そのほか 9品目の成分・仕様決定	商品開発部	A氏																	
	販売価格	競合商品の価格調査	商品開発部	××	●	★									○	○					
	生産管理・品質管理	工場の開発	生産管理部	▲▲	●	●	★	○													
		仕入経路の開拓	生産管理部	▲▲			●	★													
		梱包資材の決定	生産管理部	▲▲	●	★															
		流通経路の開拓	生産管理部	▲▲	●	★															
		試作品の開発	商品開発部	A氏					●	★		○	○								
		モニターテストの実施	商品開発部	A氏						●	●	●	●	★							
		完成品の開発	商品開発部	A氏										●	★						
		その他 9品目の研究開発	商品開発部	A氏																	
		生産開始（発売開始）	生産管理部	▲▲													★	●	●	●	●
		品質テスト	生産管理部	▲▲													●	●	●	●	●
	販売チャネル	卸先との契約締結	営業部	◎◎										●	★	○					
		通販サイトへの出店準備	営業部	◎◎											●	★					
		新たなチャネル開拓検討	営業部	◎◎																	
	顧客サービス	ウェブサイトに必要な機能の分析	営業部	◎◎											●	★					
		メルマガの発行ルール作成	営業部	◎◎											●	●	★				
		問いあわせ・クレーム対応マニュアル作成	商品開発部	□□											●	★					
営業戦略																					
	折り込みチラシ制作		営業部	◎◎												●	★				
	新聞折り込みのエリア計画策定		営業部	◎◎										●	●	★					
	折り込みチラシ実施		営業部	◎◎													●	●	●	●	●
	試供品の準備		営業部	◎◎											●	★					
IT戦略																					
	ウェブサイトの要件定義		システム部	▼▼	●	●	★									●					
	ウェブサイトの開発		システム部	▼▼				●	●	●	●	★	○			●					
	販売予告ページの作成		システム部	▼▼										●	★						
	基幹システムの開発		システム部	▼▼							●	●	●	●	●	★					
	ウェブサイトの更新		システム部	▼▼													●	●	●	●	●
	基幹システムの修正		システム部	▼▼																	
	バナー広告設置の準備		システム部	▼▼										●	★						

ビジネスプランや
数値シミュレーションと
整合させるため、フローチャートは
３年間で作成するようにしましょう。
月単位で作成すれば
毎月の収支計算ができるため、
数値シミュレーションもしやすく
なります。
事業推進フローチャートがあれば、
ビジネスプランで説明した戦略が
“いつ実行されるのか”が伝わるので、
現実味のある計画になります。

02 事業推進フローチャート作成手順

事業推進フローチャート作成前に知っておきたいこと

フローチャートは適切な手順で作成しないと、役割を発揮できるレベルに仕上がりません。事業推進フローチャートの作成手順を把握するとともにフローチャート作成時の注意点を理解してください。

Check!

- 可能なかぎり、各分野の経験者から意見を聞いて参考にする
- 業務項目の棚卸し ➡ 作業期間決定 ➡ 担当者決定の順番で作成する
- 下の③ビジネスプランの“スケジュール”と整合する

事業活動において発生する実務作業の理解が必要

① **事業推進フローチャート作成は実務スキルの集大成**：業務推進フローチャートは、実務作業をある程度知らないと簡単につくれるものではありません。その理由は、実作業を知らなければ各業務遂行に必要な“時間”の想像がつかないためです。勝手なイメージだけで作成すると、精度が低く、スケジュール調整を頻繁に行わなくてはいけなくなってしまいます。そのため、事業推進フローチャートを作成する際は、可能なかぎり各分野の経験者から意見を聞いて参考にしてください。

② **業務項目の棚卸しがポイント**：事業推進フローチャート作成の流れは、右頁にあるように業務の棚卸しを行い、各業務項目について作業期間を決定します。そして最後に担当者を割り振りますが、最初の棚卸しの精度が低いと“使える”フローチャートにはなりません。どのような事業内容であっても必ず業務項目の棚卸しから取り掛かるようにしてください。

③ **ビジネスプランとの整合性を確保**：事業推進フローチャート作成後、ビジネスプランとの整合性を確認・調整する作業を忘れないでください。事業推進フローチャートは詳細まで記載された作業工程表であり、そのダイジェスト版

ONE POINT

フローチャート作成は必須なのか？

事業計画書の一部として、フローチャート作成を求めているケースは少ないと思いますが、いざ実行するときには必ず事業推進フローチャートやスケジュール表の作成が求められます。事業展開をフローチャート化してみると、軌道修正が必要なケースが非常に多くあります。ですから、最初からフローチャートを作成するように心掛けて、適時、修正を行いながら作成していきます。

 事業展開スケジュール → 124ページ

● 事業推進フローチャートの作成の流れ

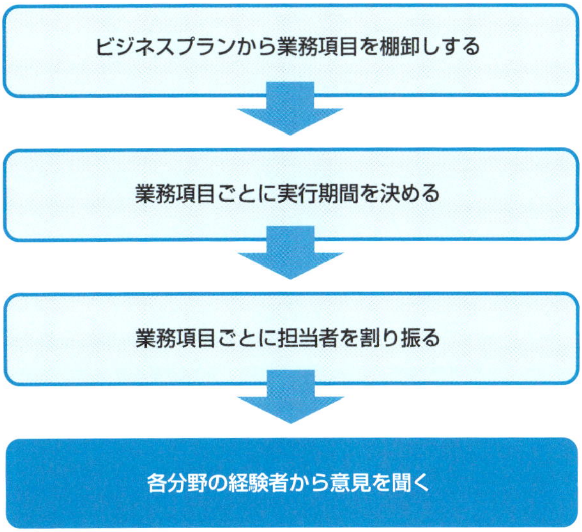
ビジネスプランから業務項目を棚卸しする
業務項目ごとに実行期間を決める
業務項目ごとに担当者を割り振る
各分野の経験者から意見を聞く

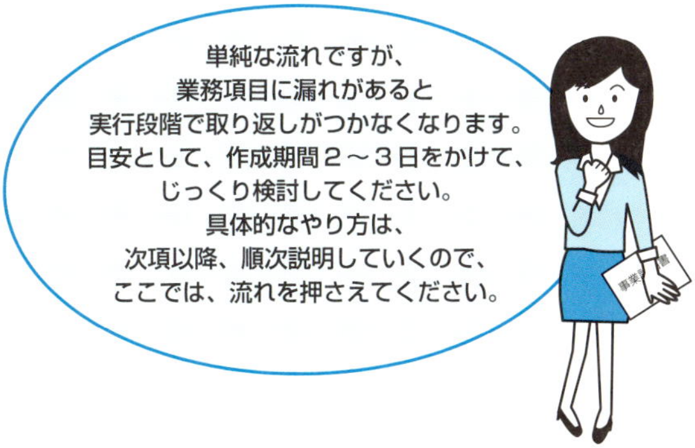
単純な流れですが、
業務項目に漏れがあると
実行段階で取り返しがつかなくなります。
目安として、作成期間２～３日をかけて、
じっくり検討してください。
具体的なやり方は、
次項以降、順次説明していくので、
ここでは、流れを押さえてください。

がビジネスプランの“事業展開スケジュール”に記載されるのです。この書類間の整合性が確保できていないと、事業計画書に“ウソ”の記載がなされているという評価になるので注意が必要です。

03 業務項目の棚卸し

ビジネスプランから業務項目の棚卸しをする

ビジネスプランでは、事業に必要な業務項目が読み取れます。その情報を読み取って業務項目を棚卸しする方法を理解してください。

Check!

- 商品戦略の８つの個別戦略を軸に棚卸しをする
- 営業戦略とIT戦略の準備事項を考える
- 新規事業全体に関わる業務項目を考える

ビジネスプランを基に業務の棚卸しをする方法

① **ビジネスプランの各戦略をフローチャートの縦軸にする：**事業推進フローチャートではビジネスプランとの関連性を明確にするために、ビジネスプランの商品戦略・営業戦略・IT戦略を大項目として縦軸に並べます。特に、商品戦略の８つの個別戦略が展開の中心になるため、商品戦略については個別戦略を中項目として細分化して並べます。最後に各戦略に対する業務項目を小項目として並べて縦軸を完成させます。このとき、ビジネスプランの文言と必ず一致させることが整合性を確保するポイントとなります。フローチャートの縦軸にビジネスプランの各戦略が並んでいることで関連性を明確に把握できるため、ビジネスプランを読んだ人には読みやすいフローチャートに仕上がります。

② **８つの個別戦略から読み取って棚卸しする：**商品戦略の８つの個別戦略が展開の中心になると前述しました。それは、初期の事業推進においては商品・サービスの開発から販売までの過程を中心に、ヒト・モノ・カネが動くからに他なりません。事業推進の大きな流れをつかむためにも、まずは８つの個別戦略ごとに業務項目を棚卸しするようにしてください。

ONE POINT

フローチャート作成時に気づいた業務項目

フロー作成時に、ビジネスプラン作成時に見過ごしていた業務項目に気づくことは多々あります。この場合は、ビジネスプランに追記して書類間の整合性を取るようにしてください。

要件定義

新しく開発するシステムについて、システム開発の目的、そのシステムに必要なプログラム機能、導入後のワークフロー、導入効果等を明確にすること。

業務項目を棚卸しする前の準備

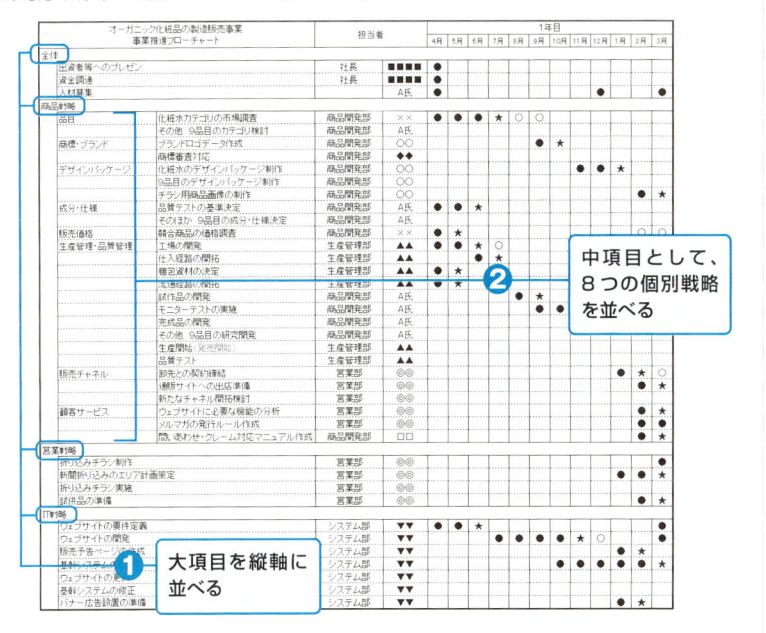

オーガニック化粧品の製造販売事業 事業推進フローチャート			担当者		1年目											
					4月	5月	6月	7月	8月	9月	10月	11月	12月	1月	2月	3月
全体																
	出資者等へのプレゼン		社長	■■■■	●											
	資金調達		社長	■■■■	●											
	人材募集			A氏	●								●			●
商品戦略																
	品目	化粧水カテゴリの市場調査	商品開発部	××	●	●	●	★	○	○						
		その他 9品目のカテゴリ検討	商品開発部	A氏												
	商標・ブランド	ブランドロゴデータ作成	商品開発部	○○						●	★					
		商標審査対応	商品開発部	◆◆												
	デザインパッケージ	化粧水のデザインパッケージ制作	商品開発部	○○								●	●	★		
		9品目のデザインパッケージ制作	商品開発部	○○												
		チラシ用商品画像の制作	商品開発部	○○											●	★
	成分・仕様	品質テストの基準決定	商品開発部	A氏	●	●	★									
		そのほか 9品目の成分・仕様決定	商品開発部	A氏												
	販売価格	競合商品の価格調査	商品開発部	××	●	★									○	○
	生産管理・品質管理	工場の開発	生産管理部	▲▲	●	●	★	○								
		仕入経路の開拓	生産管理部	▲▲			●	★								
		梱包資材の決定	生産管理部	▲▲	●	★										
		流通経路の開拓	生産管理部	▲▲	●	★										
		試作品の開発	商品開発部	A氏					●	★						
		モニターテストの実施	商品開発部	A氏						●	●					
		完成品の開発	商品開発部	A氏												
		その他 9品目の研究開発	商品開発部	A氏												
		生産開始（発売開始）	生産管理部	▲▲												
		品質テスト	生産管理部	▲▲												
	販売チャネル	卸先との契約締結	営業部	◎◎										●	★	○
		通販サイトへの出店準備	営業部	◎◎											●	★
		新たなチャネル開拓検討	営業部	◎◎												
	顧客サービス	ウェブサイトに必要な機能の分析	営業部	◎◎											●	★
		メルマガの発行ルール作成	営業部	◎◎											●	●
		問いあわせ・クレーム対応マニュアル作成	商品開発部	□□											●	★
営業戦略																
	折り込みチラシ制作		営業部	◎◎												●
	新聞折り込みのエリア計画策定		営業部	◎◎										●	●	★
	折り込みチラシ実施		営業部	◎◎												
	試供品の準備		営業部	◎◎											●	★
IT戦略																
	ウェブサイトの要件定義		システム部	▼▼	●	●	★									●
	ウェブサイトの開発		システム部	▼▼				●	●	●	●	★	○			●
	販売予告ページの作成		システム部	▼▼										●	★	
	基幹システム		システム部	▼▼							●	●	●	●	●	★
	ウェブサイトの更		システム部	▼▼												
	基幹システムの修正		システム部	▼▼												
	バナー広告設置の準備		システム部	▼▼										●	★	

❶ 大項目を縦軸に並べる

❷ 中項目として、8つの個別戦略を並べる

● 事例のテクニック解説 ●

❶ スケジュールの縦軸には、大項目として「全体」「商品戦略」「営業戦略」「IT 戦略」などを並べます。なお、「全体」にはプレゼン、資金調達、人材募集、ミーティング・会議などの日程などプロジェクトマネジメントに関係する“事業全体の動き”や予定を入れます。

❷ 商品戦略については、中項目として個別戦略をビジネスプランの順番通りに①から⑧まで並べます。

③ **営業戦略とIT 戦略には重要な業務項目が多い**：営業戦略を実施しなければ売上をつくることはできません。また、IT 戦略を実施しなければ事業に必要なシステムなどは仕上がりません。つまり、事業をスタートさせるには営業戦略とIT 戦略は不可欠な業務項目となります。そのため、商品戦略と同様に業務項目を読み取るようにしてください。

④ **事業全体の動きに必要な業務項目とは**：たとえば、商品開発会議・営業

（次頁に続く）

会議など部門間・部門内のコミュニケーションは、事業全体の動きとして「全体」という大項目を加えることになります。また、マーケティング調査や人材募集活動や資金調達などの財務活動も事業全体に関わる活動として考えます。これら項目のうち事業内容に該当するものをピックアップしてスケジュールの「全体」に追加してください。

⑤ **業務項目を棚卸しするコツ：**ビジネスプランの各ページを見ながら、発生する実務を業務項目として書き出していきます。このとき、実務経験のある分野でなければ的確に業務項目を書き出すことは大変難しい作業となります。そのため業務経験のある人にヒアリングしながら漏れなく書き出していくのがベストな方法です。しかし、業務経験のある人が身近にいない場合もあります。そのような場合は、最初にビジネスプランに記載している、またはビジネスプランから読み取れる成果物を書き出してみてください。それらの成果物は現時点では何もないゼロの状態なので、これから開発しなければならないはずです。つまり、成果物を開発するための実務作業を業務項目としてピックアップすることができるのです。

右頁のIT戦略を例に挙げた場合、ウェブサイト・会員管理システムなどの基幹システム、バナー広告などを書き出します。これらを開発するための準備作業として、ウェブサイトの要件定義およびウェブサイトの開発、基幹システムの開発、バナー広告設置の準備といった実務作業を業務項目として発見することができ、フローチャートのIT戦略の小項目として書き出していきます。そのほか、販売予告ページの作成やウェブサイトの更新、基幹システムの修正といった成果物に間接的に付随する実務作業についても、業務項目として思いつくかぎり書き出しておきます。特にウェブサイトの更新のように定期的に実施しなければならない業務項目は、必要な人員数を的確に把握するためにも、重要な情報となります。そのため、販売開始後に定期的に発生する業務項目についてもしっかり書き出してください。

ONE POINT

プロジェクトマネジメント

スケジュール管理、各担当部門とのコミュニケーション、お金の管理、問題発生時の対応など、事業計画を事業推進フローチャートどおりに実行するためのありとあらゆる管理業務を意味します。

● ビジネスプランから業務項目を拾うポイントの例

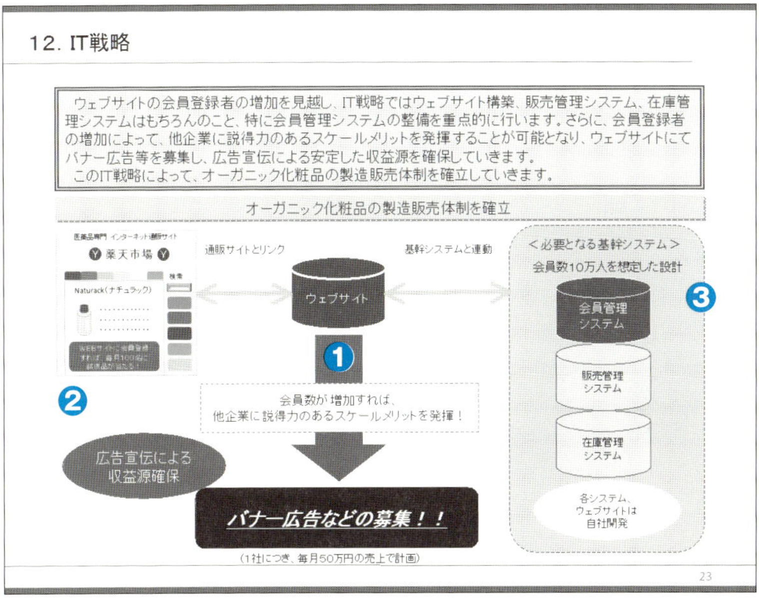
12. IT戦略
ウェブサイトの会員登録者の増加を見越し、IT戦略ではウェブサイト構築、販売管理システム、在庫管理システムはもちろんのこと、特に会員管理システムの整備を重点的に行います。さらに、会員登録者の増加によって、他企業に説得力のあるスケールメリットを発揮することが可能となり、ウェブサイトにてバナー広告等を募集し、広告宣伝による安定した収益源を確保していきます。
このIT戦略によって、オーガニック化粧品の製造販売体制を確立していきます。
オーガニック化粧品の製造販売体制を確立
医薬品専門 インターネット通販サイト
薬天市場
検索
Naturack（ナチュラック）
通販サイトとリンク
基幹システムと連動
ウェブサイト
1
会員数が増加すれば、
他企業に説得力のあるスケールメリットを発揮！
2
広告宣伝による
収益源確保
バナー広告などの募集！！
（1社につき、毎月50万円の売上で計画）
＜必要となる基幹システム＞
会員数10万人を想定した設計
3
会員管理
システム
販売管理
システム
在庫管理
システム
各システム、
ウェブサイトは
自社開発
23

IT戦略		
	ウェブサイトの要件定義	システム部
	ウェブサイトの開発	システム部
	販売予告ページの作成	システム部
	基幹システムの開発	システム部
	ウェブサイトの更新	システム部
	基幹システムの修正	システム部
	バナー広告設置の準備	システム部

ビジネスプランから発生する業務をイメージして業務項目として縦軸に書き出します。

● 事例のテクニック解説 ●

❶ ウェブサイトは、インターネット通販サイトや基幹システムの関連性が強いため、要件定義する必要性があります。

❷ インターネット通販サイトで商品販売するため、発売開始前に販売予告ページを作成して宣伝広告します。

❸ 製造販売体制を確立するための各基幹システムを開発します。

業務項目ごとの優先順位の決め方

スケジュールに基づいて、業務項目の優先順位を決定します。この優先順位は、作業期間を設定する際に十分な検討が要されるため、注意してください。

Check!

- 記号を使い分けて見やすくする
- 商品・サービスの販売開始時期を起点にして、スケジュールをつくる
- 業務項目ごとの優先順位に注意する

スケジュールは期日から逆算して考える

① **記号は３パターンあれば十分**：原則として、業務項目ごとに実行する月に記号を入れることで、スケジュールを視覚的に見せます。その記号の種類として、「●印：実行期間」「★印：期日」「○印：予備期間または運用期間」の3パターンが、単純でわかりやすいためお薦めです。

② **商品・サービスの販売開始時期を期日に設定する**：前述の期日をどのように設定するか迷うところですが、ほとんどの場合は商品・サービスの販売開始時期を起点に設定すると、スムーズにスケジュールが作成できます。つまり、最初に考えるべきは「いつ、販売開始するのか」であり、その期日を守るために各業務項目が「いつまでに完了すればよいのか」を検討していくのです。各業務項目の完了日が決まれば、必要な作業期間を逆算して設定します。

③ **優先順位に注意する**：業務項目の作業期間を設定する際に、業務項目間の優先順位には十分注意が必要です。
（例）「システム開発」という業務を実行するためには「システムの要件定義」が完了していなければならないにも関わらず、「システムの要件定義」の業務が完了する前に「システム開発」の業務をスタートすることはできません。

ONE POINT

フローチャート記号について

フロー作成時に使用する記号は自由に設定しても問題ありません。ただし、記号ルールが第三者に理解できるように注釈をつけるようにしてください。

● 作業期間策定の例

オーガニック化粧品の製造販売事業 事業推進フローチャート			担当者		1年目													
					4月	5月	6月	7月	8月	9月	10月	11月	12月	1月	2月	3月	4月	5月
全体																		
	出資者等へのプレゼン		社長	■■■■	●													
	資金調達		社長	■■■■	●													
	人材募集			A氏	●								●			●		
商品戦略																		
	品目	化粧水カテゴリの市場調査	商品開発部	××	●	●	●	★	○	○								
		その他 9品目のカテゴリ検討	商品開発部	A氏														
	商標・ブランド	ブランドロゴデータ作成	商品開発部	○○						●	★							
		商標審査対応	商品開発部	◆◆														
	デザインパッケージ	化粧水のデザインパッケージ制作	商品開発部	○○								●	●	★				
		9品目のデザインパッケージ制作	商品開発部	○○														
		チラシ用商品画像の制作	商品開発部	○○											●	★		
	成分・仕様	品質テストの基準決定	商品開発部	A氏	●	●	★											
		そのほか 9品目の成分・仕様決定	商品開発部	A氏														
	販売価格	競合商品の価格調査	商品開発部	××	●	★									○	○		
	生産管理・品質管理	工場の開発	生産管理部	▲▲	●	●	★	○										
		仕入経路の開拓	生産管理部	▲▲			●	★										
		梱包資材の決定	生産管理部	▲▲	●	★												
		流通経路の開拓	生産管理部	▲▲	●	★												
		試作品の開発	商品開発部	A氏					●	★		○	○					
		モニターテストの実施	商品開発部	A氏						●	●	●	●	★				
		完成品の開発	商品開発部	A氏										●	★			
		その他 9品目の研究開発	商品開発部	A氏														
		生産開始（発売開始）	生産管理部	▲▲													★	●
		品質テスト	生産管理部	▲▲													●	●
	販売チャネル	卸先との契約締結	営業部	◎◎										●	★	○		
		通販サイトへの出店準備	営業部	◎◎											●	★		
		新たなチャネル開拓検討	営業部	◎◎														
	顧客サービス	ウェブサイトに必要な機能の分析	営業部	◎◎											●	★		
		メルマガの発行ルール作成	営業部	◎◎											●	●	★	
		問いあわせ・クレーム対応マニュアル作成	商品開発部	□□											●	★		

● 事例のテクニック解説 ●

❶ オーガニック化粧水の発売開始時期は、配色を変えた「★印」でわかりやすくしています。この「★印」を実現するための業務項目をスケジューリングしていきます。

❷ 発売時期が決まると、商品開発に必要な業務項目のスケジュールを逆算していきます。

❸ 商品開発のスケジュールが決まれば、商品を生産するために必要な工場の開発に必要な期間をスケジューリングします。

発売時期から逆算してスケジュールを
つくった場合、どう考えても
事業化までの準備期間が足りない場合があります。
そういうときは、発売時期を見直す、作業人員を増やす、
外部業者を使うなどの調整をしなければなりません。

05 業務項目に対する人員数

業務項目ごとに担当者を割り振る

事業推進フローチャートの適切性は、担当者を割り振るまでわかりません。まずは、担当者ごとの作業負担を考えながら必要な人員数などを導き出していきます。

Check!

- 今いる人材だけでは、処理できない業務を把握
- 業務項目ごとに担当部門と架空の人物を割り振る
- 月単位で見て、業務ボリュームを調整する

担当者を割り振るポイント

① **今いる人材では処理できない業務を把握**：新規事業に参加することが決まっている人材、外注先などは具体的な氏名・企業名を担当者欄に入れて担当業務を決定します。ポイントとしては、毎月の業務ボリュームを確認して負担が大きすぎないことを確認していきます。どう考えても処理できない業務については人を雇う必要があるので、仮に空白にしておきます。

② **空白にした業務項目に架空の人物を割り振る**：今いる人材が処理できない空白の業務項目については、架空の人物を割り振っていきます。架空の人物とは、たとえば「a、b……」や「■■■■」など適当な名称で構いません。単純に業務項目ごとに必要な人数を入れても構いませんが、これでは人員数をカウントしたときに延べ人数になってしまい、本当に必要な“人員数”を把握することができなくなります。また、架空の人物を割り振るのと同時に部門名を入れていきます。この段階で部門名が決まっていなくとも仮で設定しておき、組織体制を考える際に調整すると比較的簡単に組織図が作成できます。

③ **担当者ごとに業務ボリュームを確認**：割り振った担当者

ONE POINT

1人で起業する事業の場合

これから新規事業で起業する場合は、従業員がゼロであることが大半だと思います。業務提携するパートナーもいない場合は、自分自身がスケジュールを把握できればよいので、事業推進フローチャートの担当者欄はいなくてもよいでしょう。

担当者の割り振りの例

オーガニック化粧品の製造販売事業 事業推進フローチャート			担当者		1年目											
					4月	5月	6月	7月	8月	9月	10月	11月	12月	1月	2月	3月
全体																
	出資者等へのプレゼン		社長	■■■■	●											
	資金調達		社長	■■■■	●											
	人材募集			A氏	●								●			●
商品戦略																
	品目	化粧水カテゴリの市場調査 ❶	商品開発部	××	●	●	●	★	○	○						
		その他 9品目のカテゴリ検討	商品開発部	A氏												
	商標・ブランド	ブランドロゴデータ作成 ❷	商品開発部	○○						●	★					
		商標審査対応	商品開発部	◆◆												

❸

● 事例のテクニック解説 ●

❶ 今いる人材から、担当できる業務項目を埋めていきます。1人の担当者に業務を集中しがちですが、物理的に処理できるボリュームを考えて担当範囲を決めます。

❷ 今いる人材が担当できない業務項目について、架空の人物を割り振ります。

❸ 部門名称が決まっていなくても、仮で設定しておきます。組織体制を考える際に部門名称等は調整します。

外部業者を使う場合の例

オーガニック化粧品の製造販売事業 事業推進フローチャート			担当者		1年目											
					4月	5月	6月	7月	8月	9月	10月	11月	12月	1月	2月	3月
全体																
	出資者等へのプレゼン		社長	■■■■	●											
	資金調達		社長	■■■■	●											
	人材募集			A氏	●								●			●
商品戦略																
	品目	化粧水カテゴリの市場調査	外注	○○○	●	●	●	★	○	○						
		その他 9品目のカテゴリ検討	商品開発部	A氏												
	商標・ブランド	ブランドロゴデータ作成	商品開発部	○○						●	★					
		商標審査対応	商品開発部	◆◆												

事業推進フローチャートに
担当部門と担当者を割り振ることで、
新規事業を計画レベルから業務レベルに
落とし込みができます。

ごとに月単位で業務ボリュームが適切か否かを確認して、必要な人員数を調整していきます。事業推進フローチャートをエクセルで作成しておき、フィルタで寄せ集めれば業務ボリュームが多すぎるか否か確認しやすくなります。

column

現場ではビジネスプラン以上に役立つ事業推進フローチャート

本書で紹介しているフローチャートは、厳密にはガント・チャートと呼ばれる形式をアレンジして作成しています。ガント・チャートとは、アメリカ人のヘンリー・ガント氏が開発したもので、生産工程を管理するために利用されるスケジュール表といってもよいでしょう。

一般的にフローチャートといえば、複数の記号図を組みあわせて配置することでステップごとの手続きの流れを表現しているものを想像する方も多いと思いますが、今回は業務項目の優先順位を比較的簡単に決定できる点や進捗管理のしやすさといったメリットがあるため、ガント・チャート形式をベースにしています。

しかし、事業計画書といわれてもフローチャートやスケジュール表はなかなかイメージされないものです。ところが実際に新規事業がスタートすると、ビジネスプランや数値シミュレーションを読む機会は、事業推進フローチャートを読む頻度に比べるとずっと少ないかもしれません。

それは、ビジネスプランや数値シミュレーションは事業内容や方向性を確認するために最初に読まれるものですが、実際に新規事業がスタートすると、新規事業プロジェクトに関与するスタッフにとっては、自分に与えられた役割を果たすこととスケジュールが重要となるからです。逆を言えば、**実務を担当するスタッフは事業推進フローチャートがなければ、「いつまでに・何を・実行すればよいのか」がまったく判断できない**のです。

新規事業のプロジェクトマネジメントをうまくできるか否かは、この事業推進フローチャートの精度にかかっているといっても過言ではありません。

第6章
損益計算書作成のテクニック

01 事業収支シミュレーション・損益計算書

事業収支シミュレーション作成の流れ

事業計画書を読む第三者にとって、一番注目度が高い事業収支シミュレーション（損益計算書）は、ビジネスプランや事業推進フローチャートで仮定した条件に基づいて試算していきます。まずは作成の流れを把握してください。

Check!

- 損益計算書の基礎数値からつくり出す
- 数値情報の根拠を説明しなければならない

事業収支シミュレーションをつくる前に知っておきたいこと

① **損益計算書の基礎数値とは：**新規事業計画書において、損益計算書は「将来性のあるビジネスか」「儲かるのか」がひと目で判断できるため、第三者が最も関心を持つ資料です。しかし、この損益計算書に“現実味”がないと「実行できない事業計画書」だと評価されてしまいます。現実味を生み出すポイントは、売上計画・生産計画・人員計画の基礎数値をしっかりつくることです。基礎数値とは金額ではなく、たとえば月単位の販売数量や広告宣伝の時期と回数、販売数量に応じた生産数量、そして必要な人員数などといった、金額に落とし込む前の数値情報を意味しています。事業収支シミュレーションの調整作業を簡単にするため、少々面倒でも基礎数値をつくるようにしてください。

② **数値情報は必ず第三者から質問される：**損益計算書など数値情報については、必ず第三者から質問されるものと心得てください。損益計算書に記載されている金額について、第三者から根拠を聞かれたときに、根拠を説明できなければ「適当な損益計算書だな」という印象を与えてしまい、マイナス点になります。そのため、すべての数値について

ONE POINT

経理知識はさほど問題ではない

はじめて新規事業の損益計算書を作成する人の中には、経理知識に不安のある人もいるかもしれません。しかし、新規事業の損益計算書では、売上と利益を確認できることが最も重要であり、収入（売上）と支出（原価・経費）の項目が漏れなく反映された計算書であれば大きな問題にはなりません。科目などの間違いは後からでも訂正できると考えて、臆することなく作成してみてください。

● 事業収支シミュレーション（損益計算書）の作成の流れ

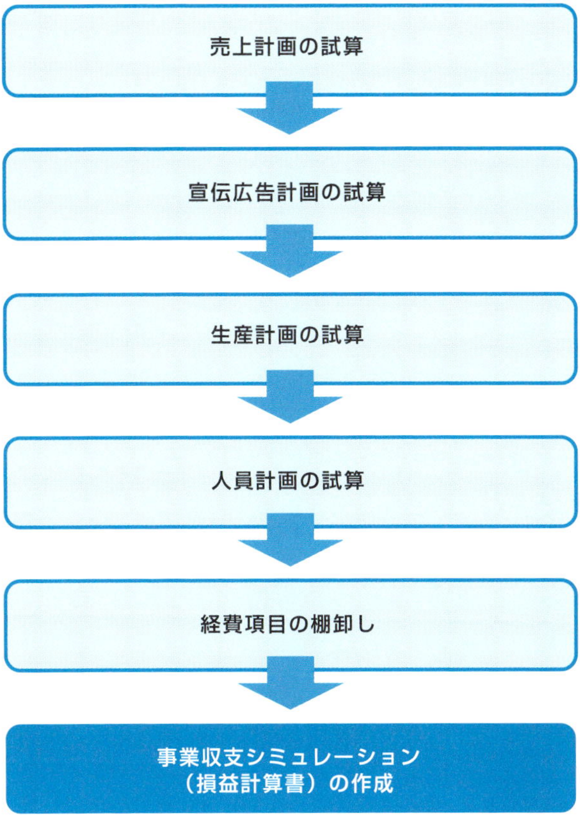
売上計画の試算
宣伝広告計画の試算
生産計画の試算
人員計画の試算
経費項目の棚卸し
事業収支シミュレーション
（損益計算書）の作成

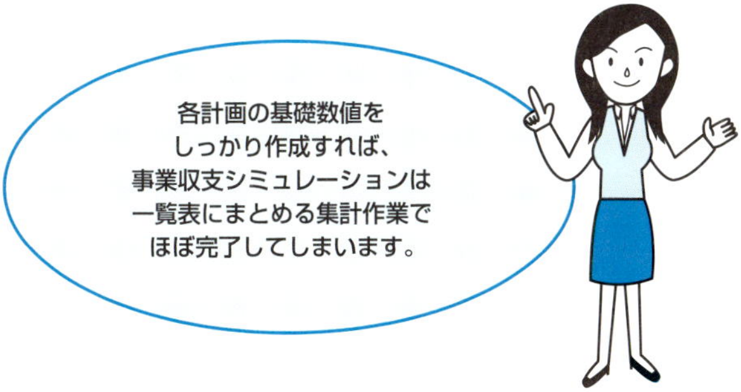
各計画の基礎数値を
しっかり作成すれば、
事業収支シミュレーションは
一覧表にまとめる集計作業で
ほぼ完了してしまいます。

根拠もしくは仮説を説明できるように作成しなければなりません。

売上計画の試算テクニック

売上計画には、実に多くの試算方法があります。誰でも簡単に、実現可能性の高い売上計画を試算するテクニックをご紹介します。

Check!

- 「売上金額 ＝ 販売価格 × 販売数量」であることを理解する
- 目標の売上金額から販売数量を逆算すると一番簡単
- 「獲得率 ＝ 販売数量 ÷ 広告宣伝の件数」で実現可能性を判断する

売上計画の「実行できるのか」を獲得率で判断

① **売上金額 ＝ 販売価格 × 販売数量：**売上計画を試算する際、「売上金額 ＝ 販売価格 × 販売数量」という考え方を忘れてはいけません。考えてみればあたりまえのことですが、１度試算した売上計画に調整が必要になった場合、“ドコを調整するべきか”の判断を間違う可能性があります。結論としては、販売価格か販売数量のいずれかを調整するしかないのですが、そのポイントに気づかず的外れな検討をしてしまいがちです。

(1) **売上金額を大きくしたい場合：**販売価格または販売数量の金額を上げる

(2) **売上金額を小さくしたい場合：**販売価格または販売数量の金額を下げる

② **まずは売上金額の目標を決める：**売上計画を試算する方法は数多くありますが、まずは売上金額の目標を決めてください。１年目5,000万円、２年目１億円、３年目３億円など年間の売上金額を設定し、その売上金額を１年目４月は300万円、１年目５月は350万円……と12カ月に振り分けていきます。この目標数値は、「事業規模をどの程度にしたいのか？」という思いを数値化しているため、ビジネスプランに目標の売上金額を記載している場合は一致させておきます。

③ **販売数量から獲得率を導き出して判断：**目標の売上金額

ONE POINT

季節による販売数量の変動

業界ごとに繁盛期と閑散期があります。繁盛期には売上が大きくなり、閑散期は小さくなります。この業界の動きを踏まえて、売上計画をつくるようにしてください。

 営業戦略 → 116ページ

売上計画シミュレーションの例

❶ 1年目（第1期）、2年目（第2期）、3年目（第3期）の年間の売上目標を金額で設定しています。販売チャネルには卸販売とインターネット通販の2つがあり、ビジネスプランで決めた売上割合の係数30%と70%を掛けて、各販売チャネルの売上金額を試算しています。

売上計画シミュレーション		第1期末	第2期末	第3期末	
①オーガニック化粧水	係数				
1. 卸販売	30%	0	135,000,000	288,000,000	←960,000,000×30%
2･インターネット通販	70%	0	315,000,000	672,000,000	←960,000,000×70%
		0	450,000,000	960,000,000	←年間の売上目標金額

● ビジネスプランの販売チャネル

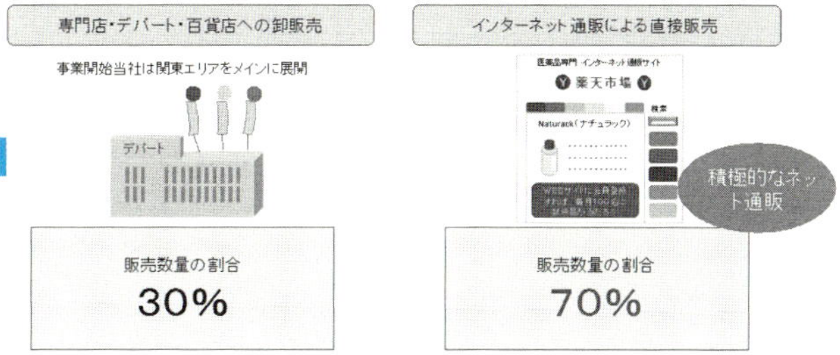
専門店・デパート・百貨店への卸販売
事業開始当社は関東エリアをメインに展開
デパート
販売数量の割合
30%
インターネット通販による直接販売
Naturack（ナチュラック）
積極的なネット通販
販売数量の割合
70%

❷ サンプルのビジネスプランには、2種類の商品・サービスが登場します。この2種類の売上金額を足した結果を、ビジネスプランで掲げている売上目標金額と一致させておきます。
（例）次頁のオーガニック化粧水とバナー広告などの3年後の売上金額を足すと、ビジネスプランに掲げた年間売上10億円に近づきます。

が決まれば、その金額を販売価格で割算することで、毎月の販売数量を試算できます。この販売数量を達成できることがポイントとなるので、販売数量を広告宣伝する件数で割算して100を掛けて顧客の獲得率を導き出してください。なお、獲得率の数値が低いほど、売上計画の実現可能性が高い印象になります。そのため、事業開始当初は5％未満の確率に設定しておくことが無難です。

（次頁に続く）

● 売上計画シミュレーションの例（続き）

売上計画シミュレーション		第1期末	第2期末	第3期末
①オーガニック化粧水	係数			
1．卸販売	30%	0	135,000,000	288,000,000
2･インターネット通販	70%	0	315,000,000	672,000,000
		0	450,000,000	960,000,000
②バナー広告等	係数			
バナー広告等	500,000	0	9,000,000	40,000,000
		0	9,000,000	40,000,000

● ビジネスプランの販売チャネル

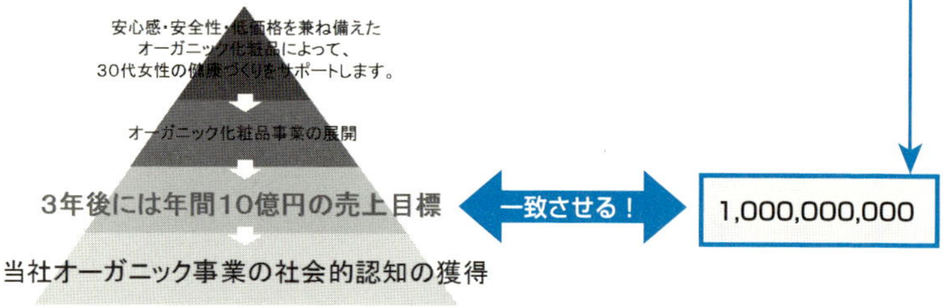
安心感･安全性･低価格を兼ね備えた
オーガニック化粧品によって、
30代女性の健康づくりをサポートします。
オーガニック化粧品事業の展開
3年後には年間10億円の売上目標
当社オーガニック事業の社会的認知の獲得
一致させる！
1,000,000,000

❸ 新規事業の最初の１年間は、小さな売上から徐々に右肩上がりで業績が向上する計画になっているので赤字になっていることが大半です。そのため資金繰りをより厳密に試算できるように、設定した年間の売上金額を12カ月に振り分けていきます。振り分けした後、12カ月の売上合計金額と最初に設定した年間の売上金額が一致することを必ず確認してください。このとき、❶と同様に販売チャネルごとの売上金額を試算しておきます。

売上計画シミュレーション		2年目						第2期末
①オーガニック化粧水	係数	4月	5月	6月	7月	8月	……	
1．卸販売	30%	3,000,000	4,500,000	6,000,000			……	135,000,000
2･インターネット通販	70%	7,000,000	10,500,000	14,000,000			……	315,000,000
		10,000,000	15,000,000	20,000,000	25,000,000		……	450,000,000

12カ月の売上合計金額 ＝ 年間の売上目標金額

❹ 月別の売上金額を各販売チャネルの販売価格で割算して、販売数量を試算します。販売チャネルごとに販売数量を試算した後、販売数量の合計値を出しておきます。この合計値が獲得率を導き出す基準になります。

売上計画シミュレーション		2年目						第2期末
①オーガニック化粧水	係数	4月	5月	6月	7月	8月	……	
1．卸販売	30%	3,000,000	4,500,000	6,000,000			……	135,000,000
2･インターネット通販	70%	7,000,000	10,500,000	14,000,000			……	315,000,000
		10,000,000	15,000,000	20,000,000	25,000,000		……	450,000,000

2,000個 = 3,000,000円（売上）÷1,500（価格）

販売数シミュレーション		2年目						第2期末
①オーガニック化粧水	価格	4月	5月	6月	7月	8月	……	
1．卸販売	1,500	2,000	3,000	4,000			……	90,000
2･インターネット通販	2,500	2,800	4,200	5,600			……	126,000
		4,800	7,200	9,600	12,000		……	216,000

2つの販売チャネルの販売数量の合計値

● ビジネスプランの販売価格

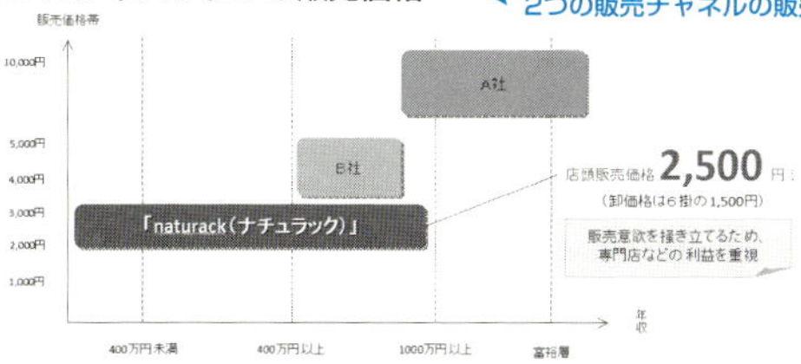

❺ 販売数量の合計値を宣伝広告する件数で割算し、100を掛けて獲得率を導き出します。導き出した獲得率は、ビジネスプランに記載しておくことで売上計画の根拠を説明しやすくなります。

獲得率 ＝ 販売数量の合計値 ÷ 宣伝広告する件数 × 100

販売数シミュレーション		2年目						第2期末
①オーガニック化粧水	価格	4月	5月	6月	7月	8月	……	
1．卸販売	1,500	2,000	3,000	4,000			……	90,000
2･インターネット通販	2,500	2,800	4,200	5,600			……	126,000
		4,800	7,200	9,600	12,000		……	216,000
宣伝広告する件数		150,000	150,000	150,000	150,000	150,000	150,000	－
獲得率		3.2%	4.8%	6.4%				－

32% ＝ 4,800個 ÷150,000件 ×100

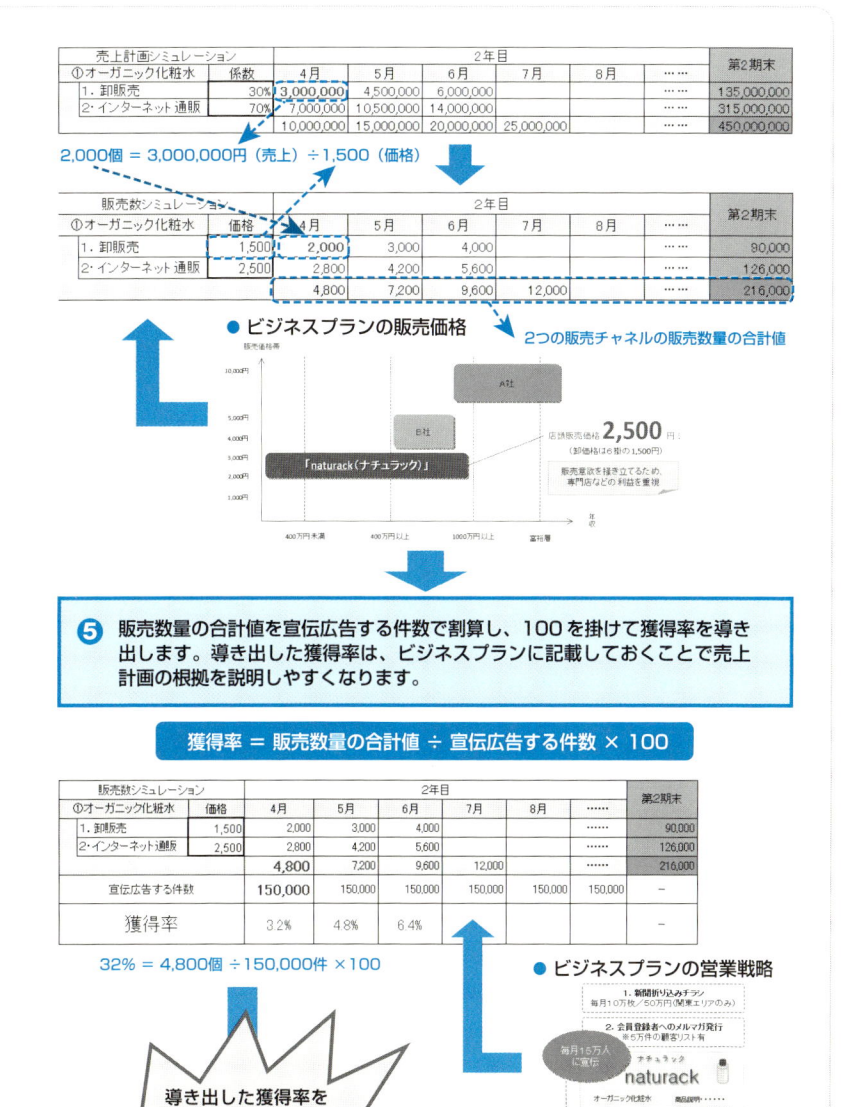

導き出した獲得率をビジネスプランに記載しておくと、ストーリーの整合性が生まれます

● ビジネスプランの営業戦略

03 広告宣伝計画の試算

広告宣伝計画の試算テクニック

売上をつくるための広告宣伝活動には、少なからずコストが発生するものです。ビジネスプランの営業戦略と事業展開スケジュールに基づいて広告宣伝計画をシミュレーションします。

Check!

- 「何を・いくらで・実施するのか」を情報整理する
- 計画している顧客数を獲得できる宣伝効果があるのか
- 事業展開スケジュールとの整合性に注意する

売上をつくるための集客に使ったお金を計算する

① **広告宣伝のコスト予測をする：**ビジネスプランの営業戦略と事業展開スケジュールで、実施する広告宣伝の予定が決まっていると思います。このシミュレーションでは「いくらで」で実施するのか確認し、広告宣伝費を算出するための基礎情報を整理します。コストの算出方法は、複数の業者に見積依頼をして金額を設定してください。

② **広告宣伝費の試算方法：**最初に、ビジネスプランに記載している広告宣伝について「いつから」実施するのか、確認してください。右頁の事例を見ると、事業展開スケジュールでは、折り込みチラシ制作、通販サイト出店など、2年目から開始することになっています。また営業戦略ページには、折り込みチラシと通販サイト出店については毎月費用が発生することが書かれています。つまり、2年目の4月から折り込みチラシと通販サイト出店の費用を毎月計上しなければならないことがわかります。また、試供品無料配布は、チラシとサイトの宣伝に伴うキャンペーンのため、同じく2年目の4月からの計上となります。なお事例では、折り込みチラシの費用が毎月10万枚で50万円、通販サイトへの出店費用は毎月10万円と設定していますが、業者から取得した見積書を根拠に記載していると考えてください（見積書は資料として添付します）。

ONE POINT

広告宣伝の効果（獲得率）を具体的に知るには？

大小にかかわらず、広告代理店や実際に広告を打ったことがある人に聞くのが最も手っ取り早い方法です。効果についての信憑性が必要なので、いろいろな人に効果を聞いてみましょう。

 営業戦略 → 116ページ　事業展開スケジュール → 124ページ

広告宣伝計画シミュレーションの例

ビジネスプランの営業戦略

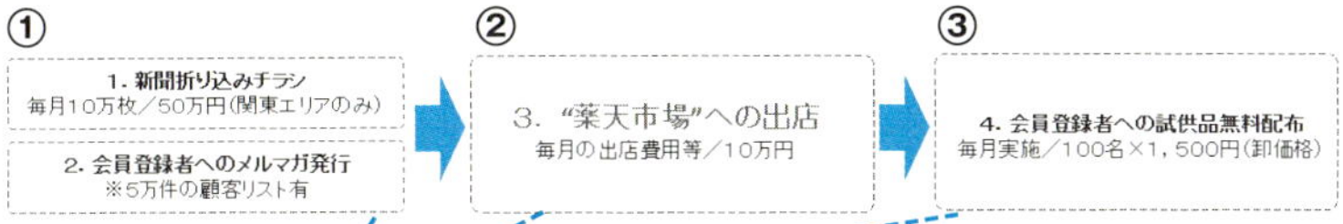
①
1. 新聞折り込みチラシ
毎月10万枚／50万円(関東エリアのみ)
2. 会員登録者へのメルマガ発行
※5万件の顧客リスト有
②
3. “薬天市場”への出店
毎月の出店費用等／10万円
③
4. 会員登録者への試供品無料配布
毎月実施／100名×1，500円(卸価格)

宣伝広告計画シミュレーション		第1期末	2年目					第2期末
①オーガニック化粧水	係数		4月	5月	6月	7月	……	
①「新聞折り込みチラシ」費用	500,000	0	500,000	500,000	500,000		……	6,000,000
②「“薬天市場”への出店」費用	100,000	0	100,000	100,000	100,000		……	1,200,000
③「会員登録者に対する試供品の配布」費用	150,000	0	150,000	150,000	150,000		……	1,800,000
		0	750,000	[illegible]	750,000		……	9,000,000

宣伝広告の実施時期は、事業展開スケジュールと一致するように注意します。

ビジネスプランの事業展開スケジュール

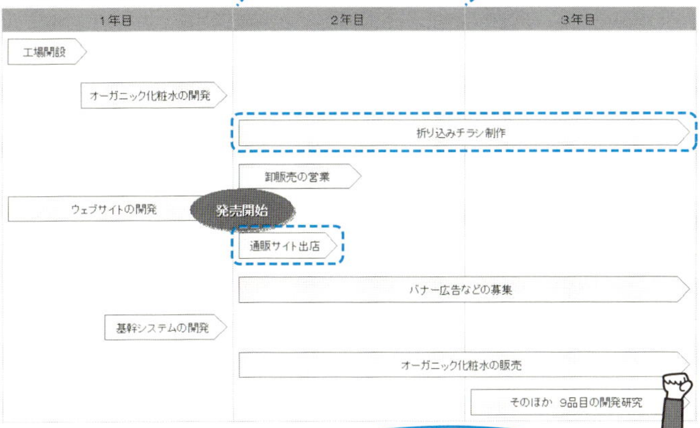
1年目
2年目
3年目
工場開設
オーガニック化粧水の開発
折り込みチラシ制作
卸販売の営業
ウェブサイトの開発
発売開始
通販サイト出店
バナー広告などの募集
基幹システムの開発
オーガニック化粧水の販売
そのほか 9品目の開発研究

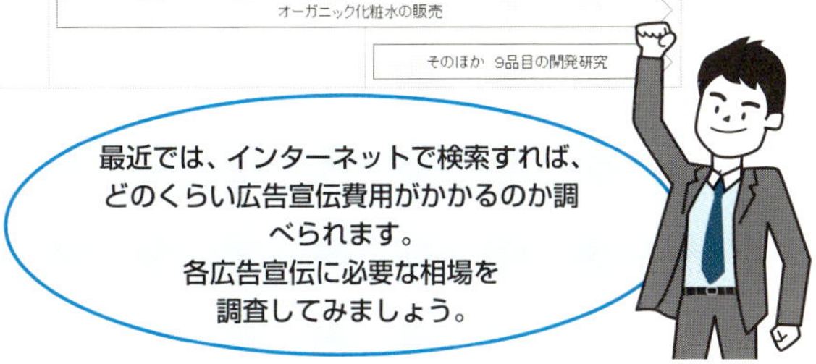
最近では、インターネットで検索すれば、どのくらい広告宣伝費用がかかるのか調べられます。
各広告宣伝に必要な相場を調査してみましょう。

③ **事業展開スケジュールとの整合に注意する：**広告宣伝活動は、事業展開スケジュールにも組み込まれるポイントになります。そのため、広告宣伝計画シミュレーションの際に実施時期などを調整した場合は、事業展開スケジュールにも調整作業が必要となります。

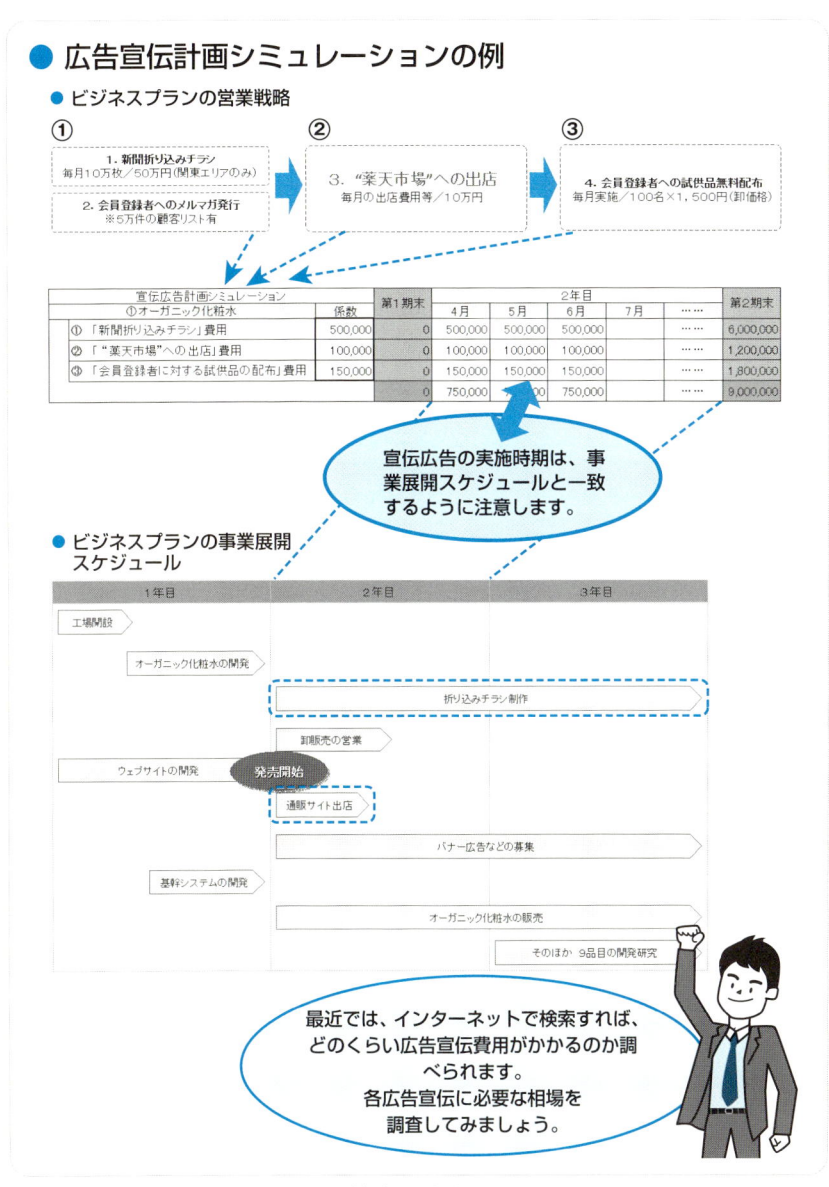

04 生産計画の試算

生産計画の試算テクニック

有形の商品を販売する場合には、商品の生産活動が必要となります。また、生産計画シミュレーションを間違うと販売機会をロスする危険もあります。そのため生産計画のポイントを理解しておきましょう。

Check!

- 在庫過多に注意して生産数量（ロット）と時期を設定する
- 期末時点の在庫数量には十分注意する
- 生産活動には不良品が発生することを忘れない

生産計画シミュレーションのポイント

① **販売ロスをさせない生産計画の設定**：売上計画どおりに営業活動が進むとすれば、品切れは販売ロスにつながり、売上計画が実現できなくなります。計画段階から品切れをさせないように生産数量と時期を設定してください。ただし品切れ防止のためでも、在庫過多は生産コストが膨れ上がるため資金繰りを苦しくします。つまり、同時に在庫数量を最小限に抑えることを心掛けてシミュレーションしなければなりません。

② **期末時点の在庫過多は決算書の印象が悪くなる**：在庫数量は最小限に抑えるように調整しなければなりませんが、特に期末時点の在庫数量には注意してください。期末時点の在庫金額が大きいと、決算書（特に貸借対照表）の印象が悪くなります。そのため、品切れ防止・利益率・在庫金額・資金繰りのバランスを考えて生産計画をシミュレーションしてください。

③ **不良品の発生率について**：商品の生産活動において、不良品は必ず発生するものだと考えてください。不良品が発生すると、販売できる商品在庫数が減ってしまうので、生産計画の中で不良品の発生を組み込んでおきます。

③-2 **発生率の求め方**：不良品発生率の計算方法は「不良品発生率＝不良品の数量÷生産数量×100％」となりますが、

ONE POINT

不良品の発生率を決めない場合

不良品の発生率がまったく想定できない、もしくは不良品の発生率の計算が複雑になりそうな場合は、単純に生産数が不良品数を差し引き後の数値であることを注釈しておきます。

 生産管理 → 110ページ

生産計画シミュレーションの例

販売数シミュレーション		2年目						第2期末
①オーガニック化粧水	価格	4月	5月	6月	7月	8月	……	
1. 卸販売	1,500	2,000	3,000	4,000			……	90,000
2・インターネット通販	2,500	2,800	4,200	5,600			……	126,000
		4,800	7,200	9,600	12,000		……	216,000

❶ 売上計画で試算した販売数量の合計値

生産計画シミュレーション	2年目						第2期末
	4月	5月	6月	7月	8月	……	
① 販売数	4,800	7,200	9,600	12,000	14,400	……	216,000
② 生産数	10,000	10,000	10,000	10,000		……	220,000
③ 不良品（② × 不良品発生率 1%）	100	100	100	100		……	2,200
④ 試供品（宣伝広告として毎月100個使用）	100	100	100	100		……	1,200
⑤ 在庫数（前月の在庫数 ＋ ②）－（①＋③＋④） ❹	5,000	7,600	7,800	5,600		……	600

● ビジネスプランの生産管理 ❷

❸

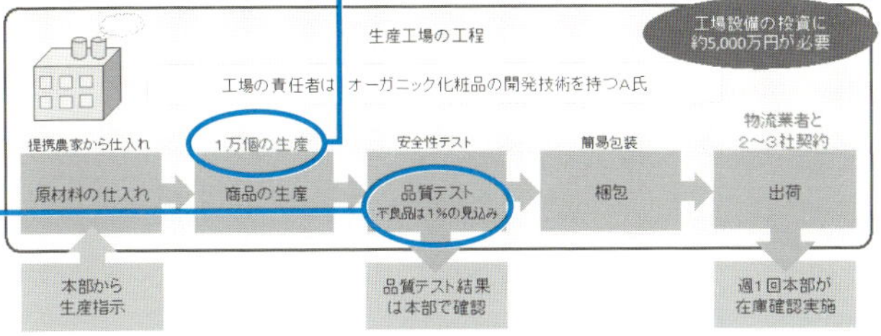
生産工場の工程
工場設備の投資に
約5,000万円が必要
工場の責任者はオーガニック化粧品の開発技術を持つA氏
提携農家から仕入れ
1万個の生産
安全性テスト
簡易包装
物流業者と
2～3社契約
原材料の仕入れ
商品の生産
品質テスト
不良品は1%の見込み
梱包
出荷
本部から
生産指示
品質テスト結果
は本部で確認
週1回本部が
在庫確認実施

❶ 毎月の販売数量を時系列で並べます。この販売数量に対して、販売機会のロスが発生しないように、生産数をシミュレーションしていきます。

❷ 生産数量をビジネスプランにも記載しているとおり、1万個単位にしています。

❸ ビジネスプランから不良品発生率が1%である前提を確認し、計算表に加えています。不良品の発生数は、「生産数×不良品発生率」で試算しています。

❹ 毎月の在庫数を「(前月の在庫数 ＋ 当月の生産数) － (当月の販売数 ＋ 当月の不良品の発生数 ＋ 宣伝広告のための試供品数)」で計算していきます。
毎月の在庫数が、マイナスになると販売ロスしていることになるので、必要に応じて生産数を調整していきます。

工場が未完成ではこの計算方法は適用できません。その場合は、目標として発生率を○%と仮設定しておき、工場完成後の稼働テストの結果から見直します。仮設定の数字が現実と大きく乖離しないように入念なリサーチが必要です（事例の発生率1%は、工場未完成のため目標として仮設定したものです）。

生産コストの試算テクニック

生産計画によって生産数量が決まれば、商品1個あたりの生産コストを見積りしておきます。また、売上原価に該当する支払項目も同時にピックアップしておきます。

Check!

- 生産数量（ロット）を提示して、材料費などの見積りを取得する
- 商品開発・生産に伴う人件費は、売上原価に組み込む

生産コストはモノづくりのために必要なお金

① **生産に必要な材料などの棚卸し：**商品を生産するには、人件費、材料費、外注費、工場などの管理費といったさまざまな支出項目が必要となります。まずは、これら材料などをビジネスプランの生産管理にまとめておきます。次に、シミュレーションした生産数量（ロット）を発注した場合に「いくらで・何を・仕入れられるか」を見積りします。生産数量が不明瞭な場合は、業者側からの見積提示が難しく、高めの金額になりがちです。生産計画があれば値引き交渉もしやすく、また業者からの信頼度も高くなります。取得した見積書をもとに、材料費を試算してください。

② **商品1個あたりの生産コストを試算する：**生産コストは、一般的に販売価格の40～60%の利益率（利益率＝利益額÷販売価格×100％）が許容される範囲になります。しかし、生産数量に応じた見積金額のままでは利益率を確認しづらいため、商品1個あたりの生産コストを必ず試算してください。なお、商品1個あたりの生産コストを試算する際、事例のように材料費以外にも「商品の生産（パッケージ費用など）」「品質テスト（成分の化学反応テストなど）」「梱包（段ボールなど梱包資材費用）」「出荷（物流会社に払う外注費用など）」といった費用が含まれてくることに注意してください。また、事例では1個あたりの金額を記載していますが、材料費と同じ生産数量に対する見積金額を取

ONE POINT

出荷コストはどう考えるのか？

商品を顧客に届けるための出荷コストは、一般的には販管費として考えますが、新規事業の事業収支を計算する段階では売上原価の一部として考えてもよいでしょう。その場合、商品1個あたりの生産コストの内訳に、1個あたり出荷コストを組み込んでおきましょう。

生産コスト試算の例

ビジネスプランの生産管理

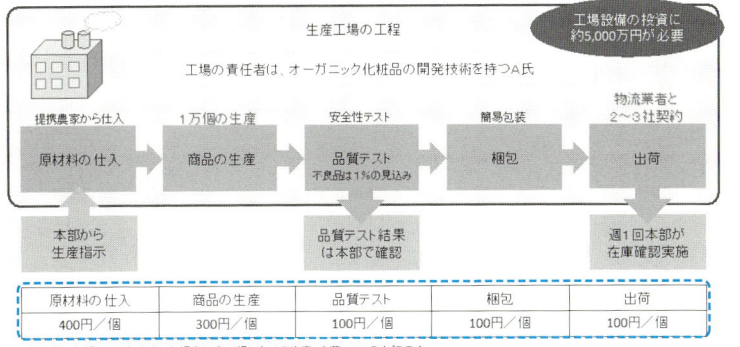

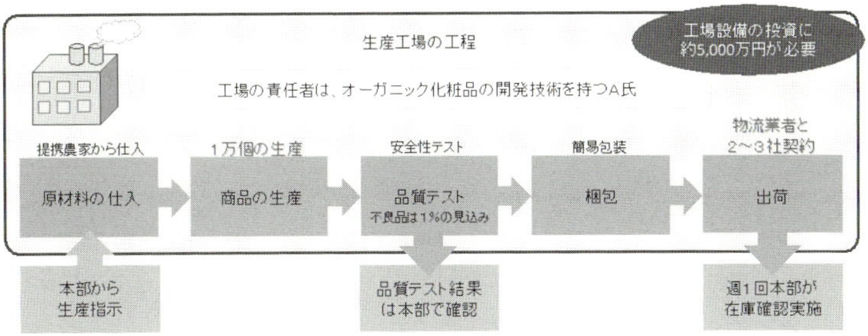
生産工場の工程
工場設備の投資に
約5,000万円が必要
工場の責任者は、オーガニック化粧品の開発技術を持つA氏
提携農家から仕入
原材料の仕入
1万個の生産
商品の生産
安全性テスト
品質テスト
不良品は1%の見込み
簡易包装
梱包
物流業者と
2〜3社契約
出荷
本部から
生産指示
品質テスト結果
は本部で確認
週1回本部が
在庫確認実施

原材料の仕入	商品の生産	品質テスト	梱包	出荷
400円／個	300円／個	100円／個	100円／個	100円／個

※上記、金額は1万個生産した場合の各工程における生産・出荷コストの内訳です。
※製造原価の明細は別紙「製造原価明細書」をご参照ください。
※上記金額のコスト以外に、工場の維持費として月額300万円程度を見込んでおります。

1万個の生産をする場合の、商品1個あたりの生産コストの内訳を説明しています。本来、売上原価ではありませんが、出荷コストについても内訳に加えておくことで事業収支シミュレーションを試算しやすくしています。なお、これらの単価は可能であれば見積書などの算定根拠を別紙で準備しておきましょう。

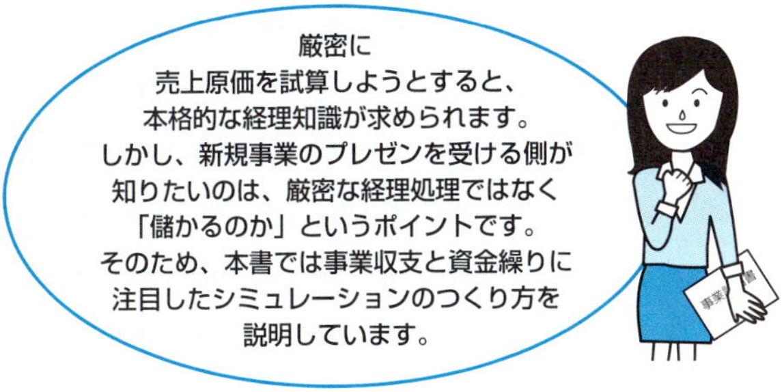
厳密に
売上原価を試算しようとすると、
本格的な経理知識が求められます。
しかし、新規事業のプレゼンを受ける側が
知りたいのは、厳密な経理処理ではなく
「儲かるのか」というポイントです。
そのため、本書では事業収支と資金繰りに
注目したシミュレーションのつくり方を
説明しています。

得し、材料費同様に1個あたりの金額に試算しています。

③ **人件費と外注費は原価になるケースが多い：**商品開発・生産に伴う人件費や外注費用は売上原価になるケースが非常に多いため、原価として考えてください。また、工場などの設備がある場合は、その管理費用も原価として考えます。つまり、商品をつくるために必要なすべてのコストを売上原価として考えます。会計上の観点から厳密に考えると、売上原価と管理費の区別が難しい場合もありますが、税理士や会計士の解釈によって判断

（次頁に続く）

が異なる事例があることも事実です。そのためには、まず立案者（経営者）が、商品開発・生産のために発生すると考えるコスト項目を原価としてピックアップしておいてください。

④ **工場設備投資にかかる費用の求め方：**工場設備を準備するためには、莫大な費用を必要とします。事例では約5,000万円と端的に表現していますが、実務では、ビジネスプランがひと通りできあがった段階で業者と打ちあわせして見積書を取得します。なお約5,000万円の内訳には、不動産賃貸契約と建物の外装・内装工事といったものが含まれており、見積りについても不動産の賃貸借契約と工事費用といった2種類になります。

⑤ **工場設備にも維持費はかかる：**工場設備は、建物をつくればそれで終わりということではありません。工場ができあがった後は、あたりまえのことですが商品を生産するために工場を稼働させなければなりません。つまり、工場を維持するためには、事務所を維持するのと同様に地代家賃・水道光熱費・通信費といった経費がかかります。事例では約300万円と設定していますが、仮に200坪程度の工場だと仮定して坪単価1万円で200万円、工場の稼働に水道光熱費が50万円、残り50万円はそのほかの管理費として余裕を持たせています。このように各種経費の見積りを合計するだけでなく、不測の事態に備えるために数十万円は余裕を見た金額にしておきます。

⑥ **「商品の生産」のコスト試算について：**153頁の事例では「商品の生産」にパッケージ費用を想定していることを前述していますが、店頭で販売できるレベルまで商品化するためにはパッケージ費用以外に取扱説明書や保証書なども必要になります。ここでは、これら必要書類も含めて「商品の生産」コストだと考えてください。実際に販売している状況を何度もイメージし、お客様が購入する瞬間に商品と一緒に渡さなければならない書類の有無を棚卸しして、コストに含めるように注意してください。

ONE POINT

製造原価明細書

損益計算書の付属明細表として作成されるものであり、売上原価の「当期製品製造原価」の内訳を詳細に説明した資料です。153頁の事例では、便宜上ビジネスプランに製造原価明細書と記載していますが、生産コスト・出荷コストの内訳がわかるレベルの明細を作成するようにします。サンプルは155頁を参考にしてください。

商品と製品の違い

基本的に市場に出回っている売り物はすべて「商品」と呼びます。その中で、製造業がつくった物を「製品」といいます。言い換えれば製造した段階までは製品であり、消費者に向けて販売される段階では商品と表現されます。

新規事業計画書でつくる（製造）原価明細書の事例

新規事業計画における製造原価明細書は、一般的な損益計算書に添付する明細ほどのレベルで作成する必要はありません。商品（製品）をつくるためにかかるコストの内訳をシンプルに「原価明細書」として一覧表にすれば、新規事業の計画段階では十分に足りるものになります。

平成○年○月○日
作成者：○○○○

原価明細書

対象製品	オーガニック化粧水
生産ロット数	10,000個

分 類	項 目	原 価	
		ロット価格	単 価
原材料	成分A	1,000,000	100
	成分B	800,000	80
	成分C	600,000	60
	成分D	600,000	60
	原材料　その他一式	1,000,000	100
小　計		4,000,000	400
商品の生産	容器	2,000,000	200
	簡易包装ビニール	300,000	30
	取扱説明書	500,000	50
	保証書	200,000	20
小　計		3,000,000	300
品質テスト	化学反応テスト用薬品 ×××	400,000	40
	化学反応テスト用薬品 □□□	300,000	30
	テスト用備品　そのほか一式	300,000	30
小　計		1,000,000	100
梱 包	配送用　梱包段ボール 大サイズ	200,000	20
	配送用　梱包段ボール 小サイズ	800,000	80
小　計		1,000,000	100
出 荷	物流業者への支払い	1,000,000	100
小　計		1,000,000	100
合　計		10,000,000	1,000

※ 本来、製造原価明細書では、原価を材料費・労務費・経費と分類して作成し、期首在庫・期末在庫・仕掛品（製造を開始したけど未完成の製品）を検討したうえで、当期に売れた分に対する原価額を算出します。そのため、ここでご紹介している原価明細書は大変簡易的なレベルで、会計処理には使えません。しかし、生産計画シミュレーションの根拠として、商品1個あたりの生産コスト・出荷コストが「いくらになるのか？」について、見積書から試算した結果をまとめるレベルでも新規事業の計画段階なら十分対応できます。

06 組織体制

組織体制のつくり方

人員計画を考える際は、人の配置を考えやすくするために組織体制＝組織図から考えていきます。なお、ビジネスプランで描いた事業を実現させるための体制を簡単に説明できる資料にもなるので、必ず作成してください。

Check!

- １種類の関連業務に１部門を基本として組織図を考える
- 部門の役割は必ず説明しておく
- 事業推進者の配置が実行体制に現実味を生み出す

組織図がビジネスプランの実行体制を明確にする

① **事業推進フローチャートを基に組織図作成：**組織図を描く際は、事業推進フローチャートで棚卸しした業務項目および仮設定した部門名称を活用します。業務項目を確認して、おおよそ１種類の関連業務に１つの部門が割りあてられているように分類していきます。分類する際は、業務項目を事業単位に分けることで、「事業部 ⇒ 各下位部門」となるように配置していきます（右頁参照）。なお、あまり下位部門を増やさないように関連業務は１つに集約するように考えてください。組織図のつくり方に決まったルールはありませんが、組織図を眺めるだけで“どのような業務を行う企業・事業”なのかがスムーズにわかりやすく工夫されたものは心象がよくなります。

② **部門の役割説明が組織体制の説明になる：**各部門において、どのような業務分掌《ぎょうむぶんしょう》をするのか記載することは単なる部門名の定義づけだけではありません。ビジネスプランで説明した事業戦略を実行するための組織体制をアピールする目的もあります。この組織図が見えないかぎり人員計画（必要な人員数）を割り出すことは非常に難しいのですが、逆に組織図を明確にすることで第三者に与える印象は“実行段階まで視野に入れた具体的なビジネスプラン”という

ONE POINT

業務分掌

企業内において、各部門が担当する“業務範囲”を明確にすること。この業務分掌によって責任の所在も明確にすることができ、あわせて職務権限（役職ごとの決裁権を決めて権限委譲すること）を決めることで、スムーズな意思決定と業務執行ができるようになります。

● 組織体制の例

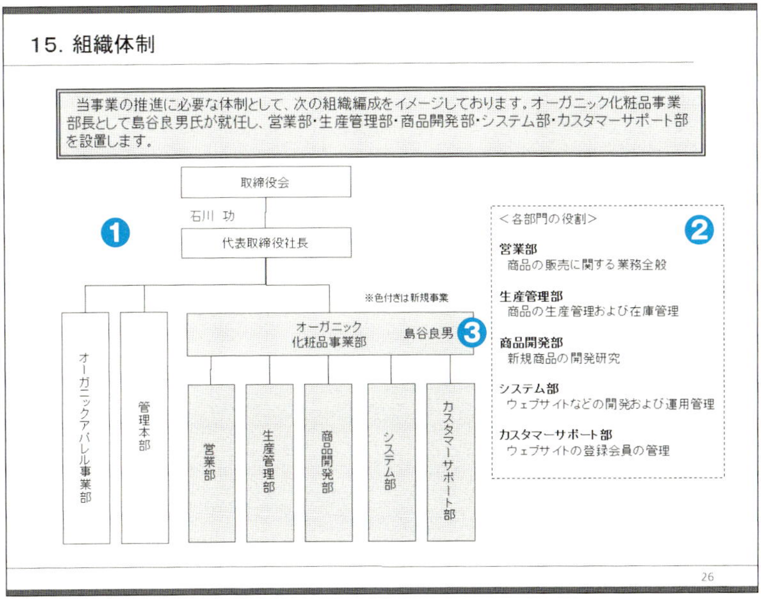
15. 組織体制
当事業の推進に必要な体制として、次の組織編成をイメージしております。オーガニック化粧品事業部長として島谷良男氏が就任し、営業部・生産管理部・商品開発部・システム部・カスタマーサポート部を設置します。
取締役会
石川 功
代表取締役社長
❶
※色付きは新規事業
オーガニックアパレル事業部
管理本部
オーガニック化粧品事業部
島谷良男
❸
営業部
生産管理部
商品開発部
システム部
カスタマーサポート部
<各部門の役割>
❷
営業部
商品の販売に関する業務全般
生産管理部
商品の生産管理および在庫管理
商品開発部
新規商品の開発研究
システム部
ウェブサイトなどの開発および運用管理
カスタマーサポート部
ウェブサイトの登録会員の管理
26

● 事例のテクニック解説 ●

❶ 組織図を描くことによって、ビジネスプランの新規事業に必要な部門を明確に示しています。一般的な組織図の形式で、シンプルに描いておけば問題ありません。逆に複雑になりすぎないように注意しましょう。なお、新規事業の事業部に注目してもらえる工夫として、配色を考えます。

❷ 組織図について、各部門の役割を簡単に記載しておきます。このとき、ビジネスプランで登場した業務をすべて網羅することが、人員の過不足を判断する１つのポイントとなります。

❸ 事業推進者が配置されている部門を明確にしておきます。この効果で事業推進者の役割がより一層明確になり、現実味が出てきます。

評価を得られます。

③ **事業推進者の配置を見せる：**会社概要にて説明している「事業推進者」が配置される部門を明確にしておきます。事業推進者ですから、基本的には責任者として部門長に配置しますが、複数の事業推進者が存在する場合には各自の役割を明確にすることができます。

07 人件費

人員計画試算のテクニック
― 人件費の基礎条件のつくり方 ―

人員計画とは簡単に言えば、「いつ・従業員を・何名・雇っているのか」を明確にしておくものです。数値シミュレーションに大きく影響するため、人件費が発生するポイントを理解しておいてください。

Check!

- 人員計画シミュレーションの結果から期末時点の人員数を記載する
- 人件費以外に募集広告費や賞与について検討する

人員計画を決定する方法とは？

① **事業推進フローチャートに基づき人員数が増加**：事業推進フローチャートに基づいて必要な人員数を考えていくと、現実的な人員計画を考えやすくなります。つまり「いつ・何を・するのか」という業務の発生時期をフローチャートで確認し、雇わなければならないタイミングを月単位のシミュレーションで決定します。このシミュレーションの結果、期末時点に何名いるのかを情報整理してビジネスプランに反映していきます。なお、160頁の人員計画シミュレーションのように、新しく雇用するだけでなく、退職数も視野に入れなければなりません。そのうえで人件費の基礎条件ができあがります。仮に人員数を年単位の平均値で設定してしまうと、事業規模が小さい事業開始当初には赤字の原因となり、事業規模が大きくなったタイミングでは、人手不足だけど新しく雇用する予算がない状況に陥る可能性が出てくるので注意が必要です。

② **人材募集広告や賞与について**：人材募集広告や賞与が必ず発生するとはかぎりませんが、人材募集広告を出す場合や社員に賞与を支払う場合は、人員計画に関連して注釈をしてください。たとえば、賞与等については“雇用2年目以降、年2回1カ月分”など賞与計算ができる条件を記載しておきます。

ONE POINT

賞与は必要？

新規事業などでは、利益が少ないために賞与制度を採用したがらない経営者が多くいます。しかし、新規事業では従業員の負担は非常に大きくなります。そのため従業員のモチベーション低下を防ぐために賞与制度を採用することもひとつの人材戦略となります。

● 人員計画の例

16. 人員計画

当事業における1年目、2年目、3年目の人員計画は以下のとおりです。ただし、人数については3月期末時点での人数とし、毎年3月には翌年の人員採用に向けた募集広告を行うものとします。

❶

（数値は3月期末時点での人数）

部門	第1期末	第2期末	第3期末
営業部	2	2	4
生産管理部	2	4	8
商品開発部	4	4	18
システム部	2	2	11
カスタマーサポート部	0	2	6
合計	10	14	47

❷ ※毎年3月に翌年の人員採用に向けた募集広告を行います。

詳細の人員計画は別紙参照 ❸

27

● 事例のテクニック解説 ●

❶ 縦軸に各部門を並べ、横軸には時系列をもってきます。そして、各年度の期末時点での予定人数を記載します。人員増加の動き方によって「いつ・どの事業に経営資源を集中させるのか」が第三者に伝わります。

❷ 人員計画に関連して、募集広告を実施するタイミングの原則を注釈しています。

❸ 別紙で詳細な人員シミュレーションを準備しておきます。

詳細な人員計画の
シミュレーション方法は
次頁で解説しています。

（次頁に続く）

● 人員計画シミュレーションの例

人員計画シミュレーション			1年目			
	報酬・給与額		4月	5月	6月	7月
営業部 ❶	❷ 300,000	新規採用 ❸				
		退職数 ❹				
		雇用数 ❺	0	0	0	0
生産管理部	300,000	新規採用	2			
		退職数				
		雇用数	2	2	2	2
商品開発部	300,000	新規採用	2			
		退職数				
		雇用数	2	2	2	2
システム部	300,000	新規採用	2			
		退職数				
		雇用数	2	2	2	2
カスタマーサポート部	300,000	新規採用				
		退職数				
		雇用数	0	0	0	0

● 事例のテクニック解説 ●

❶ 組織図で設定した部門にあわせて、縦軸の並びをつくります。人員計画シミュレーションは、部門単位で人数の増減を調整していきます。

❷ **報酬・給与額**：部門ごとに給与の金額を設定しておきます。実際には雇う従業員によって給与金額は異なると思いますが、試算しやすいように平均値を入れておきます。

❸ **新規採用**：新規採用する人数を計画する欄です。事業推進フローチャートの業務発生タイミングにあわせて、必要だと思う人数を入れていきます。

❹ **退職数**：１度雇った従業員が一生辞めないことは考えづらいことです。いつ辞めるのか？ を計画することはできないので、期末時点で０～２名の退職数で試算しておきます。

❺ **雇用数**：「前月の雇用数 ＋ 当月の新規採用 － 退職数」で毎月の雇用数のシミュレーションをつくります。

● 事業推進フローチャートから新規採用を判断する事例

オーガニック化粧品の製造販売事業 事業推進フローチャート			担当者		1年目											
					4月	5月	6月	7月	8月	9月	10月	11月	12月	1月	2月	3月
全体																
	出資者等へのプレゼン		社長	■■■■	●											
	資金調達		社長	■■■■	●											
	人材募集			A氏	●								●			●
商品戦略																
	品目	化粧水カテゴリの市場調査	商品開発部	××	●	●	●	★	○	○						
		その他 9品目のカテゴリ検討	商品開発部	A氏												
	商標・ブランド	ブランドロゴデータ作成	商品開発部	○○						●	★					
		商標審査対応	商品開発部	◆◆												
	デザインパッケージ	化粧水のデザインパッケージ制作	商品開発部	○○								●	●	★		
		9品目のデザインパッケージ制作	商品開発部	○○												
		チラシ用商品画像の制作	商品開発部	○○											●	★
	成分・仕様	品質テストの基準決定	商品開発部	A氏	●	●	★									
		そのほか 9品目の成分・仕様決定	商品開発部	A氏												
	販売価格	競合商品の価格調査	商品開発部	××	●	★									○	○
	生産管理・品質管理	工場の開発	生産管理部	▲▲	●	●	★	○								
		仕入経路の開拓	生産管理部	▲▲			●	★								
		梱包資材の決定	生産管理部	▲▲	●	★										
		流通経路の開拓	生産管理部	▲▲	●	★										
		試作品の開発	商品開発部	A氏					●	★		○	○			
		モニターテストの実施	商品開発部	A氏						●	●	●	●	★		
		完成品の開発	商品開発部	A氏										●	★	
		その他 9品目の研究開発	商品開発部	A氏												
		生産開始(発売開始)	生産管理部	▲▲												
		品質テスト	生産管理部	▲▲												
	販売チャネル	卸先との契約締結	営業部	◎◎										●	★	○
		通販サイトへの出店準備	営業部	◎◎											●	★
		新たなチャネル開拓検討	営業部	◎◎												
	顧客サービス	ウェブサイトに必要な機能の分析	営業部	◎◎											●	★
		メルマガの発行ルール作成	営業部	◎◎											●	●
		問いあわせ・クレーム対応マニュアル作成	商品開発部	□□											●	★

事業推進フローチャートでは、営業部の仕事は１年目の１月からはじまります。そのため、人員計画においても１年目の１月に新規採用をしています。

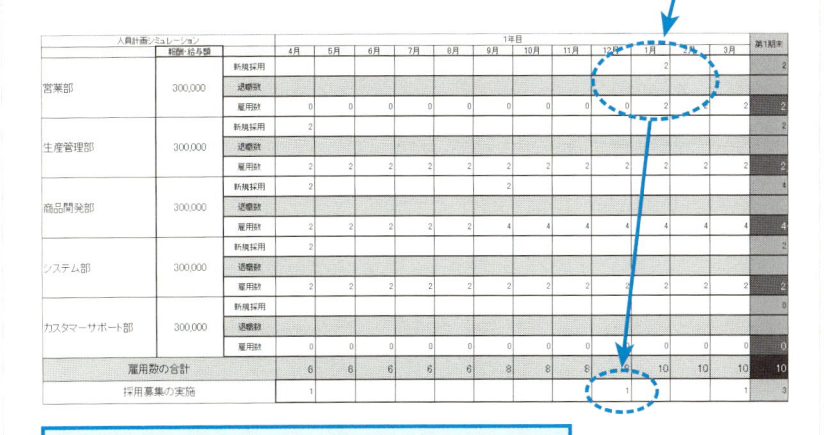

人員計画シミュレーション			1年目												第1期末
	報酬・給与額		4月	5月	6月	7月	8月	9月	10月	11月	12月	1月	2月	3月	
営業部	300,000	新規採用										2			2
		退職数													
		雇用数	0	0	0	0	0	0	0	0	0	2	2	2	2
生産管理部	300,000	新規採用	2												2
		退職数													
		雇用数	2	2	2	2	2	2	2	2	2	2	2	2	2
商品開発部	300,000	新規採用	2					2							4
		退職数													
		雇用数	2	2	2	2	2	4	4	4	4	4	4	4	4
システム部	300,000	新規採用	2												2
		退職数													
		雇用数	2	2	2	2	2	2	2	2	2	2	2	2	2
カスタマーサポート部	300,000	新規採用													0
		退職数													
		雇用数	0	0	0	0	0	0	0	0	0	0	0	0	0
雇用数の合計			6	6	6	6	6	8	8	8	8	10	10	10	10
採用募集の実施			1								1			1	3

事例では、毎年３月に翌年の人員採用以外に、イレギュラーで１月に営業部の採用をしています。この採用にあわせて 12月に募集広告を行っています。

経費項目を棚卸しする

売上計画・生産計画・人員計画以外で、損益計算書に必要となる経費を挙げておく必要があります。経費がはっきりしない段階でのシミュレーション方法を覚えておきましょう。

Check!

- 一般的な管理費項目を押さえておく
- ビジネススキームに必要な経費項目をピックアップする
- 少額の管理費項目は「その他、雑費等」でまとめる

経費項目を把握する方法とは？

① **家計簿のイメージで生活に必要なお金を考える：**事業運営に必要な経費項目は、一般家庭とそれほど大差ない部分があります。たとえば、地代家賃や水道光熱費、通信費、旅費交通費などは、人（会社）が生きていく（運営していく）うえで必要な経費となります。金額の算出に迷うかもしれませんが、地代家賃であれば、事務所の候補地付近の坪あたりの相場金額をインターネットで調べて、事務所の坪数を仮定するとよいでしょう。このように日常生活から経費金額を推測して設定します。

② **ビジネススキームに必要な経費項目とは：**ビジネススキームに関連して必要となる経費項目には、販売委託による販売手数料、専門家のコンサルティング費用などが挙げられます。直接的に商品開発・生産に影響しなくても、業務上必要とされる項目はビジネスプランの中からピックアップすることができます。特にビジネススキームを参照して、お金が動くポイントで売上原価に組み込んでいないものがあれば、必ず書き出してください。

③ **少額の経費項目まで計算しなくてよい：**新規事業の数値シミュレーションで経費項目をすべて厳密に計算することはまず不可能です。そのため少額になる経費項目やビジネススキームに間接的に影響しない項目については、「その他、

ONE POINT

経費項目の漏れが不安

損益計算書をつくり慣れていない人にとって、経費項目の漏れは大きな不安材料です。この不安を解消する方法として「その他、雑費等」の金額設定に余裕を持たせておきます。

● 損益計算書に組み込む一般的な経費項目の例

役員報酬	役員の報酬
人件費	社員の給料
法定福利費	社会保険料、労働保険料（社員給料× 13%）
アルバイト料	月額金額×人数
地代家賃	事務所家賃
採用研修費	人材採用に係る広告費用
水道光熱費	電気・ガス・水道の費用
通信費	電話代、インターネット回線費用など
宣伝広告費	チラシ・パンフレット制作、ホームページ制作など
旅費交通費	従業員１人あたりの月額交通費
消耗品費	10 万円以下の工具器具備品など
接待交際費	売上をつくるための接待における飲食代
その他、雑費等	上記に該当しない経費の支出

● ビジネススキームにあわせて採用する経費項目の例

商品配送料	商品の配送料に必要な金額
倉庫保管料	物流代行会社に商品在庫するための月額保管料
販売手数料	販売委託業者に支払うマージン
外注費	ビジネスに必要な専門家・コンサルタントの報酬
保険料	会社契約の損害保険料など

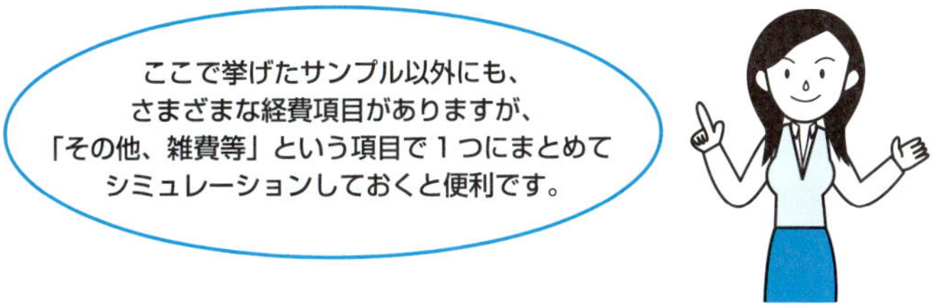
ここで挙げたサンプル以外にも、
さまざまな経費項目がありますが、
「その他、雑費等」という項目で１つにまとめて
シミュレーションしておくと便利です。

雑費等」としてまとめて金額設定しておきます。

09 損益計算書とは

損益計算書の基礎知識

売上計画・生産計画・人員計画・経費項目が明確になれば、いよいよ事業収支シミュレーションとして損益計算書を作成します。新規事業において、損益計算書は最も重要視されるので、書類の役割をしっかり理解しておきましょう。

Check!

- 「儲かるのか」を数値で確認できる
- 事業計画書を理解するための共通言語だと理解する

損益計算書はビジネスプランを理解する共通言語

① **「儲かるのか」**：ビジネスプランや事業推進フローチャートで事業内容は説明できますが、本当に「儲かるのか」については、損益計算書を作成しなければ判断のしようがありません。ビジネスプランなどは各戦略、業務の数値設定や条件を提示しているだけだからです。そのため、売上高、売上原価、販売管理費、営業利益、当期純利益といった金額をシミュレーションして、その事業が１年後、２年後、３年後に達成する予測の成績表をつくるのです。

② **そのほか事業成績を把握できる計算書類**：貸借対照表やキャッシュフロー計算書もあります。貸借対照表は、期末時点での会社の資産状況を把握できるのですが、新規事業では必要とされることはまずないため省略します。また、お金の流れを把握できるキャッシュフロー計算書は専門的すぎるため、経理知識が必要となります。そのため簡単な資金繰り計算表で代用します。

③ **数値という共通言語で事業計画を説明**：事業計画書に損益計算書が必要とされる理由は、その事業がどれだけ優秀なのか？　を第三者が適切に理解できるように、数値という共通言語に置き換えているのです。損益計算書はそれほど会計知識がなくても比較的つくりやすい書類なので、各テーマのポイントにしたがって作成してみてください。

ONE POINT

投資家の考える“儲かる”とは？

会社にとって“儲かる”とは、当期純利益の金額が黒字になっている状態を指しますが、投資家の視点では少し異なり、投資したお金に利息をつけて確実に返済してもらうことで得られる利ざやが“儲け”になります。つまり、当期純利益から確実に返済していける計画を投資家には見せなければなりません。

覚えておくべき損益計算書の項目

売上高	事業活動の結果、得る売り上げ
売上原価	売り上げた商品・サービスの生産コスト
売上総利益	売上高 － 売上原価
販売管理費	事業活動に必要な管理費
営業利益	売上総利益 － 販売管理費
営業外損益	本業以外の収益や費用
経常利益	営業利益 － 営業外損益
法人税等	法人税・住民税・事業税
当期純利益	経常利益 － 法人税等

「儲かるのか」を確認するポイント

	パターン１	パターン２
売上高	2,500,000,000	2,500,000,000
売上原価	1,100,000,000	1,100,000,000
売上総利益	1,400,000,000	1,400,000,000
販売管理費	1,000,000,000	1,500,000,000
営業利益	400,000,000	－100,000,000
営業外収益	10,000,000	10,000,000
営業外費用	3,000,000	3,000,000
経常利益	407,000,000	－93,000,000
法人税等	162,800,000	
当期純利益	**244,200,000**	－93,000,000

当期純利益の金額が黒字であれば、儲かっているといえます。

パターン１と同じ売上・売上原価ですが、販売管理費が売上総利益を上回ってしまい、営業利益が赤字になってしまったケース。この場合、営業外収益で黒字化できなければ当期純利益も赤字となり、儲けは一切ない状態になります。

損益計算書の基本的な項目だけは、
必ず覚えておいてください。
第三者と打ちあわせする際に、誰もが知っている言葉として
頻繁に使用されます。

10 売上高・売上原価

売上高と売上原価を集計する

損益計算書作成の手順は、最初に売上と売上原価を損益計算書に月単位で計算していきます。売上計画・生産計画などがあれば、集計するだけなので簡単です。

Check!

- 商品・サービスごとに売上高と売上原価を集計する
- 売上原価は“売れた分”に対して使ったお金を集計する
- 売上高 − 売上原価 ＝ 売上総利益

売上原価の考え方には注意が必要

① **商品・サービスで区別する理由：**一般的な損益計算書は、売上高や売上原価を商品・サービスごとに区別していません。本書でご紹介する事業収支シミュレーションでは、売上高や売上原価を商品・サービスで区別して計算します。この理由は、第三者に「商品・サービスごとの貢献度」を伝える目的と数値の調整作業を楽にできるようにするためです。最終的に商品・サービスの内訳を削除しても構わないので、数値が確定するまでは区別して計算してください。

② **売上高と売上原価の計算：**最初に売上計画シミュレーションに基づいて、商品・サービスごとの売上金額をまとめます。次に、売上原価については生産計画シミュレーションに基づいて「販売数×生産コスト」を計算して入れていきます。ここで売上原価の考え方に注意が必要となります。生産シミュレーションで生産数を試算していますが、この「生産数×生産コスト」にならない点です。売上原価の基本的な考え方は、“売れた分”に対して使ったお金を集計することになります。なお、生産数を試算している理由は、資金繰り計算表で支出項目として扱うためです。

③ **売上総利益とは：**一般的に“粗利益”と呼ばれるものであり、「売上高−売上原価」で計算します。売上総利益率（売上総利益 ÷ 売上高 × 100）の大きさは商品力を数値化し

ONE POINT

売上総利益率はどうやって判断するのか？

売上総利益率は、業界や商品・サービスによって異なります。そのため、売上総利益率を判断する方法は、同じ業界に属する競合他社の売上総利益率を計算して、自社と比較してください。

売上計画シミュレーション → 144ページ
生産計画シミュレーション → 150ページ　生産コスト → 152ページ

売上高の集計例

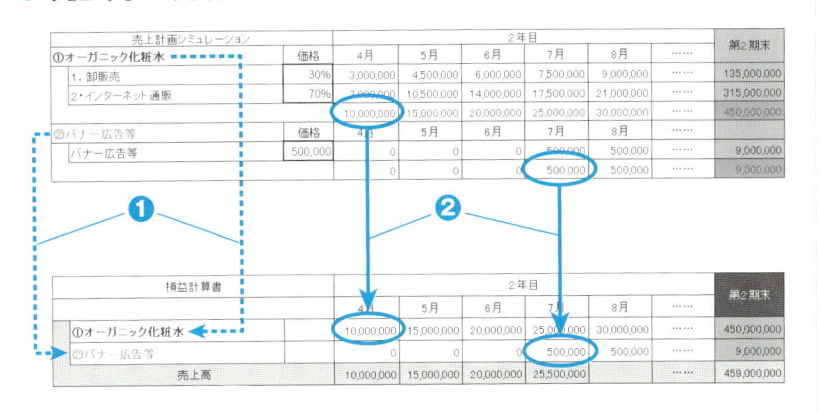

売上計画シミュレーション	価格	2年目 4月	5月	6月	7月	8月	……	第2期末
①オーガニック化粧水	価格	4月	5月	6月	7月	8月	……	
1．卸販売	30%	3,000,000	4,500,000	6,000,000	7,500,000	9,000,000	……	135,000,000
2・インターネット通販	70%	7,000,000	10,500,000	14,000,000	17,500,000	21,000,000	……	315,000,000
		10,000,000	15,000,000	20,000,000	25,000,000	30,000,000	……	450,000,000
②バナー広告等	価格	4月	5月	6月	7月	8月	……	
バナー広告等	500,000	0	0	0	500,000	500,000	……	9,000,000
		0	0	0	500,000	500,000	……	9,000,000

❶ ❷

損益計算書		2年目						第2期末
		4月	5月	6月	7月	8月	……	
①オーガニック化粧水		10,000,000	15,000,000	20,000,000	25,000,000	30,000,000	……	450,000,000
②バナー広告等		0	0	0	500,000	500,000	……	9,000,000
売上高		10,000,000	15,000,000	20,000,000	25,500,000		……	459,000,000

❶ 商品・サービスごとに分けて、損益計算書の売上高の欄をつくります。事業への貢献度を把握するため、商品・サービスの内訳を残しておきます。

❷ 売上計画シミュレーションの売上金額をそのまま入れていきます。商品・サービスごとに入れた金額を合計して、事業全体の売上高を月別に計算します。

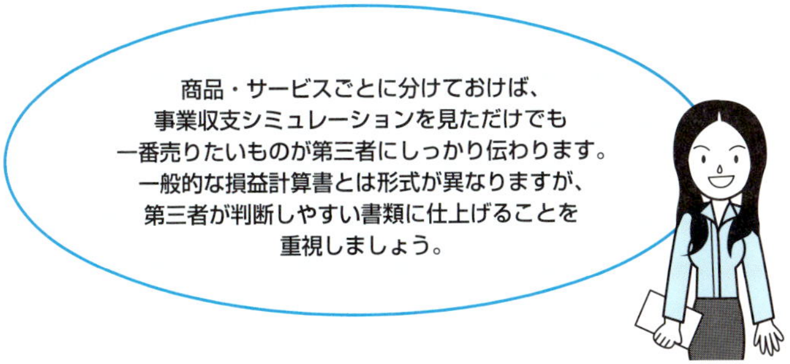
商品・サービスごとに分けておけば、
事業収支シミュレーションを見ただけでも
一番売りたいものが第三者にしっかり伝わります。
一般的な損益計算書とは形式が異なりますが、
第三者が判断しやすい書類に仕上げることを
重視しましょう。

たもので、顧客層から見た商品に対する付加価値の高さとして第三者は評価します。損益計算書を見て売上総利益率が高い場合、商品戦略を再度読み直して、商品の付加価値が高いと言い切れるかを確認する人もいます。

● 売上原価の集計例

❶ オーガニック化粧水をつくるための生産・出荷コストは、販売数に1個あたりの生産・出荷を掛けて入れていきます。事例の生産・出荷コスト1,000円は、ビジネスプランの生産管理で試算した「原材料の仕入」「商品の生産」「品質テスト」「梱包」「出荷」の1個あたりの単価（400円+300円+100円+100円+100円）を合計したものです。

生産計画シミュレーション	2年目						第2期末
	4月	5月	6月	7月	8月	……	
① 販売数	4,800	7,200	9,600	12,000	14,400	……	216,000
② 生産数	10,000	10,000	10,000	10,000		……	220,000
③ 不良品	100	100	100	100		……	2,200
④ 試供品	100	100	100	100		……	1,200
⑤ 在庫数	5,000	7,600	7,800	5,600		……	600

4,800個（販売数）×1,000円（1個あたりの生産・出荷コスト）（152頁参照）

損益計算書		2年目						第2期末
		4月	5月	6月	7月	8月	……	
①オーガニック化粧水		10,000,000	15,000,000	20,000,000	25,000,000	30,000,000	……	450,000,000
②バナー広告等		0	0	0	500,000	500,000	……	9,000,000
売上高		10,000,000	15,000,000	20,000,000	25,500,000		……	459,000,000
①オーガニック化粧水の生産・出荷コスト		4,800,000	7,200,000	9,600,000	12,000,000	14,400,000	……	216,000,000
売上原価								
売上総利益								

❷ 生産のための人件費は売上原価になります。人員計画シミュレーションの生産管理部の人件費が売上原価に該当し、雇用数に給与金額を掛けた数値を損益計算書に入れていきます。

人員計画シミュレーション			2年目						第2期末
報酬・給与額			4月	5月	6月	7月	8月	……	
生産管理部	300,000	新規採用	3						3
		退職数							
		雇用数	5	5	5	5	5		5

5名（雇用数）×300,000円（給与）（158頁参照）

損益計算書		2年目						第2期末
		4月	5月	6月	7月	8月	……	
①オーガニック化粧水		10,000,000	15,000,000	20,000,000	25,000,000	30,000,000	……	450,000,000
②バナー広告等		0	0	0	500,000	500,000	……	9,000,000
売上高		10,000,000	15,000,000	20,000,000	25,500,000		……	459,000,000
①オーガニック化粧水の生		4,800,000	7,200,000	9,600,000	12,000,000	14,400,000	……	216,000,000
②生産管理部　人件費		1,500,000	1,500,000	1,500,000	1,500,000	1,500,000	……	17,700,000
③生産管理部　法定福利費	13%							
④工場の維持費								
売上原価								
売上総利益								

❸ 人件費を考える際には法定福利費も計算しておく必要があります。法定福利費は人件費に対して13%で計算すれば問題ありません。

損益計算書		2年目						第2期末
		4月	5月	6月	7月	8月	……	
①オーガニック化粧水		10,000,000	15,000,000	20,000,000	25,000,000	30,000,000	……	450,000,000
②バナー広告等		0	0	0	500,000	500,000	……	9,000,000
売上高		10,000,000	15,000,000	20,000,000	25,500,000		……	459,000,000
①オーガニック化粧水の生		4,800,000	7,200,000	9,600,000	12,000,000	14,400,000	……	216,000,000
②生産管理部　人件費		1,500,000	1,500,000	1,500,000	1,500,000	1,500,000	……	17,700,000
③生産管理部　法定福利費	13%	195,000	195,000	195,000	195,000	195,000	……	2,301,000
④工場の維持費								
売上原価								
売上総利益								

1,500,000個（人件費）× 13%（法定福利費）

❹ 生産・出荷コスト、生産のための人件費など以外に、地代家賃や水道光熱費など、工場の維持費が必要となります。ビジネスプランで月額300万円（154頁参照）という条件にしているため、毎月300万円を入れていきます。

● ビジネスプランの生産管理

現在の仕入	商品の生産	品質テスト	梱包	出荷
400円／個	300円／個	100円／個	100円／個	100円／個

※上記、金額は1万個生産した場合の各工程における生産・出荷コストの内訳です。
※製造原価の明細は別紙「製造原価明細書」をご参照ください。
※上記金額のコスト以外に、工場の維持費として月額300万円程度を見込んでおります。

損益計算書		2年目						第2期末
		4月	5月	6月	7月	8月	……	
①オーガニック化粧水		10,000,000	15,000,000	20,000,000	25,000,000	30,000,000	……	450,000,000
②バナー広告等		0	0	0	500,000	500,000	……	9,000,000
売上高		10,000,000	15,000,000	20,000,000	25,500,000		……	459,000,000
①オーガニック化粧水の生産・出荷コスト		4,800,000	7,200,000	9,600,000	12,000,000	14,400,000	……	216,000,000
②生産管理部　人件費		1,500,000	1,500,000	1,500,000	1,500,000	1,500,000	……	17,700,000
③生産管理部　法定福利費	13%	195,000	195,000	195,000	195,000	195,000	……	2,301,000
④工場の維持費		3,000,000	3,000,000	3,000,000	3,000,000	3,000,000	……	36,000,000
売上原価		9,495,000	11,895,000	14,295,000	16,695,000	19,095,000	……	272,001,000
売上総利益		505,000	3,105,000	5,705,000	8,805,000	11,405,000	……	186,999,000

❺ 生産・出荷コスト、人件費など、維持費を合計して、売上原価の金額を算出します。最後に売上高から売上原価を引いて、売上総利益を計算して入れておきます。

販売管理費を集計する

売上総利益まで計算できれば、次に販売管理費に経費項目を入れていきます。この販売管理費は利益調整のために設定条件の見直しを頻繁に行う個所になります。その調整方法などについてはしっかり理解しておいてください。

Check!

- 販売管理費を固定費と変動費に区別して計算する
- 「営業利益 ＝ 売上総利益 － 販売管理費」で利益を確認する
- 「変動費 ➡ 固定費 ➡ 原価 ➡ 売上」の順番で数値調整する

販売管理費の調整で、ほしい利益額をシミュレーション

① **固定費と変動費**：販売管理費には固定費と変動費があります。主な固定費は地代家賃、人件費、法定福利費など毎月定額で支払うものであり、変動費は毎月支払い金額が変わるものです。固定費は１度金額が決まってしまうと、途中で金額変更できないうえに必ず毎月支払いが発生することを肝に銘じてください。一方、変動費は経営者のやり繰りで何とかなるが支払いが滞ると事業の停滞を余儀なくされる費用項目ともいえます。

② **２年目で累積赤字解消を目指す**：営業利益とは、売上総利益から販売管理費を差し引いた、事業本来の利益金額となります。この営業利益が赤字なのか黒字なのかが重要なポイントとなります。ただし、新規事業においては初年度が赤字になるケースがほとんどです。この理由は設備投資が多額になることと、社会的な信用度が低いため顧客数すなわち売上が小さいのが原因です。初年度の損益計算が赤字でもさほど不思議ではないのですが、事業スタートと同時に黒字のケースはその理由を問われることになります。そのため目安としては２年目で累積赤字を解消できるシミュレーションを目指してください。

③ **金額調整の順番**：シミュレーションの結果、２年間経過し

ONE POINT

何を基準に利益調整を考えるのか？

新規事業の場合、営業利益がひとつの目安となります。しかし、損益計算書が赤字でも事業倒産に直結するわけではありません。その理由は、事業の運転資金があれば事業が継続できるからです。そのため資金繰り計算表と損益計算書の２つで判断してください。

広告宣伝計画 → 148ページ　人員計画シミュレーション → 158ページ
経費項目 → 162ページ

● 販売管理費の集計例　―経費一覧表―

❶ 最初に、販売管理費として計上するべき項目を経費一覧表にまとめ、試算方法も記載しておきます。この作業では、人件費と宣伝広告費も含めておいてください。
※ビジネスプランにこの経費一覧表を記載して、損益計算書の根拠として利用します。

経費項目	試算方法
人件費	従業員数　×　給与（30万円）
法定福利費	人件費　×　13%
地代家賃	・第１期、第２期は月額100万円 ・第３期は月額300万円（人員増加のため）
通販サイトへの出店費用	月額10万円
その他固定費	従業員数 × 5万円
採用研修費	人員計画に基づき、採用実施月に100万円の予算
水道光熱費	従業員数 × 5千円
通信費	従業員数 × 2万円
旅費交通費	従業員数 × 3万円
消耗品費	従業員数 × 1万円
広告宣伝費	・新聞折り込みチラシ：月額50万円 ・試供品100個：月額15万円
その他、雑費等	従業員数 × 5万円

試算方法では、
人件費関連の費用、広告宣伝費、地代家賃以外は、
従業員１人あたりに発生する金額を仮設定しておきます。
損益を試算した際、利益が少なすぎる場合には、
設定金額を調整してください。

❷ 人員計画シミュレーションで試算した雇用数の合計から、売上原価に入れた生産管理部の人数を差し引いて、人件費の計算をしています。法定福利費については給与金額に13%を掛けて計算しておいてください。

て累積赤字が解消できない場合は調整作業が必要となります。２年間で累積赤字が解消できない場合は、３年間での投資回収が非常に厳しくなるためです。また調整作業は、「変動費の下方修正 ➡ 固定費の下方修正 ➡ 原価の下方修正 ➡ 売上の上方修正」の順番で行ってください。この順番の理由は、“実現しやすい順番”だと理解してください。

（次頁に続く）

● 販売管理費の集計例 —経費一覧表—（続き）

❸ 採用研修費は、人員計画シミュレーションで計画している採用募集の実施の回数に対して、募集広告の費用を掛けて変動費に入れます。

人員計画シミュレーション		2年目						第2期末
報酬・給与額		4月	5月	6月	7月	8月	……	
生産管理部	300,000	3						3
		5	5	5	5	5		5
雇用数の合計		19	19	19	19	19	……	14
採用募集の実施							1	1

［19名（雇用数の合計）－5名（売上原価の人件費）］×300,000円（給与）

損益計算書			2年目						第2期末
			4月	5月	6月	7月	8月	……	
売上総利益			505,000	3,105,000	5,705,000	8,805,000	11,405,000	……	186,999,000
固定費	人件費		4,200,000	4,200,000	4,200,000	4,200,000	4,200,000	……	49,200,000
	法定福利費	13%	546,000	546,000	546,000	546,000	546,000	……	6,396,000
	地代家賃								
	その他固定費								
変動費	採用研修費	1,000,000	0	0	0	0	0	1,000,000	1,000,000
	水道光熱費								
	通信費								
	旅費交通費								
	消耗品費								
	広告宣伝費								
	その他、雑費等								
販管費合計									
営業利益（経常利益）									

1回（採用募集の実施）×1,000,000円（採用研修費）

❹ 広告宣伝計画シミュレーション（148頁参照）で試算した広告宣伝金額を販売管理費の変動費にそのまま入れます。

宣伝広告計画シミュレーション	2年目						第2期末
①オーガニック化粧水	4月	5月	6月	7月	8月	……	
①「新聞折り込みチラシ」費用	500,000	500,000	500,000	500,000	500,000	……	6,000,000
②「“薬天市場”への出店」費用	100,000	100,000	100,000	100,000	100,000	……	1,200,000
③「会員登録者に対する試供品の配布」費用	150,000	150,000	150,000	150,000	150,000	……	1,800,000
	750,000	750,000	750,000	750,000	750,000	……	9,000,000

損益計算書			2年目						第2期末
			4月	5月	6月	7月	8月	……	
売上総利益			505,000	3,105,000	5,705,000	8,805,000	11,405,000	……	186,999,000
固定費	人件費		4,200,000	4,200,000	4,200,000	4,200,000	4,200,000	……	49,200,000
	法定福利費	13%	546,000	546,000	546,000	546,000	546,000	……	6,396,000
	地代家賃								
	その他固定費								
変動費	採用研修費	1,000,000	0	0	0	0	0	……	1,000,000
	水道光熱費								
	通信費								
	旅費交通費								
	消耗品費								
	広告宣伝費		750,000	750,000	750,000	750,000	750,000	……	9,000,000
	その他、雑費等								
販管費合計									
営業利益（経常利益）									

❺ 経費一覧表に基づいて、残りの販売管理費を入れていきます。

損益計算書			2年目						第2期末
			4月	5月	6月	7月	8月	……	
売上総利益			505,000	3,105,000	5,705,000	8,805,000	11,405,000	……	186,999,000
固定費	人件費		4,200,000	4,200,000	4,200,000	4,200,000	4,200,000	……	49,200,000
	法定福利費	13%	546,000	546,000	546,000	546,000	546,000	……	6,396,000
	地代家賃	1,000,000	1,000,000	1,000,000	1,000,000	1,000,000	1,000,000	……	12,000,000
	その他固定費	50,000	950,000	950,000	950,000	950,000	950,000	……	11,150,000
変動費	採用研修費	1,000,000	0	0	0	0	0	……	1,000,000
	水道光熱費	5,000	95,000	95,000	95,000	95,000	95,000	……	1,115,000
	通信費	20,000	380,000	380,000	380,000	380,000	380,000	……	4,460,000
	旅費交通費	30,000	570,000	570,000	570,000	570,000	570,000	……	6,690,000
	消耗品費	10,000	190,000	190,000	190,000	190,000	190,000	……	2,230,000
	広告宣伝費		750,000	750,000	750,000	750,000	750,000	……	9,000,000
	その他、雑費等	50,000	950,000	950,000	950,000	950,000	950,000	……	11,150,000
販管費合計			9,631,000	9,631,000	9,631,000	9,631,000	9,631,000	……	114,391,000
営業利益(経常利益)			−9,126,000	−6,526,000	−3,926,000	−826,000	1,774,000	……	72,608,000

❻ 販管費をすべて入れ終わったら、売上総利益から販売管理費の合計を引いて営業利益を試算します。この営業利益が損益計算書を見る際に最も注目される数値となります。

事例のように、しっかりと販売管理費を
損益計算書に入れ込んでおくと、
営業利益の数値に現実味が生まれてきます。
また、可能な範囲で販売管理費を少し高めの金額に
設定しておき、実際の事業推進で経費削減を
心掛ければ資金繰りが多少なりとも楽になります。
これも資金ショートを防ぐための
1つのリスク対策ですね。

法人税等の計算をする

営業利益まで計算すれば、本来なら営業外損益を計算して経常利益を算出します。しかし、新規事業の場合に営業外損益が発生するケースは稀なため、営業利益＝経常利益として法人税等を計算して「当期純利益」を算出します。

Check!

- 営業利益＝経常利益として法人税等を計算する
- 法人税等を 40％で設定して計算する
- 「当期純利益 ＝ 経常利益 － 法人税」で最終利益額を計算する

当期純利益が最終利益であり、事業成績の結果

① **営業利益 ＝ 経常利益：**本来、「営業利益＋営業外収益－営業外費用＝経常利益」となり、経常利益に対して法人税等が課されます。また、営業外収益は事業本来の収益以外で利益や費用がある場合に計算するものです。しかし、新規事業の場合は営業外収益が発生する事例が稀なため省略し、「営業利益 ＝ 経常利益」として法人税等の計算を行います。ただし厳密には、実際の経理処理では借入に対する支払利息は営業外費用として計上しなければなりません。新規事業計画書では借入する前の段階であるため「営業利益＝経常利益」であることに注意してください。

② **法人税等とは：**営業利益に対して、法人税や住民税・事業税が課されることになります。これら3つの税金をあわせて「法人税“等”」としており、その課税は、経常利益に対して約40％となります。そのためシミュレーションでも法人税等を40％支払うものと仮定して計算しておきます。

③ **事業の最終利益を計算する：**「経常利益 － 法人税」で算出される当期純利益が事業の最終利益となります。この金額が最終的に手元に残るお金だと考えてください。ここまで計算して損益計算書はひと通り作成できたことになります。

ONE POINT

営業外収益
ビジネスプランで描いた事業以外に、財務活動で得た利益になります。主な例としては、銀行に預けた預金の受取利息など。

営業外費用
ビジネスプランで描いた事業以外に、財務活動で発生した損失や費用になります。主な例としては、借入金に対する支払利息など。

● 法人税の試算例

❶ 営業利益（経常利益）に40%を掛けて、法人税等を計算します。なお、新規事業の場合、営業利益（経常利益）が赤字の場合には法人税等が課されないケースが大半だと考えてください。つまり、赤字の年度については、法人税等を０円として入れます。

損益計算書		第1期末	第2期末	第3期末
営業利益(経常利益)		-97,368,000	72,608,000	145,224,000
法人税等	40%	-38,947,200	29,043,200	58,089,600
当期純利益				

営業利益（経常利益）が赤字の場合、法人税等は０円で計算します。

損益計算書		第1期末	第2期末	第3期末
営業利益(経常利益)		-97,368,000	72,608,000	145,224,000
法人税等	40%	0	29,043,200	58,089,600
当期純利益				

❷ 営業利益（経常利益）から、法人税等の金額を引いて当期純利益を計算します。この当期純利益が手元に残るお金だと理解してください。

損益計算書		第1期末	第2期末	第3期末
営業利益(経常利益)		-97,368,000	72,608,000	145,224,000
法人税等	40%	0	29,043,200	58,089,600
当期純利益		-97,368,000	43,564,800	87,134,400

事例では１期目が赤字なので２期目に
繰り越すこともできますが、説明の便宜上、
割愛しています。

● 損益計算書シミュレーション　3年分の結果例

商品・サービスごとに「売上金額＝販売価格×販売数量」で試算します【02、10参照】

1個あたりの生産・出荷コストを試算して、販売数量に掛けて試算します【04、05、10参照】

部門ごとに社員数を設定し、給与額を掛けて試算します。法定福利費は「人件費×13%」です【06、07、10、11参照】

損益計算書			第1期末	第2期末	第3期末
売上	①オーガニック化粧水		0	450,000,000	960,000,000
売上	②バナー広告等		0	9,000,000	40,000,000
売上合計			0	459,000,000	1,000,000,000
原価	①オーガニック化粧水の生産・出荷コスト		0	216,000,000	460,800,000
原価	②生産管理部　人件費		7,200,000	17,700,000	32,100,000
原価	③生産管理部　法定福利費	13%	936,000	2,301,000	4,173,000
原価	④工場の維持費		36,000,000	36,000,000	36,000,000
売上原価			44,136,000	272,001,000	533,073,000
売上総利益			-44,136,000	186,999,000	466,927,000
固定費	人件費		20,400,000	49,200,000	153,600,000
固定費	法定福利費	13%	2,652,000	6,396,000	19,968,000
固定費	地代家賃	1,000,000	12,000,000	12,000,000	36,000,000
固定費	その他固定費	50,000	4,600,000	11,150,000	30,950,000
変動費	採用研修費	1,000,000	3,000,000	1,000,000	1,000,000
変動費	水道光熱費	5,000	460,000	1,115,000	3,095,000
変動費	通信費	20,000	1,840,000	4,460,000	12,380,000
変動費	旅費交通費	30,000	2,760,000	6,690,000	18,570,000
変動費	消耗品費	10,000	920,000	2,230,000	6,190,000
変動費	広告宣伝費		0	9,000,000	9,000,000
変動費	その他、雑費等	50,000	4,600,000	11,150,000	30,950,000
販管費合計			53,232,000	114,391,000	321,703,000
営業利益（経常利益）			-97,368,000	72,608,000	145,224,000
法人税等		40%	0	29,043,200	58,089,600
当期純利益			-97,368,000	43,564,800	87,134,400

経費ごとに設定したルールに基づいて試算します【08、11参照】

チラシなど広告宣伝費用は業者から見積りを取得して計上します【03参照】

「営業利益（経常利益）×40%」にて試算します【12参照】

第7章 資金繰り計算表作成のテクニック

01 資金繰り計算表　－発生主義と現金主義－

資金繰り計算表とは

損益計算書を作成した後は、資金繰り計算表を作成することで事業運営に必要な“資金”を把握することができます。まずは資金繰り計算表の役割などについて理解してください。

Check!

- 黒字でも倒産する可能性を知る
- 赤字でも倒産しない理由を知る
- 資金繰りが見えると必要な資金が把握できる

資金繰り計算表が必要な理由

① **発生主義：**損益計算書のシミュレーションが黒字の場合、単純に儲かっている・利益を得ていると感じる人が多いものです。しかし、損益計算書は売上・原価・経費が発生する時期を記録しているにすぎません（発生主義）。もう少し噛み砕くと、損益上は黒字であっても、売上代金の回収前に材料費やその他経費の支払いをする必要があり、お金が足りなくなるケースがあり得るのです。この状況は事業の運転資金が不足していて、資金繰りがショートしていることを意味しています。つまり、黒字にも関わらず倒産する恐れがあるということです。

② **現金主義：**①の解説とは逆に、損益計算書では赤字にも関わらず倒産しないケースがあります。これは運転資金があるおかげで、倒産を回避できているわけです。つまり、現金が手元にある状況を継続することが大事なのです（現金主義）。この現金が手元にある状況を確認できる書類が資金繰り計算表となります。もちろん、無限に運転資金があるわけではないため、損益上の黒字が見込める戦略を展開していく必要があります。

③ **必要な資金は資金繰り計算表で試算する：**資金繰り計算表を作成すれば、運転資金の不足がいくらなのか金額を把握できます。つまり、資金調達が必要な場合はその金額が

ONE POINT

新規事業の運営では資金繰り計算表は重要

新規事業の初期段階では、大抵の場合赤字経営であり、毎月損失を出している状況です。そのため、資金繰り計算表は常に実績を反映しながら、資金がショートしないよう注意しなければなりません。

● 資金繰り計算表の例

資金繰り計算表			1年目												
			4月	5月	6月	7月	8月	9月	10月				2月	3月	第1期末
前月繰越金			50,000,000	145,190,000	137,166,000	130,142,000	123,118,000	116,094,000	108,800,000				75,402,000	66,362,000	
収入	現金売上	20%	0	0	0	0	0	0	0				0	0	0
収入	売掛金の回収	80%		0	0	0	0	0	0				0	0	0
収入合計			0	0	0	0	0	0	0				0	0	0
支出	生産・出荷コストの支払い		0	0	0	0	0	0	0				0	0	0
支出	当月払いの経費		4,810,000	4,810,000	4,810,000	4,810,000	4,810,000	5,080,000	5,080,000				5,350,000	5,350,000	60,420,000
支出	翌月払いの経費			3,214,000	2,214,000	2,214,000	2,214,000	2,214,000	2,952,000				3,690,000	3,690,000	32,258,000
支出合計			4,810,000	8,024,000	7,024,000	7,024,000	7,024,000	7,294,000	8,032,000	8,032,000	8,032,000	9,302,000	9,040,000	9,040,000	92,678,000
収支の差引金額			45,190,000	137,166,000	130,142,000	123,118,000	116,094,000	108,800,000	100,768,000	92,736,000	84,704,000	75,402,000	66,362,000	57,322,000	-92,678,000
財務収入	借入による入金														150,000,000
財務収支			150,000,000		0	0	0	0	0	0	0	0	0	0	150,000,000
財務支出	工場の設備投資		50,000,000												50,000,000
財務支出	借入金の返済														0
財務支出			50,000,000	0	0	0	0	0	0	0	0	0	0	0	50,000,000
次月繰越金			145,190,000	137,166,000	130,142,000	123,118,000	116,094,000	108,800,000	100,768,000	92,736,000	84,704,000	75,402,000	66,362,000	57,322,000	

資金繰り計算表の項目は、
大きく分けて
「前月繰越金」「収入」「支出」
「財務収入」「財務支出」「次月繰越金」
となります。

● 事例のテクニック解説 ●

❶ **前月繰越金**：前月の事業収支と財務収支を加減したお金の残高であり、前月の次月繰越金と一致します。

❷ **収入**：事業収支の収入。損益計算書の売上高を取引サイトにしたがって振り分けたお金。

❸ **支出**：事業収支の支出。損益計算書の売上原価・販売管理費等を支払サイトにしたがって振り分けたお金。

❹ **財務収入**：お金の借入や預金の受取利息など、事業収入以外の収入。

❺ **財務支出**：借入金の返済とその利息、設備投資等に掛かった事業支出以外の支出。

❻ **次月繰越金**：当月の事業収支と財務収支を加減したお金の残高であり、翌月の前月繰越金と一致します。

わかるのです。また、資金調達したと仮定した場合に3～5年の間に返済できるか否かも同時にシミュレーションすることができます。

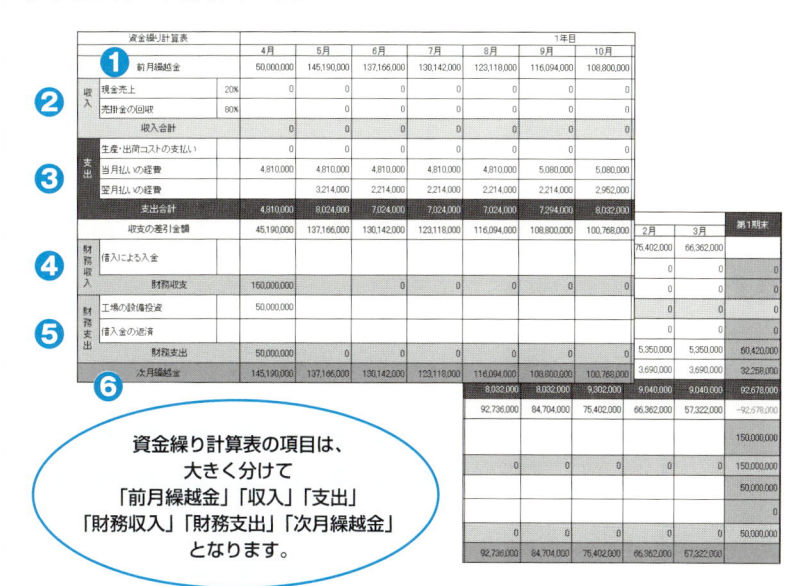

02 事業の収入

収入シミュレーションのつくり方

資金繰り計算表の収入は、損益計算書の売上高に基づいて作成していきます。損益計算書の数値をお金の流れに置き換えるテクニックを理解してください。

Check!

- 取引サイトを理解する
- 取引サイト別に売上高の割合を設定する
- 手形取引・小切手取引がある場合も売上高の割合で設定する

収入をシミュレーションするコツ

① **取引サイトとは：**取引サイトとは、取引発生日（月）から何日後に代金の入金があるのかという、取引上の取り決めを意味します。取引発生時の現金入金のパターン、もしくは取引発生の当月末日を締め日として翌月末入金（翌々月末入金）といったパターンが多くなります。この取引サイトによってお金の動きに時間差が生まれるため、発生主義の考え方から損益計算書を作成し、現金主義の考え方から資金繰り計算表を作成するのです。

② **売上高を取引サイト別に振り分けて計算：**取引サイトの考え方にしたがって、売上高を振り分けようとして困ることが１点あります。それは、取引サイトは顧客との商談で最終決定するため、何人の顧客が当月払いに応じてくれて、何人の顧客を翌月末入金にしなければならないのか明確にできないのです。そのため「売上高のうち、○%は当月現金入金とし、□%は翌月末現金入金、△%は手形取引」と仮定して、収入をシミュレーションするしかありません。もし、何らかの理由で取引サイトの振り分けを明確にできる場合は、そのルールにしたがって収入金額を計算してください。

ONE POINT

前受金がある場合

収入が遅くなるのとは逆に、損益計算書に記録した時期よりも早く収入を得る前受金も、同様に売上高の割合を設定してください。収入時期としては「売上時期の○カ月前」という条件設定で計算します。

● 取引サイトのイメージ（収入）

取引サイトの期間が長くなると、その分お金が入金されず資金繰りが苦しくなります。

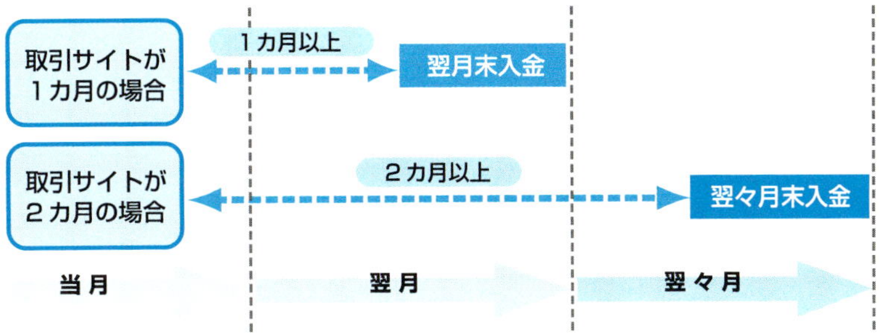
取引サイトが
1カ月の場合
1カ月以上
翌月末入金
取引サイトが
2カ月の場合
2カ月以上
翌々月末入金
当月
翌月
翌々月

そのため安心できる取引サイトは、取引発生時の現金入金となります。

● 収入シミュレーション例

❶ 最初の前月繰越金には、自己資本の合計金額を入れておきます。また、現金売上（当月入金）と売掛金（取引サイト1カ月）の割合を前者：後者＝20%：80%として設定します。この割合は、オーガニック化粧水を卸販売とインターネット販売することから、大半のお客様で取引サイトが発生するものと想定して売掛金を80%と予測して設定しています。ここは厳密な設定はできないので、大まかな見込み数値を入れておいてください。

資金繰り計算表		1年目		
		4月	5月	6月
前月繰越金		50,000,000		
現金売上	20%			
売掛金の回収	80%			
収入合計				

❷ 現金売上と売掛金の取引サイトを考慮すると、収入の考え方は、下記サンプルのようになります。

資金繰り計算表		1年目		
		4月	5月	6月
前月繰越金		50,000,000		
現金売上	20%	4月の売上高の20%	5月の売上高の20%	6月の売上高の20%
売掛金の回収	80%		4月の売上高の80%	5月の売上高の80%
収入合計				

（次頁に続く）

収入シミュレーション例（続き）

③ 損益計算書の売上高に基づいて、資金繰り計算表に入れていきます。

損益計算書		2年目	
		4月	5月
①オーガニック化粧水		10,000,000	15,000,000
②バナー広告等		0	0
売上高		10,000,000	15,000,000

10,000,000円 × 20%

10,000,000円 × 80%

資金繰り計算表		2年目		
		4月	5月	6月
前月繰越金				
現金売上	20%	2,000,000		
売掛金の回収	80%		8,000,000	
収入合計				

④ 現金売上と売掛金の収入を合計して、収入合計を試算します。

資金繰り計算表		2年目		
		4月	5月	6月
前月繰越金				
現金売上	20%	2,000,000	3,000,000	4,000,000
売掛金の回収	80%	0	8,000,000	12,000,000
収入合計		2,000,000	11,000,000	16,000,000

損益計算書の売上高を
取引サイトにしたがって振り分けていくと、
毎月の収入が見えてきます。
現金収入が少ないビジネスほど
事業の初期段階では収入金額が小さいため、
ある程度は赤字に耐えられるだけの
運転資金が必要だとわかります。

● 取引サイトが複数ある場合のシミュレーション例

参考までに現金売上20%、売掛金（1カ月サイト）50%、売掛金（2カ月サイト）30%で収入があると仮定した事例です。

損益計算書		２年目	
		4月	5月
①オーガニック化粧水		10,000,000	15,000,000
②バナー広告等		0	0
売上高		10,000,000	15,000,000

10,000,000円 × 20%

10,000,000円 × 30%

10,000,000円 × 50%

資金繰り計算表		２年目		
		4月	5月	6月
前月繰越金				
現金売上	20%	2,000,000		
売掛金(1カ月サイト)	50%		5,000,000	
売掛金(2カ月サイト)	30%			3,000,000
収入合計				

資金繰り計算表		２年目		
		4月	5月	6月
前月繰越金				
現金売上	20%	2,000,000	3,000,000	4,000,000
売掛金(1カ月サイト)	50%		5,000,000	7,500,000
売掛金(2カ月サイト)	30%			3,000,000
収入合計		2,000,000	8,000,000	14,500,000

前述の事例と比べても、取引サイトの期間が長くなると初期段階の収入が小さくなってしまうことがわかります。つまり、取引サイトは短ければ短いほどありがたいのです。なお、2カ月サイトの取引は、IT関連サービスで多いほか、クレジット売上の入金なども該当します。

支出シミュレーションのつくり方

資金繰り計算表の支出は、収入の取引サイトと同様に支払項目ごとに支払サイトを設定して計算します。

Check!

- 定型的に処理できる当月払いの経費項目がある
- 業者への支払いは、ほぼ当月末日締め・翌月末払いで計算する
- 当月払いの支出項目を考えると早い

支払シミュレーションは定型的に処理しても大丈夫

① **経費の支払いは当月払いと翌月払いで試算**：損益計算書のうち、売上原価と販売管理費は支払いしなければならない項目となります。これらの内訳について勘定科目ごとに、支払い時期を当月払いと翌月払いに振り分けしなければなりません。面倒な手間が発生しそうですが、この支払い時期の振り分けは意外に簡単にできます。その理由は、ほとんどの場合、業者への支払サイトが当月末締めの翌月払いになるためです。一方、当月払いの経費項目はある程度定型的に処理できます。つまり、当月払いの処理をするべき経費項目を知っておけば、残りの金額を翌月の支払いとして試算すればよいのです。

② **当月払いの経費項目とは？**：原則として、「地代家賃・水道光熱費・通信費・消耗品費」については当月払いで処理しても問題ありません。もちろん、取引先業者との関係で支払サイトが異なる場合がありますが、最初に資金繰り計算表を作成する段階において、これら勘定科目はすべて当月払いで設定してしまいます。また、調整用の勘定科目（その他、雑費等）についても支払い時期が不確定になるため、当月払いにして処理します。

ONE POINT

資金繰りは日次で管理しなければならない

事業開始後は、業者など取引先への支払いを滞らせるわけにはいきません。そのため、日次まで細分化した資金繰り計算表を準備しておくと万全です（本書で紹介している月次の資金繰り計算表を日次に落とし込むようにします）。

● 支払サイトのイメージ（支出）

支払サイトの期間が長くなると、その分お金の支払いが楽になります。

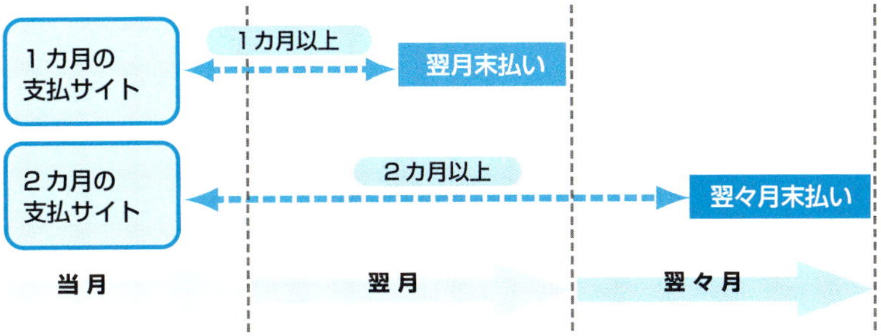
1カ月の
支払サイト
1カ月以上
翌月末払い
2カ月の
支払サイト
2カ月以上
翌々月末払い
当月
翌月
翌々月

そのため、業者とは可能なかぎり支払サイトを長くできるよう商談をします。

● 支出シミュレーション例

資金繰り計算表		2年目		
		4月	5月	6月
前月繰越金				
現金売上	20%	2,000,000	3,000,000	4,000,000
売掛金の回収	80%	0	8,000,000	12,000,000
収入合計		2,000,000	11,000,000	16,000,000
生産・出荷コストの支払い				
当月払いの経費				
翌月払いの経費				
支出合計				
収支の差引金額				

❶ 生産・出荷コストの支払いは、生産計画シミュレーションに基づいて「生産数×1個あたりの生産・出荷コスト」で計算して入れていきます。

資金繰り計算表		2年目		
		4月	5月	6月
前月繰越金				
現金売上	20%	2,000,000	3,000,000	4,000,000
売掛金の回収	80%	0	8,000,000	12,000,000
収入合計		2,000,000	11,000,000	16,000,000
生産・出荷コストの支払い		10,000,000	10,000,000	10,000,000
当月払いの経費				
翌月払いの経費				
支出合計				
収支の差引金額				

● 支出シミュレーション例（続き）

❷ 損益計算書の売上原価と販売管理費のうち、当月払いの経費に該当するものを合計して、資金繰り計算表の同じ月に入れていきます。

損益計算書			2年目		
			4月	5月	6月
	①オーガニック化粧水		10,000,000	15,000,000	20,000,000
	②バナー広告等		0	0	0
売上合計			10,000,000	15,000,000	20,000,000
	①オーガニック化粧水の生産・出荷コスト		4,800,000	7,200,000	9,600,000
	②生産管理部　人件費		1,500,000	1,500,000	1,500,000
	③生産管理部　法定福利費	13%	195,000	195,000	195,000
	④工場の維持費		3,000,000	3,000,000	3,000,000
売上原価			9,495,000	11,895,000	14,295,000
売上総利益			505,000	3,105,000	5,705,000
固定費	人件費		4,200,000	4,200,000	4,200,000
固定費	法定福利費	13%	546,000	546,000	546,000
固定費	地代家賃	1,000,000	1,000,000	1,000,000	1,000,000
固定費	その他固定費	50,000	950,000	950,000	950,000
変動費	採用研修費	1,000,000	0	0	0
変動費	水道光熱費	5,000	95,000	95,000	95,000
変動費	通信費	20,000	380,000	380,000	380,000
変動費	旅費交通費	30,000	570,000	570,000	570,000
変動費	消耗品費	10,000	190,000	190,000	190,000
変動費	広告宣伝費		750,000	750,000	750,000
変動費	その他、雑費等	50,000	950,000	950,000	950,000
販管費合計			9,631,000	9,631,000	9,631,000

売上原価と販売管理費のうち、人件費に関連する費用と業者に支払う費用は翌月払いにする

資金繰り計算表			2年目		
			4月	5月	6月
前月繰越金					
	現金売上	20%	2,000,000	3,000,000	4,000,000
	売掛金の回収	80%	0	8,000,000	12,000,000
収入合計			2,000,000	11,000,000	16,000,000
支出	生産・出荷コストの支払い		10,000,000	10,000,000	10,000,000
支出	当月払いの経費		**6,565,000**	6,565,000	6,565,000
支出	翌月払いの経費				
支出合計					
収支の差引金額					

❸ 売上原価と販売管理費を合計金額から、生産・出荷コストの原価と当月払いの経費を差し引いた金額を翌月の列に入れていきます。

資金繰り計算表			2年目		
			4月	5月	6月
前月繰越金					
	現金売上	20%	2,000,000	3,000,000	4,000,000
	売掛金の回収	80%	0	8,000,000	12,000,000
収入合計			2,000,000	11,000,000	16,000,000
支出	生産・出荷コストの支払い		10,000,000	10,000,000	10,000,000
	当月払いの経費		6,565,000	6,565,000	6,565,000
	翌月払いの経費			7,761,000	7,761,000
支出合計					
収支の差引金額					

❶2年目4月の売上原価と販売管理費の合計
：19,126,000円（9,495,000＋9,631,000）

❷2年目4月の生産・出荷コスト：4,800,000円

❸2年目4月の当月払いの経費　：6,565,000円

損益計算書の原価額は、毎月の支払金額とは違います

翌月払いの経費 ＝ ❶ － （ ❷ ＋ ❸ ）

7,761,000　19,126,000　4,8000,000 + 6,565,000

❹ 生産・出荷コストの原価、当月払いの経費、翌月払いの経費を試算した後は、支出の合計値を計算しておきます。

資金繰り計算表			2年目		
			4月	5月	6月
前月繰越金					
	現金売上	20%	2,000,000	3,000,000	4,000,000
	売掛金の回収	80%	0	8,000,000	12,000,000
収入合計			2,000,000	11,000,000	16,000,000
支出	生産・出荷コストの支払い		10,000,000	10,000,000	10,000,000
	当月払いの経費		6,565,000	6,565,000	6,565,000
	翌月払いの経費			7,761,000	7,761,000
支出合計			16,565,000	24,326,000	24,326,000
収支の差引金額					

04 財務収支、資金調達、返済計画

財務収支のつくり方

資金繰り計算表は、資金不足を確認することも重要な目的ですが、資金調達の金額を決定することと返済計画を第三者に説明できることに最大のメリットがあります。第三者との商談材料に使える返済計画のつくり方を理解してください。

Check!

- 資金調達と返済は、財務収支として考える
- 小さい金額から徐々に調達金額を大きくして仮決定する
- 返済期間と利子を決める
- 利子が払える財務収支を組める段階まで調達金額を増やす

返済計画を作成するポイント

① **調達金額の目安を見つける**：資金調達で得るお金は“財務収入”であり、返済するお金は“財務支出”になることを押さえてください。なお、設備投資なども財務支出で計算します。

② **調達金額の仮決定**：最初は、返済計画のことを考えずに単純にお金がいくら必要なのかを財務収入に組み込んで仮決定します。この時、最初は小さい金額から計算をはじめて、資金繰りがショートしない調達金額を算出することで余分な調達額を設定しないようにします。また、返済計画を考えなければならないのですが、最初に返済計画の諸条件も組みあわせて考えてしまうと複雑になるため、シミュレーションが難しくなります。調達金額を仮決定すれば、おおよそ毎月返済しなければならない金額もイメージできるはずです。

③ **返済期間と利子の目安**：資金調達の方法は、金融機関からの融資や社債発行など、さまざまです。しかし、お金を出す側にもメリットが必要なため、利子は必ず要求されるものと考えてください。そのため資金繰り計算表を作成する際に、あらかじめ利子を決めて提案するようにします。

ONE POINT

なぜ、余分な調達はダメなのか？

調達金額が大きくなると、その分だけ毎月の返済金額と利息が大きな負担となってしまいます。計画よりも多少売上が小さくても十分に返済できる調達金額を決定します。

法人税等の支払いは財務支出

次頁からの財務収支シミュレーションでは、法人税等の支払いについて省略されています。法人税等の支払いは、期末後３カ月後に財務支出が発生するものとして計画してください。

● 財務収支シミュレーション例

❶「前月繰越金 ＋ 収入合計 － 支出合計 ＝ 収支の差引金額」の計算で、事業上の収支を計算します。

45,190,000 = 50,000,000 + 0 − 4,810,000

資金繰り計算表			1年目		
			4月	5月	6月
前月繰越金			50,000,000		
収入	現金売上	20%	0	0	0
	売掛金の回収	80%		0	0
収入合計			0	0	0
支出	生産・出荷コストの支払い		0	0	0
	当月払いの経費		4,810,000	4,810,000	4,810,000
	翌月払いの経費			3,214,000	2,214,000
支出合計			4,810,000	8,024,000	7,024,000
収支の差引金額			45,190,000		

**事例では収入が０円になっていますが、
１年目は商品開発期間のため、売上が
発生しないということが理由です。
そのため、開発期間に発生する支出を、
「自己資本＋調達する資金」で乗り切れるような
資金繰りを計画することになります。**

その利子の決め方として、金融公庫の融資の利率を基準にして、0.5～1.0％をプラスして提案すると合理的です。また返済期間の目安は３年以内で検討してください。返済期間と利子を調整しながら、問題なく返済できる調達金額を検討します。

（次頁に続く）

● 財務収支シミュレーション例（続き）

❷ ビジネスプランから「工場の設備投資：5,000 万円」が必要であることが読み取れるため（150 頁）、財務支出に入れます。

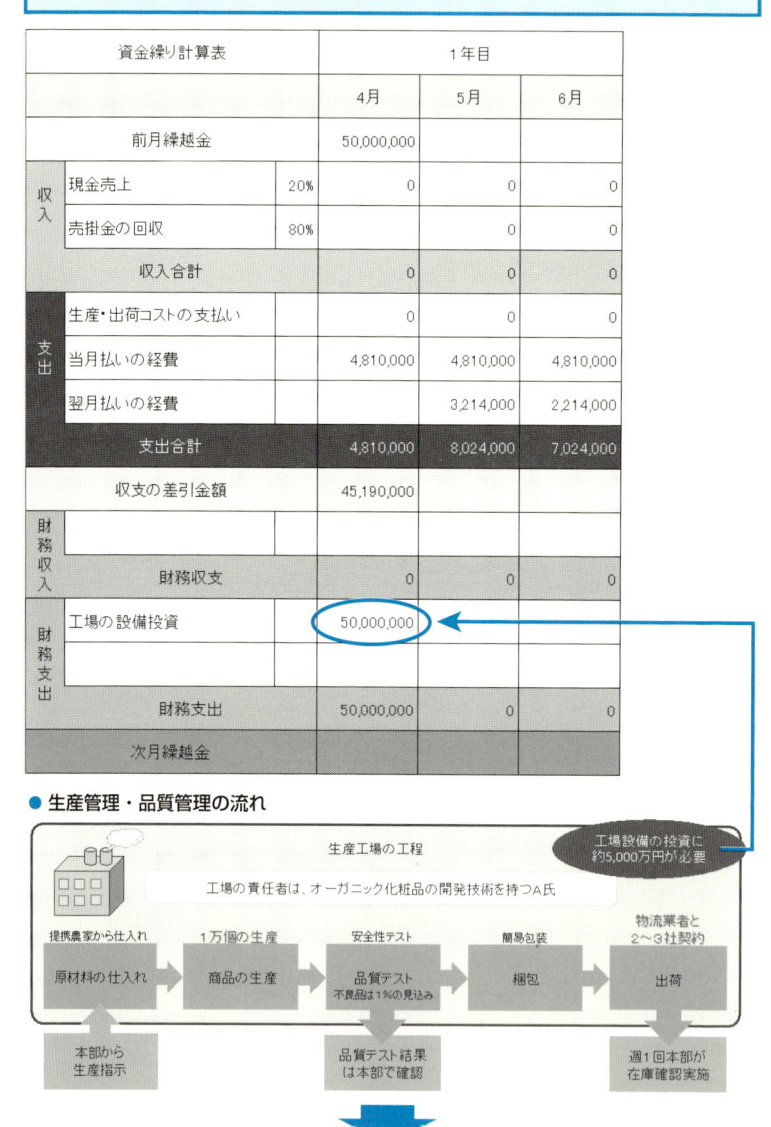

資金繰り計算表			1年目		
			4月	5月	6月
前月繰越金			50,000,000		
収入	現金売上	20%	0	0	0
収入	売掛金の回収	80%		0	0
収入合計			0	0	0
支出	生産・出荷コストの支払い		0	0	0
支出	当月払いの経費		4,810,000	4,810,000	4,810,000
支出	翌月払いの経費			3,214,000	2,214,000
支出合計			4,810,000	8,024,000	7,024,000
収支の差引金額			45,190,000		
財務収入					
財務収入	財務収支		0	0	0
財務支出	工場の設備投資		50,000,000		
財務支出					
財務支出	財務支出		50,000,000	0	0
次月繰越金					

● 生産管理・品質管理の流れ

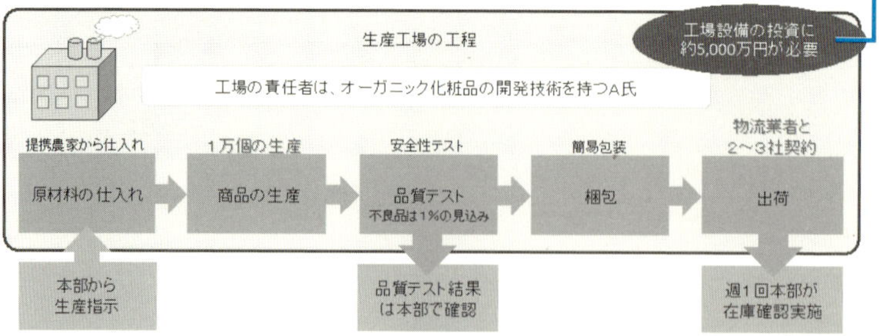
生産工場の工程
工場設備の投資に約5,000万円が必要
工場の責任者は、オーガニック化粧品の開発技術を持つA氏
提携農家から仕入れ
原材料の仕入れ
1万個の生産
商品の生産
安全性テスト
品質テスト
不良品は1%の見込み
簡易包装
梱包
物流業者と2～3社契約
出荷
本部から生産指示
品質テスト結果は本部で確認
週1回本部が在庫確認実施

❸ 「収支の差引金額＋財務収入－財務支出」の計算結果を、「次月繰越金」に入れます。この数値は翌月の「前月繰越金」と一致させます。

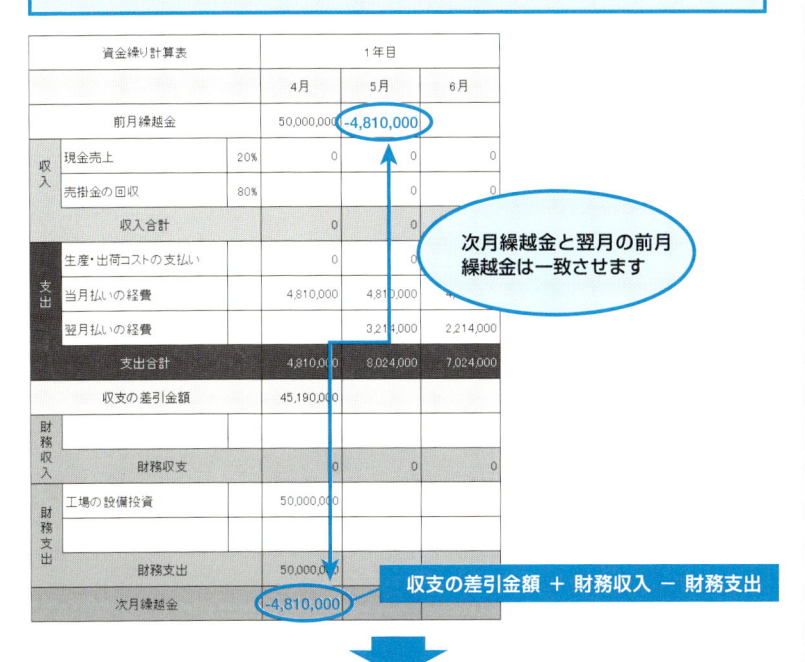

資金繰り計算表			1年目		
			4月	5月	6月
前月繰越金			50,000,000	-4,810,000	
収入	現金売上	20%	0	0	0
	売掛金の回収	80%		0	0
収入合計			0	0	
支出	生産・出荷コストの支払い		0	0	
	当月払いの経費		4,810,000	4,810,000	
	翌月払いの経費			3,214,000	2,214,000
支出合計			4,810,000	8,024,000	7,024,000
収支の差引金額			45,190,000		
財務収入					
財務収支			0	0	0
財務支出	工場の設備投資		50,000,000		
財務支出			50,000,000		
次月繰越金			-4,810,000		

次月繰越金と翌月の前月繰越金は一致させます

収支の差引金額 ＋ 財務収入 － 財務支出

❹ ①→②→③を繰り返して、資金繰り計算表をいったん作成して、「次月繰越金」が黒字になっているか、赤字になっているかを確認する。

資金繰り計算表			1年目												第1期末
			4月	5月	6月	7月	8月	9月	10月	11月	12月	1月	2月	3月	
前月繰越金			50,000,000	-4,810,000	-12,834,000	-19,858,000	-26,882,000	-33,906,000	-41,200,000	-49,232,000	-57,264,000	-65,296,000	-74,598,000	-63,698,000	
収入	現金売上	20%	0	0	0	0	0	0	0	0	0	0	0	0	0
	売掛金の回収	80%		0	0	0	0	0	0	0	0	0	0	0	0
収入合計			0	0	0	0	0	0	0	0	0	0	0	0	0
支出	生産・出荷コストの支払い		0	0	0	0	0	0	0	0	0	0	0	0	0
	当月払いの経費		4,810,000	4,810,000	4,810,000	4,810,000	4,810,000	5,080,000	5,080,000	5,080,000	5,080,000	5,350,000	5,350,000	5,350,000	60,420,000
	翌月払いの経費			3,214,000	2,214,000	2,214,000	2,214,000	2,214,000	2,952,000	2,952,000	2,952,000	3,952,000	3,690,000	3,690,000	32,256,000
支出合計			4,810,000	8,024,000	7,024,000	7,024,000	7,024,000	7,294,000	8,032,000	8,032,000	8,032,000	9,302,000	9,040,000	9,040,000	92,678,000
収支の差引金額			45,190,000	-12,834,000	-19,858,000	-26,882,000	-33,906,000	-41,200,000	-49,232,000	-57,264,000	-65,296,000	-74,598,000	-63,698,000	-92,578,000	-92,678,000
財務収入															150,000,000
財務収支			0		0	0	0	0	0	0	0	0	0	0	150,000,000
財務支出	工場の設備投資		50,000,000												50,000,000
															0
財務支出			50,000,000	0	0	0	0	0	0					0	50,000,000
次月繰越金			-4,810,000	-12,834,000	-19,858,000	123,118,000	116,094,000	109,800,000	100,76[illegible]						

赤字になっているため、資金調達が必要であることが把握できます

（次頁に続く）

財務収支シミュレーション例（続き）

⑤ 赤字を解消するため、1億5,000万円の資金調達をする予定と調達に伴う返済計画を財務収入に入れて資金繰り計算表をつくり直しています。なお、調達金額は資金繰り計算表の中で数値を調整しながら導き出します。

資金繰り計算表			1年目		
			4月	5月	6月
前月繰越金			50,000,000	145,190,000	137,166,000
収入	現金売上	20%	0	0	0
	売掛金の回収	80%		0	0
収入合計			0	0	0
支出	生産・出荷コストの支払い		0	0	0
	当月払いの経費		4,810,000	4,810,000	4,810,000
	翌月払いの経費			3,214,000	2,214,000
支出合計			4,810,000	8,024,000	7,024,000
収支の差引金額			45,190,000	137,166,000	130,142,000
財務収入	借入による入金		150,000,000		
財務収支			150,000,000		0
財務支出	工場の設備投資		50,000,000		
財務支出			50,000,000	0	0
次月繰越金			145,190,000	137,166,000	130,142,000

1億5,000万円の融資を受ける予定を財務収入に入れる

調達金額を決定する際、何年間で返済する計画なのか、また利息は何パーセントまでを許容範囲にするのかを明確にしなければなりません。

その返済回数にしたがって、「(調達金額×（100%+利率)) ÷ 返済回数」の試算をして毎月の返済金額をざっくり計算します。そのうえで調達金額を小さい数字から徐々に大きくしながら、返済しても資金繰りがショートしない金額を確認して決定します。

資金繰り計算表			3年目		
			4月	5月	6月
前月繰越金			70,956,000	71,495,000	67,412,000
収入	現金売上	20%	16,400,000	16,400,000	16,400,000
	売掛金の回収	80%	57,200,000	65,600,000	65,600,000
収入合計			73,600,000	82,000,000	82,000,000
支出	生産・出荷コストの支払い		40,000,000	40,000,000	40,000,000
	当月払いの経費		13,020,000	13,020,000	13,020,000
	翌月払いの経費		6,916,000	19,938,000	19,938,000
支出合計			59,936,000	72,958,000	72,958,000
収支の差引金額			84,620,000	80,537,000	76,454,000
財務収入	借入による入金				
財務収支			0	0	0
財務支出	工場の設備投資				
	借入金の返済	5%	13,125,000	13,125,000	13,125,000
財務支出			13,125,000	13,125,000	13,125,000
次月繰越金			71,495,000	67,412,000	63,329,000

融資に対する返済計画も入れることで返済能力を説明できる

黒字の資金繰り計算表が作成できれば、事業収支シミュレーションは完了です

第8章
数値情報のポイントをまとめるテクニック

01 伝わる事業計画書の特徴

数値情報のポイントを伝える資料を作成する

損益計算書や資金繰り計算表の数値シミュレーションは、３年分を添付資料として準備しますが、プレゼンなどの場合には、数値情報の大事な部分だけをピックアップして、ダイジェスト版として第三者に伝える必要があります。この章では数値情報のまとめ方を理解してください。

Check!

- 「将来性のあるビジネスか」「儲かるのか」をアピールする
- 損益計算書や資金繰り計算表の設定条件を記載する

第三者の知りたいポイントだけをピックアップ

① **ポイントだけを抜粋してアピール**：数値情報は、「将来性のあるビジネスか」「儲かるのか」をアピールできれば十分です。売上や利益であれば「○年後に○億円達成」というレベルで十分です。第三者が数値情報を見る場合、何に重点を置いているかというと、協力者であれば「将来性のあるビジネスか」に重点を置き、お金を出す人であれば「儲かるのか」に重点を置いています。詳細の数値情報が気になる場合は、損益計算書や資金繰り計算表を３年分読んでもらえばよいので、できるかぎり簡潔にまとめます。特に「いつ・いくら・利益が出るのか」は誰もが気にするポイントなので、必ずアピールします。

② **設定条件を提示することが数値の根拠となる**：損益計算書や資金繰り計算表の設定条件をビジネスプランのほかのページに記載していない場合は、ここで記載するようにしてください。万が一設定条件が記載されていないと、損益計算書や資金繰り計算表に記載されている数値の根拠がなく、信頼性を判断できなくなるため注意が必要となります。なお、数値情報の根拠を確認しやすくするため、あえて重複して設定条件を入れるのも１つの方法です。

ONE POINT

数値情報のまとめは最後につくる

ビジネスプランの最後に入れる数値情報のまとめページは、数値シミュレーションが完成し、ビジネスプラン・事業推進フローチャートも修正し終わってから最後に作成します。特に数値シミュレーションが完成するまでは、つくり直しになる可能性が高いので、無駄な作業をしないように注意してください。

売上目標例

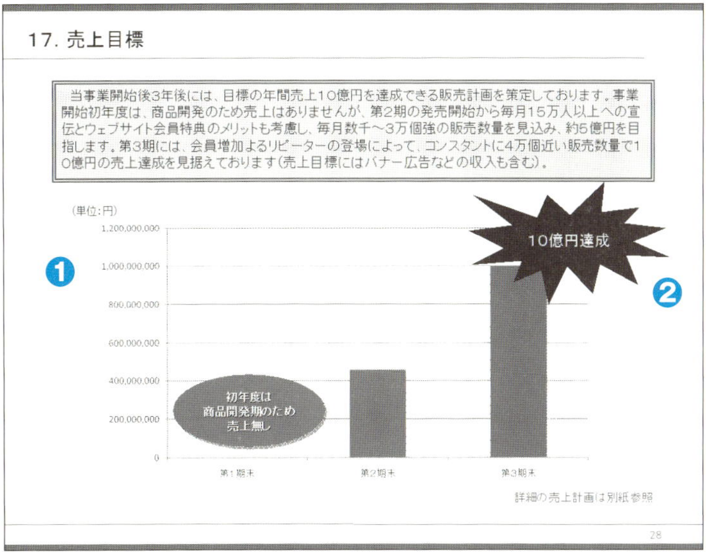
17. 売上目標
当事業開始後3年後には、目標の年間売上10億円を達成できる販売計画を策定しております。事業開始初年度は、商品開発のため売上はありませんが、第2期の発売開始から毎月15万人以上への宣伝とウェブサイト会員特典のメリットも考慮し、毎月数千～3万個強の販売数量を見込み、約5億円を目指します。第3期には、会員増加よるリピーターの登場によって、コンスタントに4万個近い販売数量で10億円の売上達成を見据えております(売上目標にはバナー広告などの収入も含む)。
(単位:円)
1,200,000,000
1,000,000,000
800,000,000
600,000,000
400,000,000
200,000,000
0
10億円達成
初年度は
商品開発期のため
売上無し
第1期末
第2期末
第3期末
詳細の売上計画は別紙参照
28

● 事例のテクニック解説 ●

❶ 売上目標では、1年後・2年後・3年後に達成する予定の売上金額をグラフ化して見せています。グラフ化することで成長の軌跡を表現することができます。

❷ 3年後には、事業ビジョンで掲げた目標を達成できるとともに10億円の売上規模が期待できることをアピールしています。グラフ上に毎年の売上金額を記載して、成長の軌跡を見せることも1つの方法です。

◆ 設定条件の提示例 ◆

販売チャネル：「卸販売：インターネット通販＝30%：70%」
販売価格：2,500円（卸価格は6掛の1,500円）
宣伝広告：毎月15万件（顧客の獲得率3%から25%まで向上）
販売数量：2期目は毎月　数千～3万個強、3期目は毎月約4万個

設定条件を提示しておけば、グラフ化している売上高が「実現できるのか」を判断しやすくなります。

● 生産計画例

18. 生産計画

第2期に約5億円、第3期に10億円の売上達成を支える生産計画を策定しています。計画では、第2期の総生産量は22万個、第3期の総生産量は47万個を予測しています。なお、不良品の発生率1%および宣伝広告として毎月100個を試供品に使用することを視野に入れて計画をしているので、第2期末の在庫数は600個、第3期末の在庫数は3，300個となります。

(単位：個)

❶

生産計画シミュレーション		第1期末	第2期末	第3期末
オーガニック化粧水	販売数	0	216,000	460,800
	生産数	0	220,000	470,000
	不良品	0	2,200	4,700
	試供品	0	1,200	1,200
	在庫数	0	600	3,300

詳細の生産計画は別紙参照

29

● 事例のテクニック解説 ●

❶ 150頁「生産計画の試算テクニック」で紹介している生産計画シミュレーションに基づいて、商品別に、期末時点の販売数・生産数・在庫数をまとめた資料を掲載しています。生産数量は、資金繰りを調整する際などに見るポイントの１つになるので、忘れずに記載するようにします。

❷ 売上原価を計算するための商品１個あたりの生産コストの内訳を生産管理などのページで記載していない場合は、このページに設定条件として入れるようにしましょう。

◆ 設定条件の提示例 ◆

生産コスト：１個あたり 1,000円（内訳は「原材料の仕入 100円」「商品の生産 300円」「品質テスト 100円」「梱包 100円」「出荷 100円」）
生産ロット：１回につき 10,000個
不良品：生産数に対して 1%を想定
試供品：サイト会員登録者への試供品無料配布として毎月 100個

このページでは、実際に生産した場合にどれだけの在庫負担を抱えるリスクがあるのか確認できるようにしています。

● 経費計画例

19. 経費計画

当事業における販管費は、原則として従業員の増加に伴い、管理コストが増加する考え方のもと、計算式によって試算しています。なお、不測の事態に備えるため、各計算根拠の係数(金額)は余裕のある数値を設定しています。

＜販管費の試算根拠＞

❶

人件費	従業員数 × 給与(30万円)
法定福利費	人件費 × 13%
地代家賃	・第1期 第2期は月額100万円 ・第3期は月額300万円(人員増加のため)
通販サイトへの出店費用	月額10万円
その他固定費	従業員数 × 5万円
採用研修費	人員計画に基づき、採用実施月に100万円の予算
水道光熱費	従業員数 × 5千円
通信費	従業員数 × 2万円
旅費交通費	従業員数 × 3万円
消耗品費	従業員数 × 1万円
広告宣伝費	・新聞折り込みチラシ：月額50万円 ・試供品100個：月額15万円
そのほか、雑費など	従業員数 × 5万円

❷ ※金額根拠については別途見積書参照

詳細の経費計画は別紙参照

30

● 事例のテクニック解説 ●

❶ 損益計算書に記載している販売管理費の勘定科目を書き出して、設定金額を注釈しています。損益計算書に記載している勘定科目について漏れがないように注意します。

❷ 「※金額根拠については別途見積書参照」とありますが、地代家賃や水道光熱費など金額が予測しやすいもの以外は、業者からの見積書を取得して添付するように心掛けるようにします。

経費計画のページでは、販売管理費の根拠をそれぞれ提示しているため、設定条件は特に記載しません。事業収支シミュレーション（損益計算書）の参考資料として第三者が確認しやすくしています。

● 利益計画例

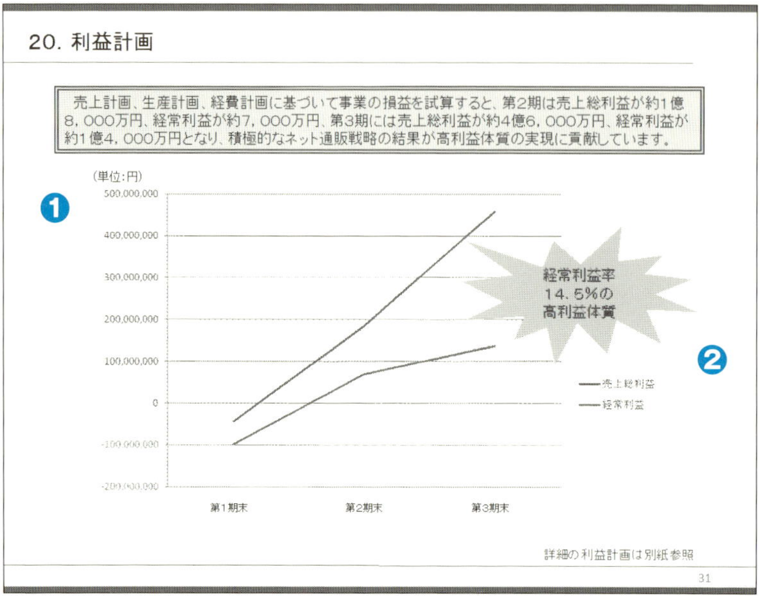
20. 利益計画
売上計画、生産計画、経費計画に基づいて事業の損益を試算すると、第2期は売上総利益が約1億8，000万円、経常利益が約7，000万円、第3期には売上総利益が約4億6，000万円、経常利益が約1億4，000万円となり、積極的なネット通販戦略の結果が高利益体質の実現に貢献しています。
(単位:円)
❶
500,000,000
400,000,000
300,000,000
200,000,000
100,000,000
0
-100,000,000
-200,000,000
第1期末
第2期末
第3期末
経常利益率
14．5%の
高利益体質
❷
売上総利益
経常利益
詳細の利益計画は別紙参照
31

● 事例のテクニック解説 ●

❶ 売上同様にグラフで成長の軌跡を視覚的に伝えています。

❷ 高利益体質を目指す戦略であることを、「ビジネスプランの販売チャネル」で打ち出している伏線を受けて、経常利益率の高さをアピールしています。ビジネスプランのストーリーにあわせて、経常利益の金額を入れるなど、見せ方を工夫します。

利益計画のページでは、事業収支シミュレーション（損益計算書）の試算結果である売上総利益と経常利益をグラフ化しているため、設定条件を提示することはありません。また、説明文に第３期の経常利益が約１億4,000万円であることに触れていますが、これは資金調達したお金を無理なく返済できるだけの利益を出せるアピールの伏線となっています。

● 資金計画例

21. 資金計画

(単位:円)

❶

資金使途		調達資金	
商品5万個の生産コスト	50,000,000	調達予定の金額	150,000,000
1年間の事業運転資金	100,000,000		
工場の設備投資	50,000,000	自己資本	50,000,000
合計	200,000,000	合計	200,000,000

❷

①工場の設備投資金額は、約5，000万円の根拠は別途見積書を参照。
②1年間の事業運転資金は、資金繰りシミュレーション1年目の支出合計に基づき設定。
③商品5万個の生産コストは、5万個×1，000円で試算。2年目の5カ月間の販売数量に充当。
④調達金額については、1年目と2年目は据置きとし、元本に利息(5%)を加えた金額を毎月返済します。

❸

第3期には売上総利益が約4億6，000万円、
経常利益が約1億4千万円、
が見込めるため、問題なく返済可能！

詳細の資金繰り計画は別紙参照

32

● 事例のテクニック解説 ●

❶ 資金計画では、資金繰りシミュレーションで判断した調達金額とその調達金額の資金使途を説明しています。サンプルの表は一般的に使われる形式になるため覚えておいてください。なお、資金使途と調達資金の合計が一致するように調整が必要となります。

❷ 資金使途の詳細・条件の説明を注釈することと、返済における利息などの条件について注釈することを忘れないでください。

❸ 第３期に、売上総利益４億6,000万円・経常利益１億4,000万円が見込めるため、調達金額を無理なく返済できるアピールをしています。サンプルでは金融機関などへのプレゼンを想定して、“金額的にいくら融資してほしいのか？”と“無理なく返済できる”ことをアピールして終了しています。ビジネスプランを読む相手によって、最終ページの結論を変えることも場合によっては必要であることを覚えておきましょう。

column

経営者、事業推進者は数値情報から逃げてはいけない

事業運営をする経営者や事業推進者は、事業を成功させるために必要な幅広い実務ノウハウやビジネスセンスを持っています。しかし、損益計算書や貸借対照表、資金繰り計算表といった数値情報を処理する業務に関してだけは、食わず嫌いで苦手意識を持ってしまっている人も少なくないのではないでしょうか。

そういう人の中には、ビジネスは顧客を獲得してはじめて成立するのだから、経理・財務の業務については二の次でよいと考えている人もいるのではないでしょうか？　もしくは、事業戦略を成功させるために時間のほとんどを費やしてしまい、経理・財務業務について勉強する時間がないのかもしれません。

実際、事業運営は予想以上に多忙な激務のため、運営しながら未経験の専門業務を習得することは大変だと思います。しかし、経営者、事業推進者は、決算書から過去の業績を読み解き、経営分析をして次の事業戦略を考え出したり、常に資金繰りに注意しながら必要な新規顧客の数を営業マンに伝えたり、場合によって資金調達のタイミングを図らなければなりません。これらの役割は、数値情報の根拠もなしに的確に果たすことは難しいものです。

損益計算書と資金繰り計算表は、経営者・事業推進者の役割を果たすために最低限必要な数値情報です。そのため、**経理・財務業務に経験の浅い人は、事業計画書を作成する機会こそ、少しでも数値情報に慣れる練習の場と考えて、前向きに取り組むとよいかもしれません。**

第9章
伝わるビジネスプランのポイント解説

01 モデルプラン

サンプルの事業計画書を紐解く

第９章では、事例として紹介してきたビジネスプランを表紙から順番に読み進めながら、重要なポイントのおさらいができるようにまとめています。

事例について理解しておきましょう

今回の事例では、オーガニック化粧品の製造販売事業をテーマにしたサンプルに基づいて説明してきました。ビジネスプラン作成の解説にあたって、このテーマを選んだ背景にはいくつかの理由があります。まずはその背景を理解していただき、１頁ずつ注意点を見ていきます。

① **１つ目：**「製造業でなければあらゆるビジネスモデルの参考にならない」ことが挙げられます。単に商品を仕入れて販売する事業であれば、仕入と在庫の計画を考えれば十分かもしれませんが、製造業の場合はさらに生産管理・品質管理、さらに物流計画まで考えなければなりません。商品について検討しなければならないさまざまなポイントが、製造業をテーマにすることで網羅できるのです。

② **２つ目：**オーガニックというテーマの話題性に注目しました。最近では健康志向の高まりやエコブームが盛んになり、オーガニックを切り口にした商品・サービスが増えつつあります。そのため、オーガニックの特徴を直観的に理解してもらいやすいことと、オーガニック業界に新規参入するというストーリーは新規事業のモデルとしてわかりやすいと考えました。

③ **３つ目：**化粧品が女性ターゲットの商品であり、店舗販売だけでなくインターネット通販も盛んなことが理由です。女性をターゲットにした商品が数多くある中で、誰もが理解しやすい商品であること、さらにインターネット通販というIT時代の営業戦略を事例にすることで、いろいろな新規事業で参考にしてもらえると考えました。

ONE POINT

事業計画書は必ず印刷して確認

事業計画書をパソコンで作成して、完成したら画面上で見直して終わってしまう人がたくさんいます。しかし、いざ印刷して改めて読んでみると、誤字脱字ばかりか、解説の不整合まで見つかることがあります。さらには、印刷レイアウトの設定ミスといったことまで、いろいろな不備に気がつくものです。プレゼン本番でミスに気づくような事態を避けるためにも、必ず印刷して確認するようにしてください。

表紙を見れば、どのような新規事業について計画したのかがひと目でわかることが大切です。

新規事業計画書

オーガニック化粧品の製造販売事業

Ver.01　平成○年○年○月
株式会社ソーテックス
作成者:石川　功

1

「表紙」作成テクニック → 76ページ

目　次

目次は、第三者が知りたい情報を検索できること、立案者が検討・計画した内容が一目瞭然で把握できることなど重要な役割を果たします。

2

「目次」作成テクニック → 78ページ

> 会社の自己紹介や信頼性につながる情報、また事業推進者の新規事業に対する経験の有無などをアピールします。

1. 会社概要

＜会社概要＞

会社名	株式会社ソーテックス
住所	〒○○○－○○○○　東京都千代田区○○　○－○－○
TEL	○○－○○○○－○○○○
代表取締役	石川　功
設立	○○○○ 年○月○日
事業内容	オーガニック商品の 販売
ホームページ	http://www.xxxxx.jp/

＜事業推進者＞

プロジェクトリーダーは、A氏が務めます。

氏名	島谷良男
性別・年齢	男性　45歳
職歴・業務経験	○○○○年○月　○○化粧品会社　商品製造部 ○○○○年○月　オーガニック・○○株式会社　商品開発部 ○○○○年○月　当社　経営企画室　入社
資格	化粧品製造所責任技術者 公害防止管理者 オーガニックコーディネーター

3

「会社概要」作成テクニック → 80ページ

1. 会社概要

＜業務提携先＞

会社名	はら化粧品株式会社
住所	〒○○○－○○○○　東京都大田区○○　○－○－○
TEL	○○－○○○○－○○○○
代表取締役	原　尚吉
設立	○○○○ 年○月○日
事業内容	30代の女性向けの化粧品を製造販売
ホームページ	http://www.xxxxx.jp/

会社名	オーガニック・コンセルト化粧品株式会社
住所	〒○○○－○○○○　東京品川区○○　○－○－○
TEL	○○－○○○○－○○○○
代表取締役	多田　智太郎
設立	○○○○ 年○月○日
事業内容	オーガニック商品の 販売
ホームページ	http://www.xxxxx.jp/

> 新規事業に対する経験・実績が弱い場合は、業務提携先の紹介などを記載して安心して事業展開できることをアピールします。

4

「会社概要」作成テクニック → 80ページ

事業コンセプトは、商品・サービスや事業の強み、顧客層がわかるようにキャッチコピーをつくります。コンセプトを見て、事業の概略を理解できるのが理想的です。

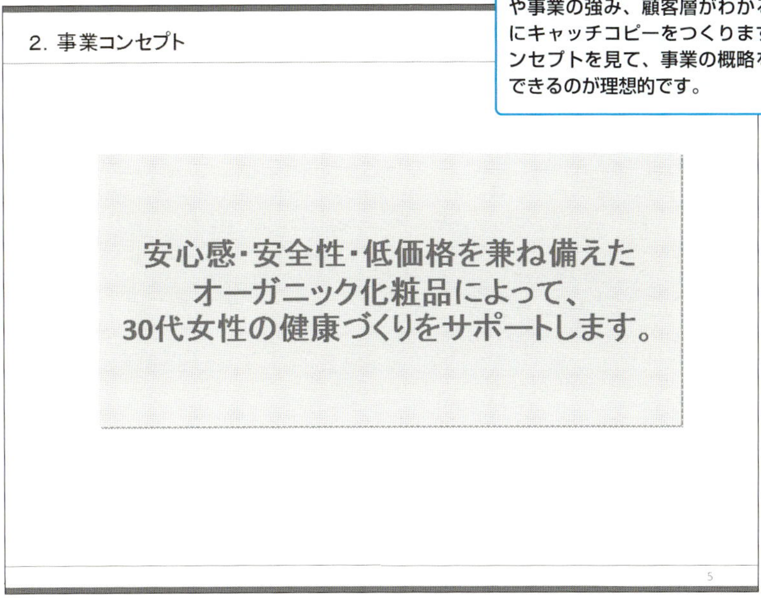
2. 事業コンセプト
安心感・安全性・低価格を兼ね備えた
オーガニック化粧品によって、
30代女性の健康づくりをサポートします。
5

事業化を支える技術力・ノウハウの確認 → 30ページ
事業コンセプトを文章化 → 38ページ
「事業コンセプト」作成テクニック → 82ページ

新規事業を展開する範囲を共有できるように、進出する業界とエリア、顧客層を明確にします。

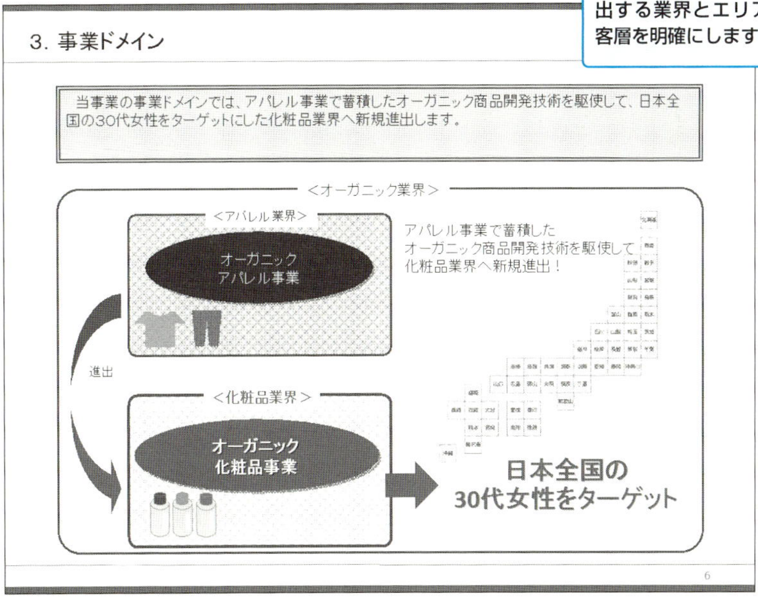
3. 事業ドメイン
当事業の事業ドメインでは、アパレル事業で蓄積したオーガニック商品開発技術を駆使して、日本全国の30代女性をターゲットにした化粧品業界へ新規進出します。
<オーガニック業界>
<アパレル業界>
オーガニック
アパレル事業
アパレル事業で蓄積した
オーガニック商品開発技術を駆使して
化粧品業界へ新規進出！
進出
<化粧品業界>
オーガニック
化粧品事業
日本全国の
30代女性をターゲット
6

「事業ドメイン」作成テクニック → 84ページ

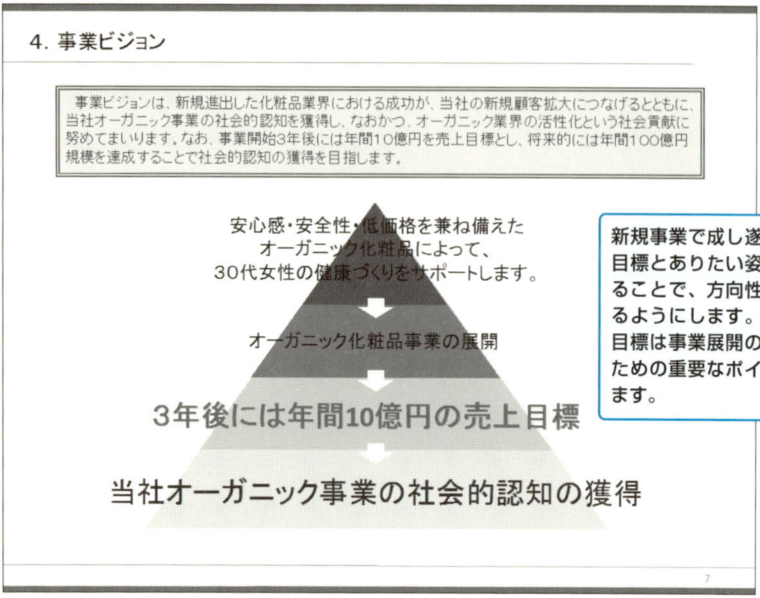
4. 事業ビジョン
事業ビジョンは、新規進出した化粧品業界における成功が、当社の新規顧客拡大につなげるとともに、当社オーガニック事業の社会的認知を獲得し、なおかつ、オーガニック業界の活性化という社会貢献に努めてまいります。なお、事業開始3年後には年間10億円を売上目標とし、将来的には年間100億円規模を達成することで社会的認知の獲得を目指します。
安心感・安全性・低価格を兼ね備えた
オーガニック化粧品によって、
30代女性の健康づくりをサポートします。
オーガニック化粧品事業の展開
3年後には年間10億円の売上目標
当社オーガニック事業の社会的認知の獲得
7

新規事業で成し遂げたい数値目標とありたい姿を明確にすることで、方向性を共有できるようにします。また、数値目標は事業展開の成果を測るための重要なポイントになります。

「事業ビジョン」作成テクニック → 86ページ

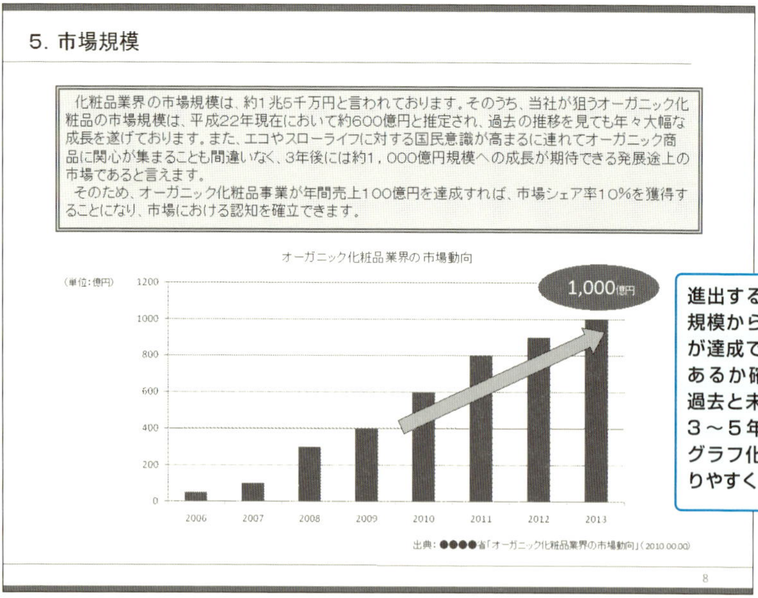
5. 市場規模
化粧品業界の市場規模は、約1兆5千万円と言われております。そのうち、当社が狙うオーガニック化粧品の市場規模は、平成22年現在において約600億円と推定され、過去の推移を見ても年々大幅な成長を遂げております。また、エコやスローライフに対する国民意識が高まるに連れてオーガニック商品に関心が集まることも間違いなく、3年後には約1，000億円規模への成長が期待できる発展途上の市場であると言えます。
そのため、オーガニック化粧品事業が年間売上100億円を達成すれば、市場シェア率10%を獲得することになり、市場における認知を確立できます。
オーガニック化粧品業界の市場動向
（単位：億円）
1200
1000
800
600
400
200
0
2006
2007
2008
2009
2010
2011
2012
2013
1,000億円
出典：●●●●省「オーガニック化粧品業界の市場動向」（2010.00.00）
8

進出する業界の市場規模から、数値目標が達成できる余地があるか確認します。過去と未来について3～5年分の数値をグラフ化するとわかりやすくなります。

1人でできるマーケティング調査のノウハウ → 32ページ
「市場規模」作成テクニック → 88ページ

商品・サービスが売れる根拠を客観的な調査資料に基づいて解説します。事業の強みとの関連性を見せると、事業コンセプトと市場動向がマッチしていることがわかります。

6. 消費者ニーズの動向

オーガニック化粧品事業において、市場シェア率を10%獲得するためには、消費者ニーズを的確に捉えておく必要があります。まず、安心感のあるブランドであればインターネット通販での販売が、全国展開を手早く進めるためには有効であることがいえます。一方、他社の販売価格が高いために大きなシェア獲得につながらず、潜在顧客が全国に多数いることもうかがえます。また、エコやスローライフの浸透によって、消費者の健康や安全に対する意識が向上してますが、訴求方法(宣伝方法)が弱いといえます。これらを勘案すると事業戦略次第で一気にブランド確立を実現できる可能性があると考えられます。

◆ 30代女性に対する意識調査と分析結果 ◆

オーガニック商品に対する購入経路

第1位	インターネット通販で購入(クチコミ参考など)	60%
第2位	専門店での購入	25%
第3位	デパート・百貨店での購入	15%

安心感

販売店が都心に集中しているため、地方の消費者がインターネット通販に集中。また、商品への安心感を得るためネットなどのクチコミがポイントと推測される。

オーガニック化粧品の価格に対する意識

第1位	継続購入するには経済的負担が大きい	50%
第2位	高級品のため購入を検討したことがない	40%
第3位	付加価値が高いため、適正価格といえる	10%

低価格

成長市場といえども、消費者数がまだまだ少ないため、各社ともに販売価格が高い。低価格戦略が実現すれば多数の顧客獲得の可能性あり。

既存の化粧品の安全面に対する意識

第1位	身体への影響など健康面の不安がある	40%
第2位	安全よりも安心感のため有名ブランドを購入	35%
第3位	安全面の説明が少ないため意識しない	25%

安全性

エコやスローライフの浸透によって、健康や安全面に対する意識が向上しているため、「オーガニック」のキーワードが消費者に響きやすいと推測される。

出典:●●●●省「オーガニック化粧品業界の市場動向」(2010.00.00)

9

1人でできるマーケティング調査のノウハウ → 32ページ
「市場動向」作成テクニック → 90ページ

顧客層の具体的な人物イメージをつくります。ライフスタイルなどを具体的に想定することで、ピンポイントの営業戦略を展開しやすくなります。

7. 販売ターゲットのプロファイリング

ブランド確立を実現するためには、当社のオーガニック化粧品を購入してくれる販売ターゲットのイメージを明確にしなければなりません。基本的なターゲット層は日本全国の30代女性ですが、特に家庭を持っている関東エリア在住、**なおかつ**、安心感・安全性・低価格でありながらスタイリッシュで都会的なイメージを好む**30代女性**に絞り込みます。なお、日本全国へは、関東エリアでの成功実績を宣伝材料にして展開していきます。

◆ 販売ターゲットのプロファイリング ◆

基本情報	
年代	30〜40歳
性別	女性
住所	東京を中心とした関東エリア
既婚・未婚	既婚者
家族構成	2〜3人と子供がいる家庭
住まい	・アパート、マンションの借家 ・マンション、一軒家の所有
仕事	・専業主婦 ・パート、アルバイト
世帯の年収	400万円以上 1,000万円以下
携帯の所有	1人1台所有の家庭
パソコンの所有	パソコンを所有しており、日常的にインターネットを利用している
車の所有	0〜1、2台の所有

ライフスタイルなど	
平日の過ごし方	家事、育児の時間が多いが、たまに友達同士で出かけるなど外出の機会がある。
休日の過ごし方	家族で買い物や遊びに出かけるなど、外出の機会がある。
美容の意識	外出の機会があるので、美容には気を使いたい。
安全・健康の意識	可能な範囲で、安全面・健康面に配慮したい。
お金の使い方	家計があるのでできるだけムダな支出は抑えたいと考えている。
価値観	お金はたくさんかけたくないが、他人から見て高級感がある、こだわりがあるスタイリッシュで都会的なイメージを好む。
情報の調べ方	テレビCMや女性雑誌、インターネットのクチコミ情報を取得する。

出典:●●●●省「オーガニック化粧品業界の市場動向」(2010.00.00)

10

「プロファイリング」作成テクニック → 92ページ

8．経営分析（SWOT分析）

安心感・安全性・低価格を兼ね備えたオーガニック化粧品を販売するための経営資源として、当社には既存事業で蓄積したオーガニック商品の開発技術があります。既存事業の成功実績は安心感につながり、安全性を確保するためのテストノウハウを確立していることも大きな強みですが、特に開発技術を自社で保有していることで、他社と比較して低価格を実現できます。ブランド力や資金力、人材に乏しい面があるものの、オーガニック商品への関心が高まり、競合他社が少ない今のタイミングは当社オーガニック事業の社会的認知を獲得する最大のチャンスであるといえます。

内部環境	強み	①	オーガニックアパレル事業の成功という安心感を消費者にアピールできる	安心感
		②	オーガニック商品の開発技術が自社にあるため低価格が実現できる	低価格
		③	オーガニック商品に対する安全性テストのノウハウを確立している	安全性
		④	オーガニックアパレル事業で獲得した、顧客リストが約5万件ある	
	弱み	①	企業ブランド力が弱く、まだまだ信用力が不足している	
		②	新規事業のため資金力が不足している	
		③	人材不足による脆弱な企業体質	
外部環境	機会	①	エコ・スローライフの浸透によるオーガニック商品への関心が向上	
		②	オーガニック商品を販売している競合他社が少ない	
		③	不景気による低価格志向の広がり	
		④	インターネット通販が浸透している	
	脅威	①	法改正によるオーガニック化粧品に対する販売規制	
		②	競合他社が当社のオーガニック化粧品の販売価格を下回る可能性	
		③	オーガニック化粧品の事故発生等による消費者の購買意欲が低下	

11

SWOT分析で、強み・弱み・機会・脅威を明確にし、後から説明する事業戦略に説得力を持たせます。客観的な視点での分析が、説得力を生み出すポイントになります。

SWOT分析のしかた → 40ページ
「経営分析」作成テクニック → 94ページ

クロスSWOT分析で客観的な視点の事業戦略を策定し、強み・機会を活用した戦略がストーリーの中心になります。また、弱み・脅威に備えたリスク対策もポイントです。

9．事業戦略（クロスSWOT分析）

当社オーガニック事業の社会的認知を獲得する事業戦略として、4つの戦略を掲げます。事業開始当初の戦略は、当社にとって好機会であるため、積極的な卸販売とインターネット通販を展開し、同時にインターネットを活用したコストの最小化によってブランド力、資金力の不足という弱みを補います。

また、将来的な事業リスクに備えて、社会的認知の獲得を目指すとともに、ウェブサイト構築による広告宣伝など、新たな収益源の確保、さらに競業する他社に対してオーガニック販売のコンサルティングサービスの提供体制を準備するなど、外部環境に左右されない事業基盤の確立目指します。

		機会	脅威
		① オーガニック商品への関心向上 ② 競合他社が少ない ③ 低価格指向の広がり ④ インターネット通販の浸透	① 法改正による販売規制 ② 価格競争で負ける ③ 事故発生などによる購買意欲低下
強み	① 既存事業成功の安心感 ② 自社開発による低価格 ③ 安全性テストのノウハウ ④ 顧客リスト5万件	<積極的なネット通販> 関東エリアの専門店などへの卸販売を基本として、特にインターネット通販で積極的な宣伝販売活動を展開することで高利益体質を作り上げる	<広告宣伝による収益源確保> オーガニックに関するウェブサイトを構築、顧客リスト5万件を活用した広告宣伝による収益源を確保する
弱み	① ブランド力が不足 ② 資金力が不足 ③ 脆弱な企業体質	<ネット活用でコスト最小化> 業務の有効性および効率性を高めて最小限のコストで事業展開するために、インターネットを活用する	<コンサルティングサービス提供> オーガニック業界における認知獲得を見据えて、他社に対するオーガニック販売のコンサルティングサービス開始の準備を進める

12

クロスSWOT分析の結果から事業戦略を策定する → 46ページ
「事業戦略」作成テクニック → 96ページ

10. 商品戦略と8つの個別戦略

4つの事業戦略の実現には、競合他社に負けず消費者に認めてもらえる商品戦略に基づいたオーガニック化粧品が必要不可欠となります。
確実性の高い商品戦略を展開するため、「品目」「商標・ブランド」「デザインパッケージ」「成分・仕様」「販売価格」「生産管理」「販売チャネル」「顧客サービス」という8つの視点から個別戦略を策定しています。次頁からは各々の個別戦略について解説いたします。

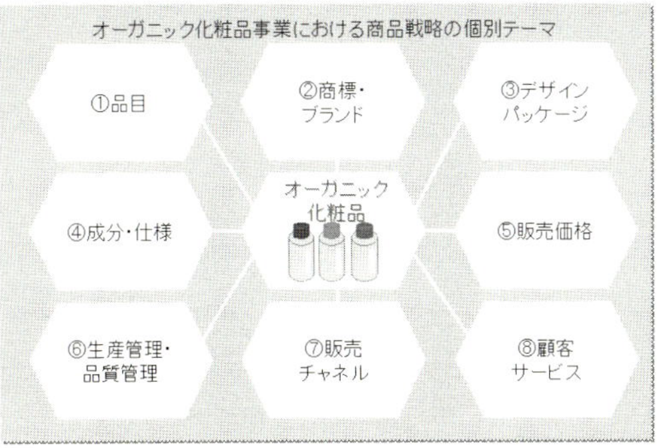

オーガニック化粧品事業における商品戦略の個別テーマ
①品目
②商標・ブランド
③デザインパッケージ
④成分・仕様
オーガニック化粧品
⑤販売価格
⑥生産管理・品質管理
⑦販売チャネル
⑧顧客サービス

13

商品戦略について、8つの個別戦略を提示することで検討不足がないことをアピールします。次頁から説明する戦略の順番にしたがって番号付けして、ストーリーの流れも示します。

商品戦略を個別戦略に細分化（思考補助ツールの活用）→ 54ページ
「商品戦略」作成テクニック → 98ページ

10－①. 品目

化粧品には数多くの商品種類がありますが、事業開始当初は1品目に絞り込み、開発費用および生産原価の最小化を図り、低価格販売を実現いたします。なお最初の1品目には、インターネット通販で売上ランキングカテゴリ第1位の「化粧水」を選ぶことで、インターネット通販利用者からの顧客獲得を図ります。また、低価格の販売によって顧客の獲得に成功すれば、最初の1品目で得た利益から次の商品の開発コストを捻出して、オーガニック化粧品のブランド化を目指したシリーズ展開をしていきます。

インターネット通販サイト“薬天市場”
の商品カテゴリ別売上ランキング

順位	商品カテゴリ
第1位	**化粧水**
第2位	美容液
第3位	クレンジング
第4位	乳液
第5位	洗顔石鹸

（2010.00.00時点の順位）

1品目「化粧水」に絞り込み！
化粧水
開発費用および生産原価の最小化で、低価格販売を実現
インターネット通販の売上第1位のカテゴリを選択して“売りやすさ”重視
1品目が成功すれば、ブランド化を目指したシリーズ展開！
美容液、クレンジングなど9品目を展開予定

14

商品・サービスの品揃えについて、根拠を示しながら解説します。事業ビジョンの目標にあわせて、将来品揃えを増やす場合は、その点も解説してストーリーを整合させます。

個別戦略の「品目」作成テクニック → 100ページ

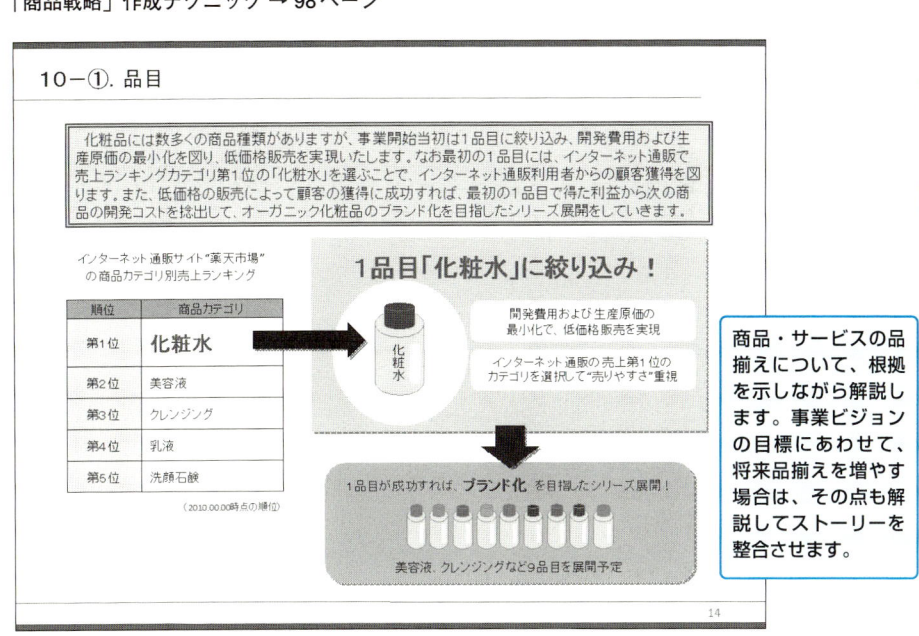

10－②. 商標・ブランド

将来、オーガニック化粧品をシリーズ展開してくことを想定しているため、開発商品のブランド名が必要となります。当商品のブランド名は、「naturack（ナチュラック）」と命名し、オーガニックを育む自然をイメージする「natural」と「楽」に人間の本来持つ美を取り戻してほしいという想いを込めて考案した造語です。オーガニックという言葉にピンとこない消費者でも、何となく自然にやさしいニュアンスを伝えることができます。そのため、このエコに通じるイメージを壊さないため、商標申請はもちろんのこと、デザインパッケージによって視覚的にイメージの定着を図ります。

オーガニック化粧品のブランド名

ナチュラック

naturack

エコに通じるイメージ
を持つ名称

＜商標権の保護＞

ブランド化してシリーズ展開する際に、他社がブランド名を不適切に扱うリスクを考慮して
商品販売活動後、商標審査の申請を行います（権利発生まで3年程度の目安）。

15

商品・サービスの名称・ブランド名を紹介します。できるかぎり事業コンセプトに沿った名称を考えます。商標権取得など、ブランドを守るリスク対策もこのページで解説します。

個別戦略の「商標・ブランド」作成テクニック → 102ページ

10－③. デザインパッケージ

デザインパッケージは、自然にやさしいニュアンスを伝えるためエコを意識して、リサイクルまたは焼却できる材料とし、さらに外箱を使わない簡易包装とします。また、配色は「natural」に通じる緑色と白色を使い、同時にできるかぎりスタイリッシュで都会的なイメージを作り出します。
また、オーガニック化粧品の特徴である成分を視覚的にイメージさせるため、化学肥料や農薬が使用されていないニュアンスを大切にして、デザインはシンプルさを重要視します。

商品イメージ

リサイクルまたは
焼却できる材料で
エコに対応

外箱を使わない
簡易包装で
エコに対応

緑色と白色を基本にして
「natural」のイメージ

スタイリッシュで
都会的なデザイン

化学肥料や農薬が使用されて
いないニュアンスを表現するため、
デザインはシンプルさを重要視

オーガニック化粧品の特徴である成分を視覚的にイメージさせる

16

ブランド戦略にしたがったデザインパッケージであることを解説します。商品イメージも掲載し、顧客層に受け入れられるデザインパッケージなのか判断できるようにします。

個別戦略の「デザインパッケージ」作成テクニック → 104ページ

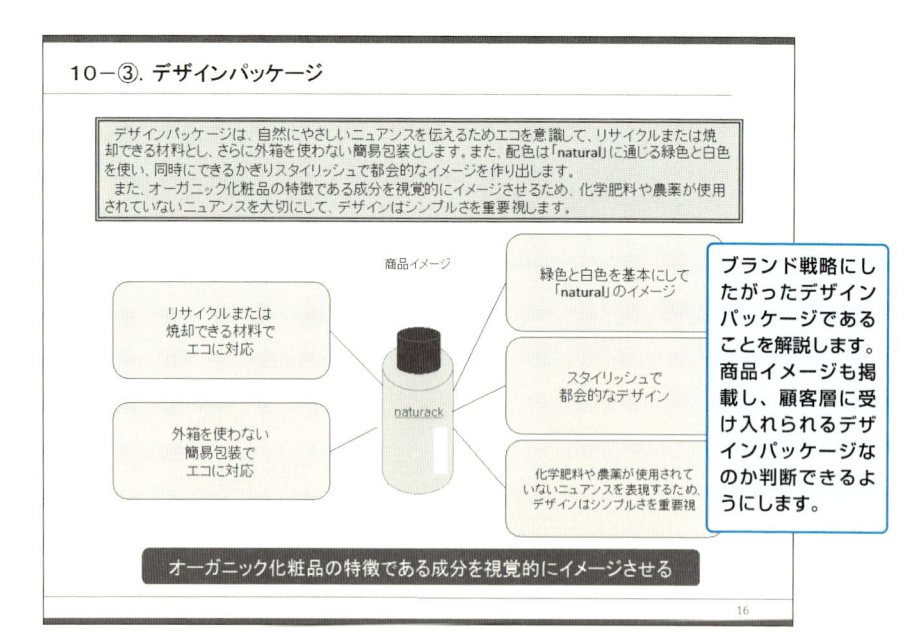

商品・サービスについて、事業の強みにつながる成分・仕様であることを解説します。宣伝広告のキャッチコピーにつながるようなアピールポイントも明確にしておきます。

10－④. 成分・仕様

オーガニック化粧品は、その安心感を消費者に素直に理解してもらうためにも、天然由来成分100%を大原則とします。これら成分については、安心感をアピールするため、商品ラベルに記載するとともに、ホームページ上でも詳細に掲載します。この天然由来成分100%のオーガニック化粧品「naturack(ナチュラック)」を競合他社よりも低価格で販売していくことが最大の強みになります。

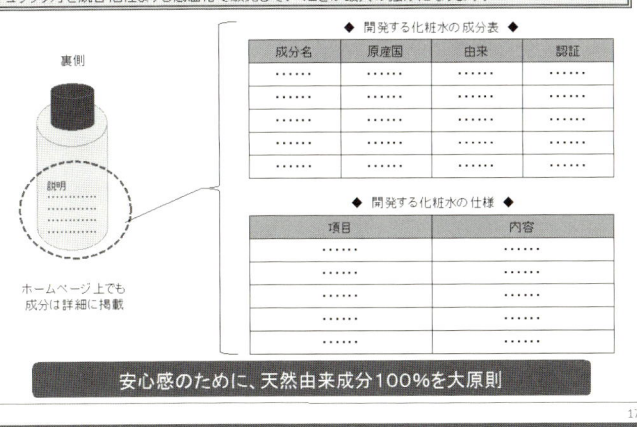

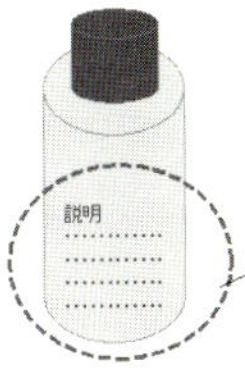

裏側
説明
ホームページ上でも
成分は詳細に掲載

◆ 開発する化粧水の成分表 ◆

成分名	原産国	由来	認証
……	……	……	……
……	……	……	……
……	……	……	……
……	……	……	……
……	……	……	……

◆ 開発する化粧水の仕様 ◆

項目	内容
……	……
……	……
……	……
……	……
……	……

安心感のために、天然由来成分100%を大原則

17

個別戦略の「成分・仕様」作成テクニック → 106ページ

競合価格を分析したうえで、ターゲットとする顧客層に販売する価格を解説します。他社とは異なる切り口があることをアピールできるのが理想的です。

10－⑤. 販売価格

販売価格の設定基準は、原則として競合他社の販売価格よりも低価格な設定となります。当社が開発する容量の化粧水で価格比較した場合、A社は高所得層にターゲットを絞った商品戦略であり、B社もある程度の年収がある消費者をターゲットにしています。そのため、現在のところ3,000円を下回る価格の企業はありません。当社では、オーガニック化粧水「naturack(ナチュラック)」を2,500円の価格設定とし、他社が未開拓の消費者を一気に獲得するべく、この価格設定が可能となる生産体制を構築します。

◆ 販売価格と顧客の年収の関係図 ◆

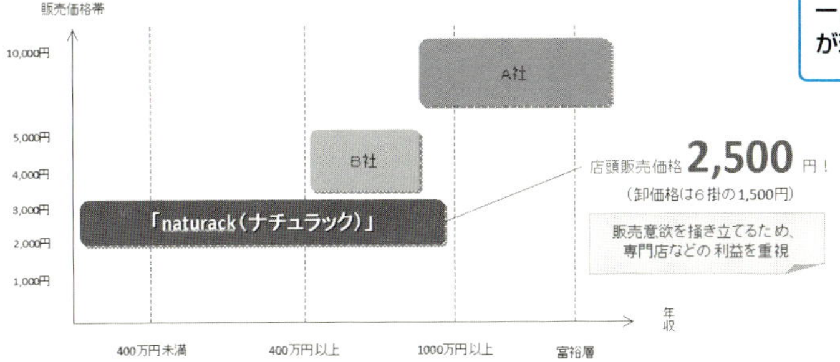

販売価格帯
10,000円
5,000円
4,000円
3,000円
2,000円
1,000円
A社
B社
「naturack(ナチュラック)」
店頭販売価格 2,500 円!
(卸価格は6掛の1,500円)
販売意欲を掻き立てるため、専門店などの利益を重視
年収
400万円未満
400万円以上
1000万円以上
富裕層

※上記情報は、各社ホームページから取得した情報に基づき自社分析

18

個別戦略の「販売価格」作成テクニック → 108ページ

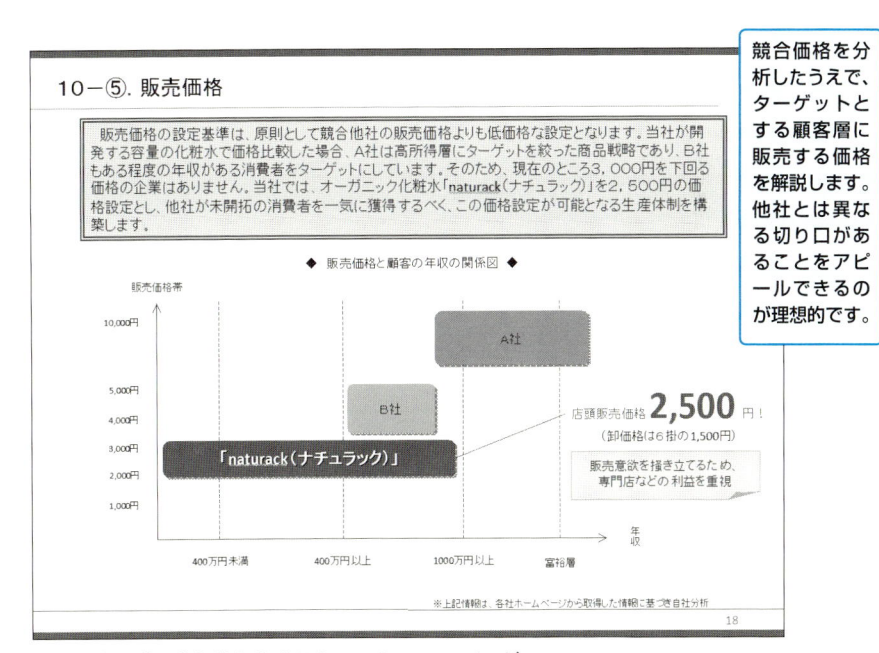

事業コンセプトの実現につながる商品・サービスの開発・生産体制の説明をするだけでなく、厳密なコスト計算ができるように、根拠の数値を提示することが重要なポイントです。

10－⑥. 生産管理・品質管理

オーガニック化粧品「naturack（ナチュラック）」の販売価格2，500円を実現するためには、仕入れから出荷までに掛かる、1個あたりの生産・出荷コストを1，000円未満に抑える必要があります。そのために必要となる生産ロットは、1度に1万個という試算になり、不良品の発生率は生産量に対して1%を見込んでおります。また、出荷については2～3社の物流業者と契約してすべての販売チャネルに対応します。

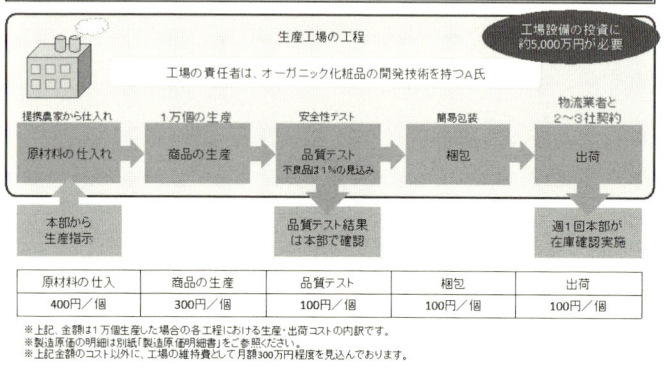

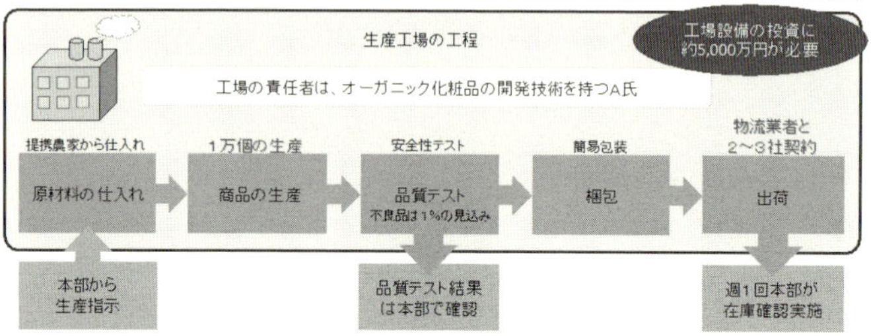

生産工場の工程
工場設備の投資に約5,000万円が必要
工場の責任者は、オーガニック化粧品の開発技術を持つA氏
提携農家から仕入れ
原材料の仕入れ
1万個の生産
商品の生産
安全性テスト
品質テスト
不良品は1%の見込み
簡易包装
梱包
物流業者と2～3社契約
出荷
本部から生産指示
品質テスト結果は本部で確認
週1回本部が在庫確認実施

原材料の仕入	商品の生産	品質テスト	梱包	出荷
400円／個	300円／個	100円／個	100円／個	100円／個

※上記、金額は1万個生産した場合の各工程における生産・出荷コストの内訳です。
※製造原価の明細は別紙「製造原価明細書」をご参照ください。
※上記金額のコスト以外に、工場の維持費として月額300万円程度を見込んでおります。

19

個別戦略の「生産管理・品質管理」作成テクニック → 110ページ

販売チャネルを明確にして、顧客層に商品・サービスを届ける経路を解説します。
また、販売チャネルごとの売上の割合を設定することで、売上計画シミュレーションをしやすくします。

10－⑦. 販売チャネル

オーガニック化粧品事業の販売チャネルには、「専門店・デパート・百貨店への卸販売」と「インター
ト通販による直接販売」という2つを計画しております。卸販売の利益500円に対して、直接販売の
合は1，500円と大きな利益を獲得できます。そのため、販売数量の割合については、前者：後者＝
0%：70%を目標とし、インターネット通販による直接販売を主軸とした高利益体質を作りあげます。

専門店・デパート・百貨店への卸販売	インターネット通販による直接販売

事業開始当社は関東エリアをメインに展開

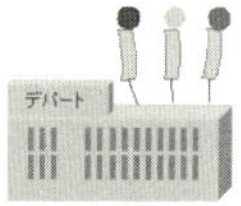

デパート

医薬品専門 インターネット通販サイト
薬天市場
Naturack（ナチュラック）
積極的なネット通販

販売数量の割合	販売数量の割合
30%	70%

（販売価格/個）－（生産・出荷コスト/個）＝（利益/個）
1,500円 － 1,000円 ＝ 500 円

（販売価格/個）－（生産・出荷コスト/個）＝（利益/個）
2500円 － 1,000円 ＝ 1,500 円

インターネット通販による直接販売によって高利益体質を目指す！

20

個別戦略の「販売チャネル」作成のテクニック → 112ページ

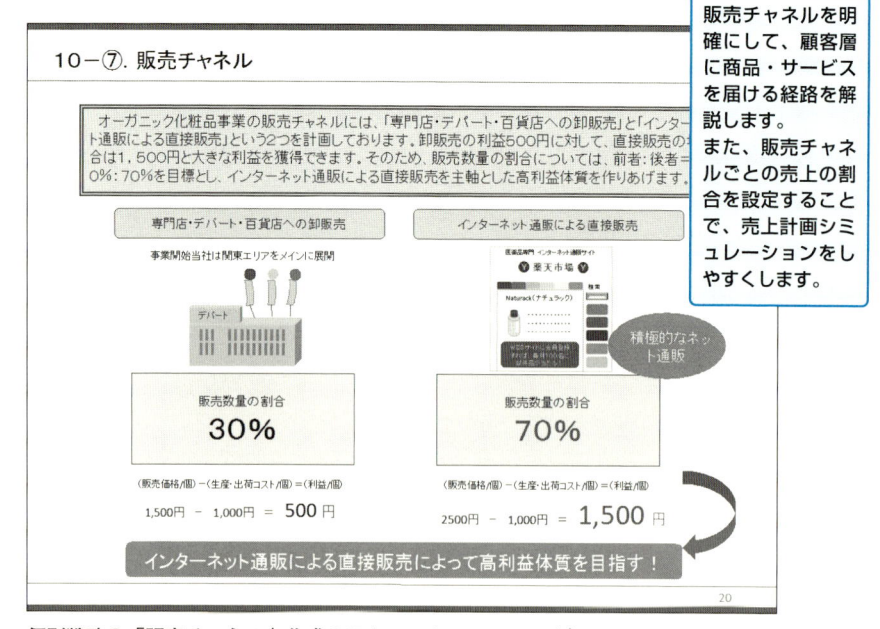

顧客満足度を高めるためのサービスやキャンペーンを解説します。特にキャンペーンについては宣伝広告につながるため、計画内容を明確にしておきます。

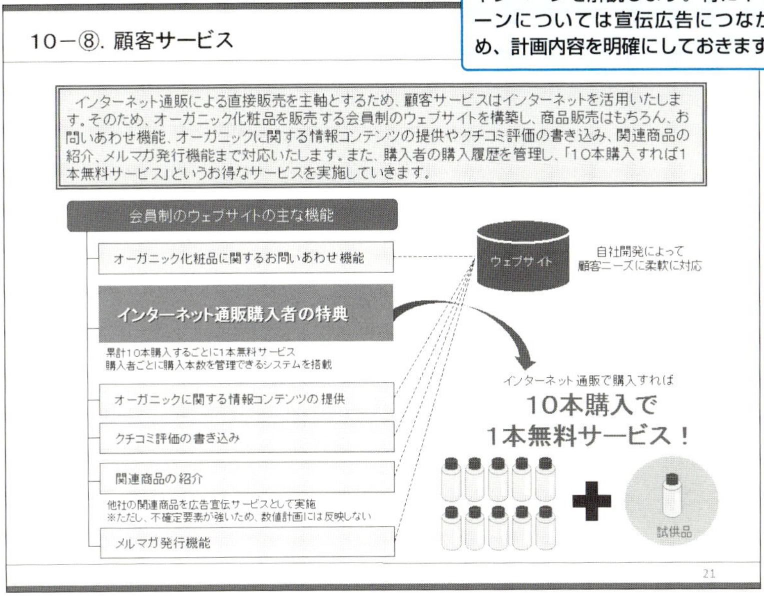
10－⑧. 顧客サービス
インターネット通販による直接販売を主軸とするため、顧客サービスはインターネットを活用いたします。そのため、オーガニック化粧品を販売する会員制のウェブサイトを構築し、商品販売はもちろん、お問いあわせ機能、オーガニックに関する情報コンテンツの提供やクチコミ評価の書き込み、関連商品の紹介、メルマガ発行機能まで対応いたします。また、購入者の購入履歴を管理し、「10本購入すれば1本無料サービス」というお得なサービスを実施していきます。
会員制のウェブサイトの主な機能
オーガニック化粧品に関するお問いあわせ機能
インターネット通販購入者の特典
累計10本購入するごとに1本無料サービス
購入者ごとに購入本数を管理できるシステムを搭載
オーガニックに関する情報コンテンツの提供
クチコミ評価の書き込み
関連商品の紹介
他社の関連商品を広告宣伝サービスとして実施
※ただし、不確定要素が強いため、数値計画には反映しない
メルマガ発行機能
ウェブサイト
自社開発によって
顧客ニーズに柔軟に対応
インターネット通販で購入すれば
10本購入で
1本無料サービス！
試供品
21

個別戦略の「顧客サービス」作成のテクニック → 114ページ

一番重要な販売チャネルに絞り、どのような宣伝広告を展開して、どのくらいの顧客を獲得できるのか解説します。
売上・宣伝広告の根拠となるため、数値情報は明確にしておきます。

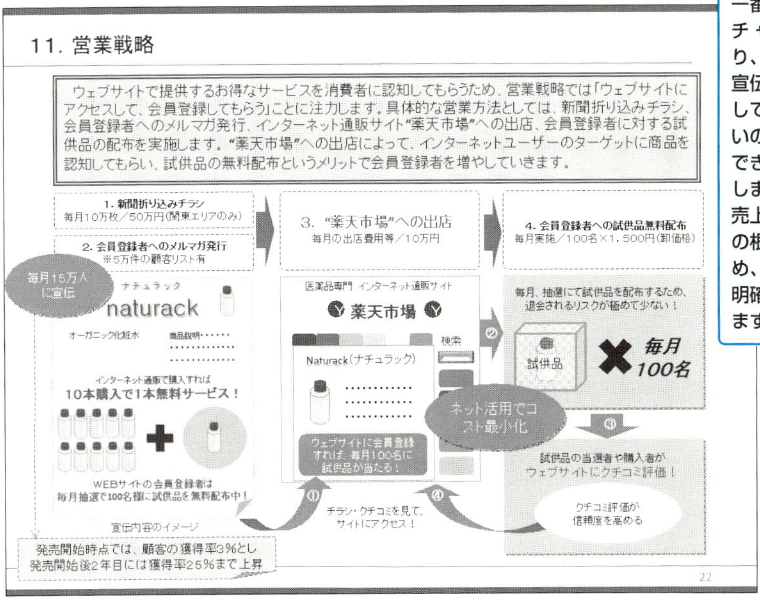
11. 営業戦略
ウェブサイトで提供するお得なサービスを消費者に認知してもらうため、営業戦略では「ウェブサイトにアクセスして、会員登録してもらう」ことに注力します。具体的な営業方法としては、新聞折り込みチラシ、会員登録者へのメルマガ発行、インターネット通販サイト“薬天市場”への出店、会員登録者に対する試供品の配布を実施します。“薬天市場”への出店によって、インターネットユーザーのターゲットに商品を認知してもらい、試供品の無料配布というメリットで会員登録者を増やしていきます。
1. 新聞折り込みチラシ
毎月10万枚／50万円(関東エリアのみ)
2. 会員登録者へのメルマガ発行
※5万件の顧客リスト有
3. “薬天市場”への出店
毎月の出店費用等／10万円
4. 会員登録者への試供品無料配布
毎月実施／100名×1，500円(卸価格)
毎月15万人に宣伝
ナチュラック
naturack
オーガニック化粧水
商品説明・・・・・・
インターネット通販で購入すれば
10本購入で1本無料サービス！
WEBサイトの会員登録者は
毎月抽選で100名様に試供品を無料配布中！
宣伝内容のイメージ
発売開始時点では、顧客の獲得率3%とし
発売開始後2年目には獲得率25%まで上昇
医薬品専門 インターネット通販サイト
薬天市場
検索
Naturack(ナチュラック)
ウェブサイトに会員登録すれば、毎月100名に試供品が当たる！
ネット活用でコスト最小化
①
チラシ・クチコミを見て、
サイトにアクセス！
②
毎月、抽選にて試供品を配布するため、
退会されるリスクが極めて少ない！
試供品
毎月
100名
③
試供品の当選者や購入者が
ウェブサイトにクチコミ評価！
クチコミ評価が
信頼度を高める
④
22

「営業戦略」作成のテクニック → 116ページ

新規事業を展開するために必要となるシステムなどの役割、また外部委託なのか自社開発なのかも明確にして、開発費用が必要なのか、システム人材が必要なのかを伝えます。

12. IT戦略

ウェブサイトの会員登録者の増加を見越し、IT戦略ではウェブサイト構築、販売管理システム、在庫管理システムはもちろんのこと、特に会員管理システムの整備を重点的に行います。さらに、会員登録者の増加によって、他企業に説得力のあるスケールメリットを発揮することが可能となり、ウェブサイトにてバナー広告等を募集し、広告宣伝による安定した収益源を確保していきます。
このIT戦略によって、オーガニック化粧品の製造販売体制を確立していきます。

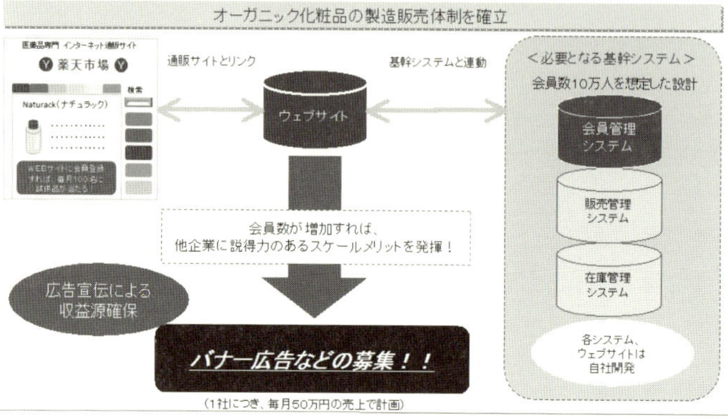

オーガニック化粧品の製造販売体制を確立
医薬品専門 インターネット通販サイト
薬天市場
Naturack(ナチュラック)
検索
通販サイトとリンク
ウェブサイト
基幹システムと連動
＜必要となる基幹システム＞
会員数10万人を想定した設計
会員管理システム
販売管理システム
在庫管理システム
各システム、ウェブサイトは自社開発
会員数が増加すれば、
他企業に説得力のあるスケールメリットを発揮！
広告宣伝による収益源確保
バナー広告などの募集！！
(1社につき、毎月50万円の売上で計画)

23

「IT戦略」作成のテクニック → 120ページ

新規事業の将来像を解説することで、事業ビジョンに掲げた“ありたい姿”を達成するまでのストーリーを描きます。

13. 事業の将来性・発展性

オーガニック化粧品の製造販売体制を確立し、売上目標10億円を達成した際には、9品目を一気に追加発売し、年間100億円の売上目標の達成を目指します。同時に、他社に対するオーガニック販売のコンサルティングサービス提供を開始することで、安心感・安全性・低価格を兼ね備えたオーガニック化粧品の30代女性に対する普及により一層努め、当社オーガニック事業の社会的認知の獲得を目指していきます。社会的認知を獲得すれば、さらなる事業の多角化が容易に可能となります！

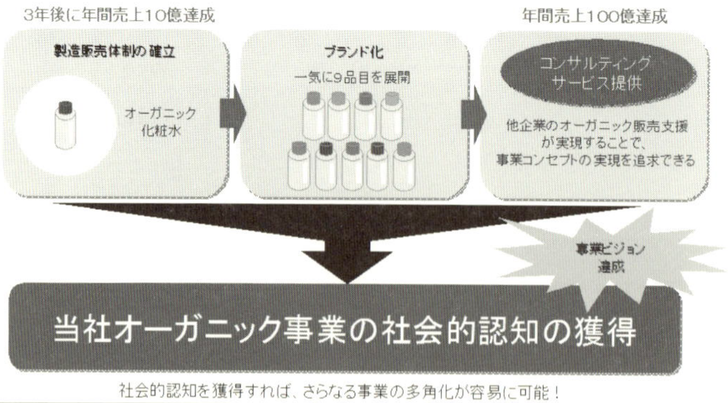

3年後に年間売上10億達成
年間売上100億達成
製造販売体制の確立
オーガニック化粧水
ブランド化
一気に9品目を展開
コンサルティングサービス提供
他企業のオーガニック販売支援が実現することで、事業コンセプトの実現を追求できる
事業ビジョン達成
当社オーガニック事業の社会的認知の獲得
社会的認知を獲得すれば、さらなる事業の多角化が容易に可能！

24

「事業の将来性・発展性」作成のテクニック → 122ページ

事業展開のスケジュールを解説する中で、商品・サービスの発売開始時期を明確にすることが、厳密な数値シミュレーションを行うための重要なポイントになります。

14. 事業展開スケジュール

当事業のスケジュールの概略は以下のとおりです。詳細のスケジュール等については、別紙をご参照ください。

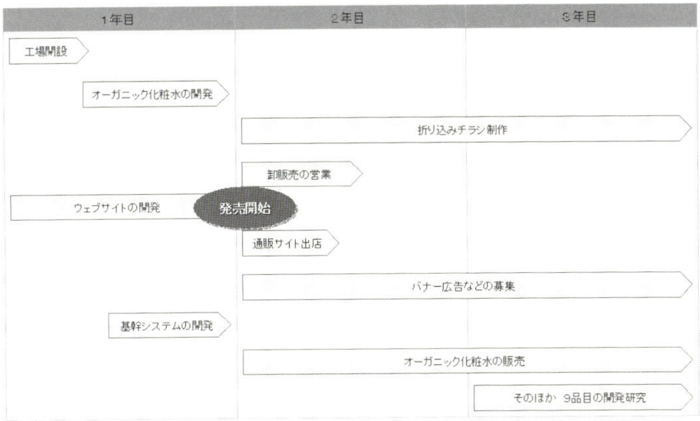
1年目
2年目
3年目
工場開設
オーガニック化粧水の開発
折り込みチラシ制作
卸販売の営業
ウェブサイトの開発
発売開始
通販サイト出店
バナー広告などの募集
基幹システムの開発
オーガニック化粧水の販売
そのほか 9品目の開発研究

25

「事業展開スケジュール」作成のテクニック → 124ページ

15. 組織体制

当事業の推進に必要な体制として、次の組織編成をイメージしております。オーガニック化粧品事業部長として島谷良男氏が就任し、営業部・生産管理部・商品開発部・システム部・カスタマーサポート部を設置します。

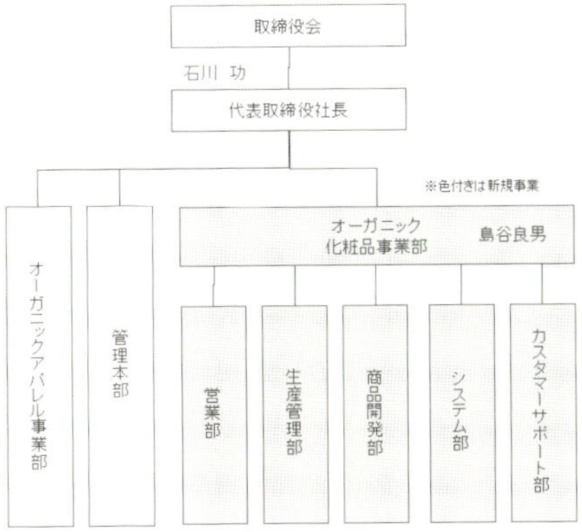
取締役会
石川 功
代表取締役社長
※色付きは新規事業
オーガニックアパレル事業部
管理本部
オーガニック化粧品事業部
島谷良男
営業部
生産管理部
商品開発部
システム部
カスタマーサポート部

<各部門の役割>

営業部
商品の販売に関する業務全般

生産管理部
商品の生産管理および在庫管理

商品開発部
新規商品の開発研究

システム部
ウェブサイトなどの開発および運用管理

カスタマーサポート部
ウェブサイトの登録会員の管理

事業推進フローチャートを作成したうえで、運営体制を組織図で説明します。新規事業にどれだけの人員数が必要なのかを説明する根拠にもなります。

組織体制のつくり方 → 156ページ

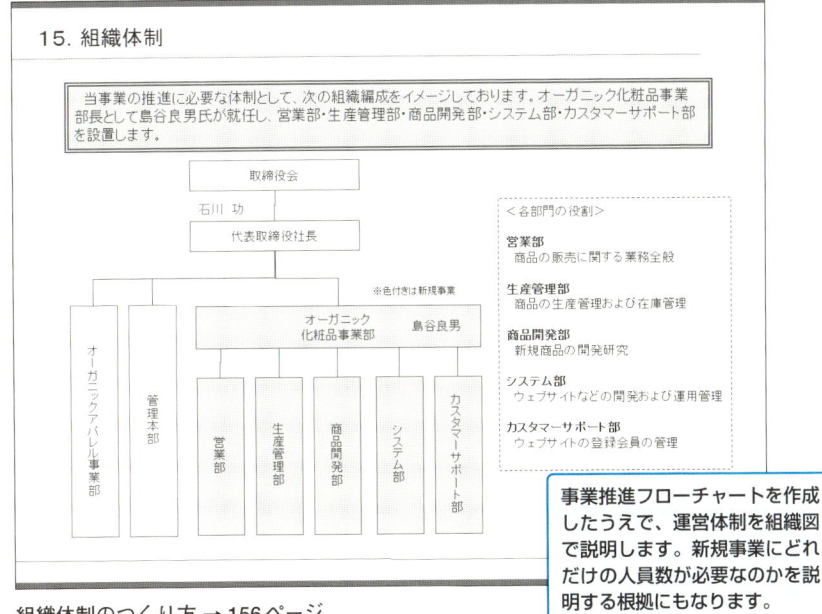

人員数は販売管理費の中でも大きな割合を占めるため、部門ごとに人数を明確にしておきます。人材募集広告の時期なども数値シミュレーションの根拠として解説します。

16. 人員計画

当事業における1年目、2年目、3年目の人員計画は以下のとおりです。ただし、人数については3月期末時点での人数とし、毎年3月には翌年の人員採用に向けた募集広告を行うものとします。

(数値は3月期末時点での人数)

部門	第1期末	第2期末	第3期末
営業部	2	2	4
生産管理部	2	4	8
商品開発部	4	4	18
システム部	2	2	11
カスタマーサポート部	0	2	6
合計	10	14	47

※毎年3月に翌年の人員採用に向けた募集広告を行います。

詳細の人員計画は別紙参照

27

人員計画試算のテクニック―人件費の基礎条件のつくり方―→158ページ

17. 売上目標

当事業開始後3年後には、目標の年間売上10億円を達成できる販売計画を策定しております。事業開始初年度は、商品開発のため売上はありませんが、第2期の発売開始から毎月15万人以上への宣伝とウェブサイト会員特典のメリットも考慮し、毎月数千〜3万個強の販売数量を見込み、約5億円を目指します。第3期には、会員増加よるリピーターの登場によって、コンスタントに4万個近い販売数量で10億円の売上達成を見据えております(売上目標にはバナー広告などの収入も含む)。

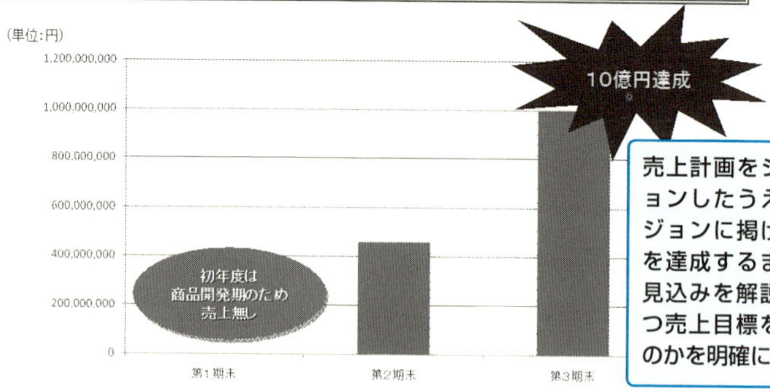

売上計画をシミュレーションしたうえで、事業ビジョンに掲げた売上目標を達成するまでの業績の見込みを解説します。いつ売上目標を達成できるのかを明確にします。

詳細の売上計画は別紙参照

28

売上計画の試算テクニック→144ページ
売上目標例→195ページ

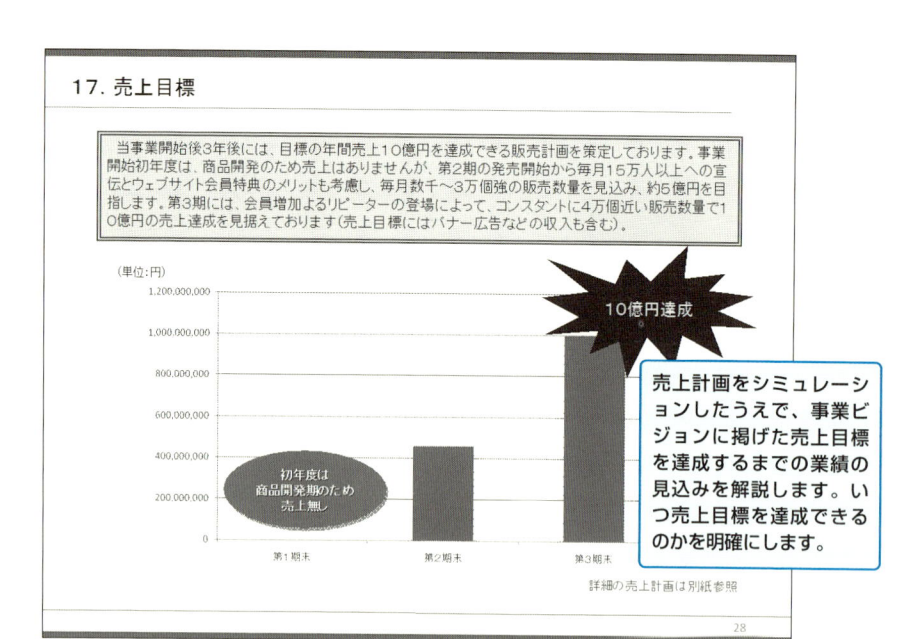

どれだけの生産を行うのか、期末時点でどれだけの在庫があるのかがリスク対策上の重要ポイントになるため、必ず記載しておきます。

18. 生産計画

第2期に約5億円、第3期に10億円の売上達成を支える生産計画を策定しています。計画では、第2期の総生産量は22万個、第3期の総生産量は47万個を予測しています。なお、不良品の発生率1%および宣伝広告として毎月100個を試供品に使用することを視野に入れて計画をしているので、第2期末の在庫数は600個、第3期末の在庫数は3，300個となります。

(単位:個)

生産計画シミュレーション		第1期末	第2期末	第3期末
オーガニック化粧水	販売数	0	216,000	460,800
	生産数	0	220,000	470,000
	不良品	0	2,200	4,700
	試供品	0	1,200	1,200
	在庫数	0	600	3,300

詳細の生産計画は別紙参照

29

生産計画の試算テクニック →150ページ
生産コストの試算テクニック →152ページ
生産計画例 →196ページ

19. 経費計画

当事業における販管費は、原則として従業員の増加に伴い、管理コストが増加する考え方のもと、計算式によって試算しています。なお、不測の事態に備えるため、各計算根拠の係数(金額)は余裕のある数値を設定しています。

＜販管費の試算根拠＞

人件費	従業員数 × 給与(30万円)
法定福利費	人件費 × 13%
地代家賃	・第1期 第2期は月額100万円 ・第3期は月額300万円(人員増加のため)
通販サイトへの出店費用	月額10万円
その他固定費	従業員数 × 5万円
採用研修費	人員計画に基づき、採用実施月に100万円の予算
水道光熱費	従業員数 × 5千円
通信費	従業員数 × 2万円
旅費交通費	従業員数 × 3万円
消耗品費	従業員数 × 1万円
広告宣伝費	・新聞折り込みチラシ:月額50万円 ・試供品100個:月額15万円
そのほか、雑費など	従業員数 × 5万円

※金額根拠については別途見積書参照

新規事業の運営に必要な経費を一覧化し、各経費項目の設定条件を数値シミュレーションの根拠として提示しておきます。

詳細の経費計画は別紙参照

30

広告宣伝計画の試算テクニック →148ページ
人員計画試算のテクニック—人件費の基礎条件のつくり方— →158ページ
経費項目を棚卸しする →162ページ　経費計画例 →197ページ

新規事業を展開することで得られる利益について明確にします。経常利益が調達したい資金を十分上回っていることが重要です。

20. 利益計画

売上計画、生産計画、経費計画に基づいて事業の損益を試算すると、第2期は売上総利益が約1億8,000万円、経常利益が約7,000万円、第3期には売上総利益が約4億6,000万円、経常利益が約1億4,000万円となり、積極的なネット通販戦略の結果が高利益体質の実現に貢献しています。

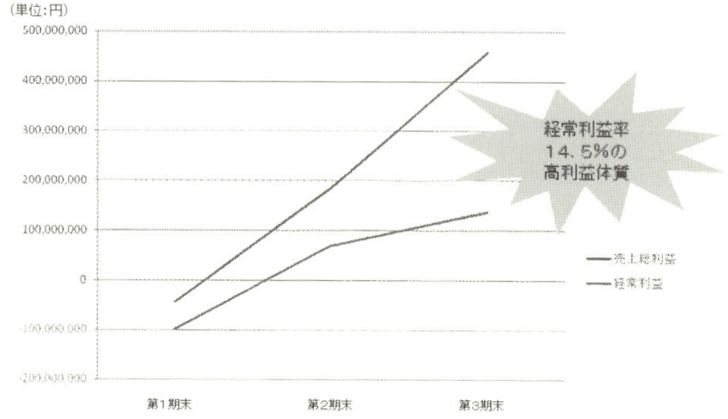

詳細の利益計画は別紙参照

31

売上高と売上原価を集計する → 166ページ
販売管理費を集計する → 170ページ　利益計画例 → 198ページ

21. 資金計画

(単位:円)

資金使途		調達資金	
商品5万個の生産コスト	50,000,000	調達予定の金額	150,000,000
1年間の事業運転資金	100,000,000		
工場の設備投資	50,000,000	自己資本	50,000,000
合計	200,000,000	合計	200,000,000

①工場の設備投資金額は、約5,000万円の根拠は別途見積書を参照。
②1年間の事業運転資金は、資金繰りシミュレーション1年目の支出合計に基づき設定。
③商品5万個の生産コストは、5万個×1,000円で試算。2年目の5カ月間の販売数量に充当。
④調達金額については、1年目と2年目は据置きとし、元本に利息(5%)を加えた金額を毎月返済します。

第3期には売上総利益が約4億6,000万円、
経常利益が約1億4千万円、
が見込めるため、問題なく返済可能！

詳細の資金繰り計画は別紙参照

32

資金繰り計算表の結果から、調達したい金額とその資金使途を明確にします。利益計画から問題なく返済できることをアピールしてビジネスプランを完結します。

収入シミュレーションのつくり方 → 180ページ
支出シミュレーションのつくり方 → 184ページ
財務収支のつくり方 → 188ページ　資金計画例 → 199ページ

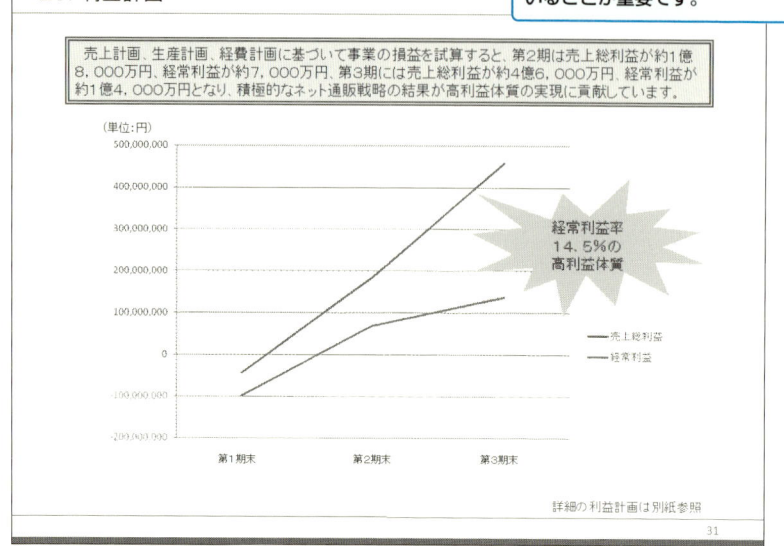

いよいよプレゼン！ これからが本番です！

事業計画書には、第三者に事業内容に対して共感していただき、
資金面などの協力を得ることが目的にあります。

つまり、事業計画書はプレゼンすることに意味があり、
作成し終わってからが仕事の本番なのです。
プレゼン成功のためにも、
これから本番を迎えるときに配慮していただきたいことがあります。
それは、「**第三者とのコミュニケーションを大切にする**」ということです。

具体的には、一方的に説明するだけではなく、
第三者に疑問が残らないように問いかけながら説明を進めるのです。
事業計画書のプレゼンの結果、
お互いに協力しあえる関係になるか否かは書類の説明文だけでなく、
説明している立案者（経営者）自身の評価も重視されるのです。

簡単にいえば、「**この人なら事業計画をうまく実現するだろう**」と
信頼してもらえることが大変重要です。

そのための第一歩として、
プレゼンを通じてコミュニケーション
することを意識し、
信頼関係をつくりあげるように
心掛けてみてください。

索　引

数字・アルファベット

あ行

か行

さ行

た行

な行

は行

ま行

や行

ら行

最新《さいしん》 知《し》りたいことがパッとわかる
事業計画書《じぎょうけいかくしょ》のつくり方《かた》がわかる本《ほん》

2010年 9 月30日　初版第1刷発行
2013年 12月31日　初版第3刷発行

著　者　石井真人

発行人　柳澤淳一

編集人　久保田賢二

発行所　株式会社　ソーテック社
〒102-0072　東京都千代田区飯田橋4-9-5　スギタビル4F
電話：販売部 03-3262-5320
FAX：　　03-3262-5326

印刷所　図書印刷株式会社

ISBN978-4-88166-860-3